U0584216

图书馆建设与档案管理

张春波　韩冬　徐霞　王文文　于海波◎著

吉林科学技术出版社

图书在版编目（ＣＩＰ）数据

图书馆建设与档案管理/张春波等著.--长春：
吉林科学技术出版社，2024.5
ISBN 978-7-5744-1322-1

Ⅰ.①图…Ⅱ.①张…Ⅲ.①图书馆工作-研究②图
书馆管理-档案管理-研究Ⅳ.①G25

中国国家版本馆 CIP 数据核字(2024)第 092115 号

图书馆建设与档案管理

TUSHUGUAN JIANSHE YU DANGAN GUANLI

著	张春波　韩　冬　徐　霞　王文文　于海波
出 版 人	宛　霞
责任编辑	王　皓
封面设计	皓麒图书
制　　版	皓麒图书
幅面尺寸	185mm×260mm
开　　本	16
字　　数	295 千字
印　　张	13
印　　数	1-1500 册
版　　次	2024 年 5 月第 1 版
印　　次	2024年 12月第 1次印刷

出　　版	吉林科学技术出版社
发　　行	吉林科学技术出版社
地　　址	长春市南关区福祉大路 5788 号出版大厦 A 座
邮　　编	130118
发行部电话/传真	0431-81629529　　81629530　　81629531
	81629532　　81629533　　81629534
储运部电话	0431-86059116
编辑部电话	0431-81629510
印　　刷	三河市嵩川印刷有限公司

书　　号	ISBN 978-7-5744-1322-1
定　　价	80.00 元

编 委 会

主　编　张春波（临沂职业学院）

　　　　韩　冬（泗水县妇幼保健计划生育服务中心）

　　　　徐　霞（济南护理职业学院）

　　　　王文文（昌乐县人民医院）

　　　　于海波（潍坊市疾病预防控制中心）

目　　录

第一章　图书馆管理概论

第一节　图书馆管理的历史沿革

图书馆是人类文明发展到一定阶段的产物。图书馆的建立,需要具备一定数量的各类图书、专门的管理人才以及适当的保管场所。纵观图书馆的发展历程,图书馆在管理理念、管理方法等方面经历了不同的发展阶段,显现出不同的特征。并且,西方国家的图书馆事业和中国的图书馆事业经历了不同的发展过程,在图书馆管理方面也呈现出不同的特征。

一、西方图书馆管理的产生与发展

人类进入文明时代后产生了图书馆。西方社会早期,古埃及、古希腊和古罗马的图书馆比较有特色,不过他们对图书馆的管理还处于自发的萌芽阶段。早期的这些图书馆,其建立者一般为王室,管理者多为学者,馆藏内容多为世俗性的图书。

有名的尼尼微图书馆和亚历山大图书馆分别是由亚述国王亚述巴尼帕国王和埃及国王托勒密一世建立的。与亚历山大图书馆同时期的帕加马图书馆,是由国王阿塔罗斯一世建造的。早期的图书馆在整理、编目上已开始了探索。亚述王国图书馆所藏的泥版文书已经按不同主题排列,在收藏室的门旁和附近的墙壁上也都注有泥版文书的目录,而且还对篇幅较大的泥版文书做了一些简单的叙述,有的还摘录了书中的重要部分。亚历山大图书馆的馆长卡利马科斯编制了该馆的图书目录,该目录叫《皮纳克斯》,是一部名著解题目录,长达 120 纸草卷。

罗马公共图书馆的建立者多为皇帝,初期的管理者都是著名的学者,后来经过多次政府的行政改革,罗马城里的全部公共图书馆都改由行政长官管理,但馆内的业务工作还是由学者负责,一般员工大部分是由国家的奴隶或被解放的奴隶担任。因此,早期罗马图书馆员工的社会地位是相当低贱的。但随着图书馆的增多,员工的地位逐渐提高,分工逐渐趋于专业化,出现了馆长、馆员、副馆员、助理馆员之类的等级,这些员工除了从事图书的采购、修补、摘录、排列等工作外,还从事抄写或翻译等工作。女性员工在这一时期开始出现。

到了中世纪,西方出现了修道院图书馆。随着古罗马帝国的灭亡,基督教覆盖了政治、思想、文化和教育等各个领域,修道院图书馆取代了古代大型图书馆而成为学术中心。修道院图书馆的藏书量在 200～300 册左右,收藏的基本都是基督教书籍。由于图书数量少,制作不易,图书的外借管理十分严格。修道院图书馆的目录比较落后,一般只有财产登记簿模样的东西。后来,随着藏书量的增加,有的图书馆开始粗分所藏图书,但分类标准极不统一。有的按照宗教书和非宗教书分类,其分类顺序是:圣经、圣父的著作,有关他们的传说以及相关注释书等;有的按文种分类,如拉丁文和其他文种分别摆放;有的按照书的开本大小来分类;有的按照赠寄者的不同加以编排。修道院图书馆的目录编制虽然简单,但部分修道院图书馆在有限范围内实行馆际互借,甚至编制了联合目录。

12 世纪前期,随着宗教改革和大学的出现,修道院及其图书馆逐渐衰退,取而代之的是大学图书馆。早期的大学图书馆,不供流通的书大部分都用锁链系在书桌上。图书馆的目录,有的是按著者或标题的字母顺序排列,有的像是图书财产目录。借书规则也很不一致,大部分图书只能在馆内阅读,多半图书借出时需要交纳保证金。在早期的大学图书馆里,由于管理工作相对简单,还没有出现专业的图书馆员工。

文艺复兴推动了学术的发展,造纸术与印刷术的西传以及二者的结合把图书馆事业推向新的阶段,活字印刷术的发明和推广将图书的管理和生产完全且永久地分隔开来。廉价的印刷书籍大量出版,使一般市民阶层容易买到书,图书不再只为皇室、贵族等社会上层人士所专有,而是由社会上层进入到中下层,同时也使图书馆的藏书以空前的速度增加。馆藏的迅速增加,要求图书馆的著录更加科学化、标准化。图书馆的馆舍建筑也发生了变化,墙壁式书架出现,直至出现了书库。这时,专业化的图书馆管理人员出现,继而产生了初期的图书馆管理理论。

17 世纪中期开始,世界进入了近代历史。工业革命导致了印刷工艺的重大变革,机械印刷的图书如潮水般涌向市场,知识被愈来愈多的人所掌握,人们开始重视各种科学技术的研究。在这个时期,仅重视图书的搜集已经远远不能适应时代发展的要求,对于汗牛充栋的藏书,必须进行系统的组织和科学的管理,这对图书馆管理工作提出了更高的要求,图书馆事业也出现了新的变化。图书馆事业的变化主要表现在以下几个方面。

1.图书馆事业由封闭走向开放

工业革命之前的图书馆一直是为社会上层服务,服务对象仅限于皇室、贵族、上层知识分子,一般的平民无缘使用图书馆。近代工业革命使人口迅速向新兴的工业城镇集中,产业大军形成,工场主需要受过教育的工匠和有技术的工人,于是公共图书馆逐步兴起。1850 年 2 月,英国议会下院通过公共图书馆法,允许人口达到 1 万及 1 万以上的城镇建立公共图书馆,经费从地方税收中支出,建馆后免费对纳税人开放。自此,公共图书馆之风渐盛,图书馆也一改过去专为统治阶级服务的职能,把视野投向了平民百姓。

2.有计划、有组织的新书采购工作开始出现

中世纪的图书馆,补充馆藏时很少有计划性。搜集图书的途径,主要为接受私人捐赠、王室四处搜集、战争掠夺等;搜集的图书一般以追求珍本、善本为重点;在馆藏数量上追求多多益善,缺乏整体的统筹规划。到了 17、18 世纪,各门学科日新月异,随心所欲式的搜集图书方式显然不能满足时代的要求和现实的需要,馆藏逐步走向有计划性和有组织性。近代图书馆学家莱布尼茨就强调,有学术价值的新出书刊,应当及时地、连续地、均衡地补充采购。德国的哥廷根大学图书馆有意识地应用了莱布尼茨的理论,由馆长亲自负责采购工作,同国内外书商保

持密切联系,在选择书籍时及时了解阅读者的需求,尊重他们的建议,以确保购书的质量。英国不列颠图书馆馆长帕尼齐也十分重视藏书建设,他要求不仅要注意藏书数量,而且要注重藏书质量,尽量收藏好的版本和可信的标准版,并十分重视藏书结构的系统性和科学性。

3.书目工作进展迅速

图书数量的剧增和馆藏的膨胀对图书整理工作提出了新的要求。帕尼齐曾制定了有名的91条著录条例,强调必须要有科学的著录规则,目录一定要严格地按照著录规则加以编制,如果没有统一的著录条例,对图书进行系统的整理、妥善的保管和充分的利用则无从谈起。这91条著录条例在以后的100多年里成了世界不少国家所遵循的著录原则,1961年10月在巴黎召开的国际编目原则会议仍是遵循这91条的基本精神。在此时期,英国的图书馆学家加内特、道格拉斯,德国的施梅累尔、施雷廷格相继都为图书馆目录学的发展作出了重大贡献。

4.改革图书馆的内部管理,使其方便读者

近代以前,由于图书数量少,制作不易,对图书的外借有十分严格的限制,读者需要提前把自己的要求告诉图书馆,然后办理一定的借书手续,而且借书时间也很有限,外借书籍时需要交纳相当数目的押金,十分不便。对此,近代图书馆学家莱布尼茨就很有远见地指出,图书馆应该给读者提供方便,尽可能地延长开馆时间,不要给图书外借太多的限制。德国格廷根大学图书馆实践了这一理论,制定了方便读者的各种制度:除星期六外,每天开馆10小时,学生每次可借10~12册书。

5.图书馆馆舍建筑迈向近代化

英国不列颠图书馆率先打破传统图书馆的建筑结构,用铁制骨架结构建筑把阅览、收藏分开,建成高达35米,大厅直径长达42米,可以摆设近500个读者座位的圆顶阅览室,成为当时世界上座位最多的阅览室。阅览室的中心是服务台,服务台的周围是目录柜,读者座位围绕着目录柜,阅览室的外围是书库,书库首次使用了铁制书架,并将两排书架背靠背地并排起来。这种双面书架的书库结构直到目前仍被很多图书馆所采用。

6.出现了具有丰富实践经验的图书馆管理者

法国的诺德是近代图书馆组织理论的创始人之一,1627年写成了《关于图书馆建设的意见》一书。这是近代第一本论述图书馆管理的著作。德国图书馆学家莱布尼茨受聘于德国的诸侯图书馆,在这40年期间,他的图书馆理论散见于书信、备忘录及对王公们的建议书中。19世纪,公共图书馆在英美同时发展起来。对英国公共图书馆事业的组织与管理做出巨大贡献的是被称为"英国公共图书馆运动精神之父"的爱德华兹。他在1859年发表的《图书馆纪要》一文中,对图书采购、图书馆建筑、管理及服务等方面作了阐述。美国的杜威在图书馆的广泛领域都有自己的成就。杜威的图书馆管理思想的核心是"关心时间和成本效益",提倡把图书馆工作作为一种专门的职业,提倡图书馆用品、设备的标准化和规范化,提倡保留图书馆,以及图书馆使用新设备等。

20世纪中期以后迅速兴起的新技术革命,以方兴未艾之势冲击着全世界的图书馆事业。图书馆从传统转为现代,对外开放的程度愈来愈高,成为充满活力的社会服务机构,其类型、职能、建筑、设计等方面都发生了巨大的变化。概括起来,现代图书馆管理主要有以下特点:一是重视现代化手段的运用与网络服务;二是图书馆管理中更加注重服务,方便读者,为读者着想,注重服务和人文关怀成了图书馆界的共识;三是图书馆之间加强合作,协作采购,馆际互借,构建图书馆网络;四是现代管理学理论在图书馆管理中得到广泛应用。

二、我国图书馆事业的发展与管理

先秦时期,我国就出现了图书馆管理的实践。孔子晚年整理六经,就可以说是这种行为的开端。西汉政权建立后,针对政府藏书进行了多次大规模的整理活动,并形成了诸多成果.尤其是汉成帝时期刘向、刘歆父子的校书活动,形成了中国历史上第一部综合性的群书目录(《别录》)和第一部综合性的群书分类目录(《七略》)。据不完全统计,自此以后的滥个封建时代,各种类型的公私藏书目录有数百部之多,内容涉及各个方面,其中规模最大的是清代所编的《四库全书总目》,共 200 卷,为当时之冠。

古代的各类公私目录大多是按照分类进行排列的。分类的概念大概始自孔子整理《诗经》时有关"风、雅、颂"的区分,但这只是文体形式的区分,属于按外在特征区分的范畴。按内容特征进行区分大致来源于荀子的"同则同之,异则异之"的分类原则。汉代以后,在图书分类上出现了以《七略》为代表的七分法体系和以《隋书·经籍志》为代表的四分法体系,影响了中国古代图书分类一千多年。宋代郑樵则更为强调分类的重要性,"类例分,则百家九流各有条理","类例既分,学术自明",并自编了一个十二大类、三级类目的分类目录——《通志·艺文略》。不过,我国古代图书分类的最高成就当属唐朝僧人智升,他在《开元释教录》中创立了一个四大类的五级分类体系。

在我国古代的图书整理加工过程中,图书的著录也比较有特色。对于图书外在特征的揭示,著录特别重视书名、卷帙、作者和时代等内容特征;对于内容特征的揭示,则有解题、注释等,根据解题的写作方式和取材角度,又分为叙录、传录和辑录三种。对于一类书的揭示,则有小序之类,始终贯彻着"辨章学术,考镜源流"的精神。对于不同形态、不同内容的图书,则采用不同的处理方式。宫廷藏书、私人藏书和寺院藏书都很注重图书的质量,也很注重珍善本的收集整理。

由于图书本身的特点,当一本图书内容涉及两个以上主题时,简单的分类已不够,于是,明朝就有学者提出了"互"与"通"的概念以解决这个问题。到了清代,章学诚在此基础上又提出了"互著"与"别裁"的主张。这个主张实际上是如今目录组织中"参见"与"分析"类目的前身。除此之外,章学诚还对索引有一定关注,主张编制索引以提高目录功效。

在我国古代图书馆管理实践中,有关图书开放的理论与实践也是比较有特色的。例如,金代孔天监在其《藏书记》中提倡建立公共藏书楼;明末曹溶在《流通古书约》中提出,藏书须在藏书家之间流通传抄;清代周永年在《儒藏条约三则》中明确提出,儒藏应对四方读书人开放。在这些理论的影响下,清代一些私人藏书家,其藏书有限度地对外开放。清代《四库全书》修成后,南三阁对江南士子开放。这一切都反映出我国古代藏书楼向近代图书馆自发转变的萌芽。

明朝后期,著名传教士金尼阁在中国建立了一个具有一定规模的基督教图书馆。明末清初,北京有耶稣会的南堂、东堂、北堂、西堂"四堂"图书馆。不过,那时的基督教图书馆并不是近代意义上的图书馆,而是带有浓烈传统藏书楼和修道院图书馆意味的图书馆。

鸦片战争之后,我国逐渐沦为半封建、半殖民地社会。西方传教士在我国的土地上建起教堂的同时,也建立了与我国传统藏书楼完全不同的近代图书馆。比较著名的有徐家汇天主堂藏书楼、工部局公众图书馆、圣约翰大学图书馆、格致书院藏书楼和文华公书林等。这些超越了传统藏书楼窠臼的新型图书馆,大多具备了开放或半开放的特点,馆藏丰富,馆舍先进,对当时的中国传统藏书楼起到了示范作用,尤其是在管理方面更是走在时代的前列。在不断的发展中,我国古代藏书形成了较为完善的系统,包括人员配备、图书整理、编目、保管和借阅的藏书管理体制,这在当今的图书管理体制当中也有借鉴和体现。

我国在藏书征集方面与西方有一定的差异。对于一个藏书院或图书馆来说,藏书不可能都是自我供应,要靠向外界的征集来不断充实。没有书就谈不上藏书的管理,这是毋庸置疑的。私人藏书,一是靠朝廷的捐赠,宋代四大书院都先后接受过朝廷的赐书,如岳麓书院建成之初,地方太守上奏朝廷请赐以"国子监诸经释文、义疏及《史记》《玉篇》《唐韵》得到准许""淳熙八年,朝廷赐白鹿书院国子监经书";二是获得官绅捐赠,即由本地官员、地方乡绅直接捐赠图书,如"福建布政使司吴荣光捐置书籍千余卷送给凤池书院",朱熹曾将《汉书》44卷送给初建成的白鹿书院三是以官绅私人捐赠田产或官俸收入来购买书籍,这也是捐赠的重要形式。书院用这些经费,或从官方书局,或从私人书坊购买所刻书籍。

我国古代的藏书管理体制对藏书的整理、目录的建立以及日常护理也是相当重视的。相比而言,西方同一时期大学图书馆的藏书管理体制,对于藏书的整理和目录的建设多少显得有些拙劣。其所谓的藏书的整理和目录的建立只是单单的"书单"而已,后来才开始对书籍进行分门别类。在分类的过程中有很多不同的方式,开始是按作者分类,把不同作者的不同作品分开,因为当时真正能写书并且得到认可而被收录的作者并不多。当然,在当时他们不被称为作者,而是被称为诗人。不过到后来这种方法越发不可行,因为诗人越来越多,如果这样进行分类则会相当麻烦。于是,按照内容分类的方式被采用,这就是现在图书馆分类的雏形。按照不同性质的内容进行分类更加方便,便于记录和借阅,同时在借阅的时候可选择性也增大。另外,分类后建立目录也是对书籍的总数量进行一次变相的核对。如果目录记录详细清楚的话,不仅对数量的核对有很大的帮助,而且为书籍的借阅提供了相对便利的条件。

旧书与新书的管理不同。中国古代藏书管理体系对历代流传下来的书籍的收藏和日常护理也有其独到做法。一般有历史价值的图书是不会随便外借的,想得知其内容要向负责人提出相应内容,由专门负责的人来查找并转告。

中国古代的藏书院由专业人士进行藏书的管理,人数较多,并且逐渐形成了一种职业。在宋代,大多数藏书院管理人员由藏书院的创建者来负责。我国古代藏书院进行藏书管理的人比西方国家要多很多,而且管理人员有专门的职位,有相当于图书馆馆长级别的"监院""斋长"

"山长",还有"掌管""司书吏""书办"等专职人员和"斋夫""看役""看守"等普通管理人员。每个人的分工各有不同,由专人负责整理目录、日常护理、看门(看门人也就是现在的保安,负责书院的安全,避免贵重图书被盗)等。

我国在古代就已经形成了系统的借阅制度,这些制度一直沿用至今。在图书借阅之初,要对书籍进行全面的检查,查看是否损坏或有其他问题。对书籍要进行编号、记录,对借阅人也要进行登记记录。最重要的是,根据书的价值确定租金,并由借阅者交付一定的押金。提前交付押金的制度最开始是没有的。从书院借阅的一般都是学生,对藏书进行登记的时候,归还日期也有明确的规定,逾期不归还或是归还时有损坏的,都要在该学生所上缴的费用中扣除,之后才演变成要提前交付押金的制度。

近现代意义上的中国人自己的图书馆事业,是当时中国的一批有识之士面对民族危亡,在寻求救国图强之道的同时,逐步形成和发展起来的。他们可能分属于不同的利益团体,但在向西方学习的过程中,逐步达成这样的共识:社会改良的首要内容是开启民智,而兴办教育、开办新式学堂、建立西式图书馆则是开启民智的最好方法。19世纪90年代,中国的有识之士开始四处探寻变法图强之道,在建立新式图书馆方面形成了一系列的原则和思路,并影响着日后中国图书馆事业的发展。其中最重要的当属近代改良主义先驱郑观应。凭着对西方世界的了解,他在1984年的著作《盛世危言》的"藏书"篇中盛赞了英法等西方国家的图书馆,批判了中国传统的藏书楼,揭示了二者之间的实质性差异。在此基础上,郑观应把在中国广建新型图书馆的想法提到了救国救民的高度,并提出了具体的主张,提出以官办为主并对全社会开放。其后,马建忠在1894年所写的《拟设翻译书院议》中也明确提到院中应建"书楼",由专人管理,按时开馆,每月清查,定期添购新书。郑观应、马建忠等的思想与呼吁引起了当时思想界、舆论界的强烈共鸣,使得新式图书馆的观念在中国日渐深入人心。

辛亥革命前后出现了大量各种类型的新型图书馆,它们奠定了我国图书馆事业的基础。而新型图书馆的运作与管理实践,开启了我国当代图书馆管理理论与实践之门。总的来说,这个阶段的图书馆管理基本上还处于摸索、模仿、翻译、介绍、探索阶段,但也有了较为系统的思考和努力。1909年,清政府颁布了中国第一部全国性的图书馆法规——《京师及各省图书馆通行章程》,使得公共图书馆的建设走向了规范化。民国建立后,中央各部和各省都相继制定了图书馆与图书室的章程和规则,北京等地成立了地方性图书馆协会等。这一切都可以说是我国图书馆界自觉进行图书馆管理的早期形态,对于当今的图书馆管理研究仍具有积极意义。1917年开始的"新图书馆运动",更是将我国近现代的图书馆事业推向了一个新的高峰。

1919年爆发的"五四运动"是中国历史的转折点。而随着新文化运动的发展,中国的图书馆事业也有了较大的发展空间。1918年,李大钊任北京大学图书馆主任时,一方面加强内部管理工作,如加强目录编制、开展开架借书、增加开放时间等,另一方面则十分重视图书馆事业和图书馆教育,并积极向社会宣传与普及图书馆知识。

在1919—1949年的30年里,我国出现了一批卓有成就的图书馆学者,如沈祖荣、杜定友、刘国钧、李小缘等。他们学成归国后,在国内或从事图书馆学教育工作,以培养图书馆的新型人才;或投身于图书馆事业,奔走呼吁。1920年3月,由美国人韦棣华及沈祖荣、胡庆生等创办的武昌文华大学图书科成立,成为中国第一个现代图书馆人才的培养机构。1922年3月,杜定友在广州创办图书馆管理员培养所,此外还有金陵大学等一些单位陆续开办了有关图书馆人才的培养与训练机构。1917年,沈祖荣从美国学成回国,与余日章等人一道在全国大力宣传对中国现代图书馆学和图书馆事业的发展具有重大意义的"新图书馆运动"。1925年4月,在各地成立省、市级图书馆协会的基础上,中华图书馆协会在上海成立。它的成立极大地规范和促进了中国图书馆事业的发展。各地图书馆协会办的多种图书馆学刊物,繁荣了图书馆学研究。此外,我国的图书馆还积极开展国际交流,不断派出留学生。1925年4月,美国图书馆专家鲍士伟来华访问,历时两个月;1926年7月,法国图书馆专家莱爱尼女士受法国政府派遣,来华考察图书馆事业。这些使得当时我国的图书馆事业和国际接轨。

在这个阶段,我国图书馆事业发展较快,各地公共图书馆不断建立,高校图书馆也日益规范。北洋政府和民国政府陆续颁布了十多个有关图书馆的法规。在近代中国图书馆事业中发挥过积极作用的教会图书馆此时大多也以教会学校图书馆的面目出现,积极融入中国图书馆事业之中,加快了"中国化"的进程。

在这个时期,有关图书馆管理的研究日益受到关注,如杜定友、洪有丰、马宗荣等都有图书馆管理方面的专著出版。此外,以刘国钧为代表,编制了多部以"仿杜""改杜"为特色的图书分类法,以类分图书馆的新旧藏书。

中华人民共和国成立后,我国的图书馆事业有了质的飞跃。在图书馆管理方面,引进了苏联的图书馆管理理论,对当时我国的图书馆管理实践进行了一些探讨。国家有关部门也颁布了一系列相关的法令法规。1958年,北京大学和武汉大学图书馆学系还相继开设了"图书馆工作组织"和"图书馆行政"课程,两校和文化学院合编的《图书馆学引论》中也有相关内容的论述。但从总体上来看,由于这个时期图书馆管理并不是图书馆学关注的重点,因而整体研究水平不高。

改革开放后,我国的图书馆事业又进入蓬勃发展时期。随着社会对图书馆管理实践水平要求的不断提高以及图书馆所面临内外环境的不断变化与日益复杂,尤其是在传统图书馆向数字化转变的过程中,图书馆管理理论的研究日益受到重视,开始进入飞速发展阶段。随着时代的发展,新的内容不断被注入,图书馆管理理论研究已成为当今图书馆学理论研究中不多的持续时间较长的热点之一。

改革开放30多年来,对图书馆管理的研究已经从纯经验、感悟为主导的研究到理性与经验相结合,进而实现理性为主导的研究;从封闭式的研究到主动寻求现代管理理论,进而实现与国际先进水平同步的研究。这种主动追寻现代管理理论,跟踪最新研究成果的尝试与努力,反映了图书馆管理研究的日渐成熟。与此同时,高校图书馆也在信息时代的变革中逐步改变传统图书馆的管理理论,探索新的管理模式,以实现高校图书馆的良好发展。

第二节　图书馆管理的含义与特点

随着计算机、网络和信息存储等现代信息技术的发展和社会网络化、信息化的不断推进，图书馆正从传统图书馆向数字图书馆过渡。与传统的图书馆管理相比，现代的图书馆管理已经发生了很大变化，显现出许多新的内容与特点。

一、图书馆管理的定义

关于图书馆管理定义的叙述，有代表性的主要有以下几种：

（1）倪波、荀昌荣认为：图书馆管理是指应用现代管理学的原理和方法，合理组织图书馆活动，有效地利用图书馆的人力资源和物质资源，发挥其最佳效率，达到其预定目标，并在此过程中不断地审查改进，最终圆满完成任务的过程。

（2）黄宗忠认为：图书馆管理就是通过计划、组织、指挥、协调和控制等行动，最合理地使用图书馆系统的人力、财力、物质资源，使之发挥最大作用，以达到图书馆预期的目标，完成图书馆任务的过程。

（3）吴慰慈认为：图书馆管理是对图书馆的文献信息、人力、财金、物质资源，通过计划、决策、组织、领导、控制和协调等一系列过程，来有效地达成图书馆的目标的活动。

（4）原国家教委高教司《图书馆管理学教学大纲》提出：图书馆管理是指以图书馆发展的客观规律为依据，遵循管理工作的内容与程序，建立优化的管理系统，合理配置和利用图书馆资源，实现其社会职能的控制过程。

综合以上几种说法，可以这样定义图书馆管理：在当今信息时代，抓住时代特色，全面运用现代管理理论，用以指导现代图书馆的全部活动，提升现代图书馆管理水平的整个过程。

那么，图书馆管理的对象是什么呢？图书馆管理的对象就是图书馆系统。根据系统论的观点，世界上一切事物都可视为系统。在一个系统内可有若干个子系统，只有每个子系统都达到最佳效果，整个系统的管理才处于最佳状态。图书馆管理包括微观管理和宏观管理两个部分。微观管理是对个体图书馆的管理而言，宏观管理则是对社会图书馆事业体系的管理而言。

图书馆系统是由人员、文献信息、建筑、设备、经费、技术方法等要素构成的，这些要素就是图书馆管理的具体对象。图书馆管理的目的，就是根据图书馆的既定目标，合理地组织这些要素，并择其最优的组合方法，使之成为一个互相联系、互相制约、互相促进的有机整体，最大限度地提高图书馆系统的功能，为广大用户服务。

图书馆系统是图书馆工作作为一种社会分工而独立存在之后，人工构成的社会的一个子系统。它是一个开放系统，与外界不断有物质、能量和信息的交换。人类增长的信息知识以及大批人力、物力、财力的投入是系统的输入，对外提供的各种文献信息和服务是系统的输出，而社会所利用的正是图书馆系统的开放性。

二、图书馆管理的特点

与传统的图书馆管理相比,当今的图书馆管理除具有传统图书馆的特点外,还具有如下几个特点:

1.理论性

理论性是现代图书馆管理的一个重要特点。在传统的图书馆管理实践中,轻视理论是图书馆界的通病。轻视理论,不学习,不研究,不借鉴,其直接后果是目光狭窄,观念落后,管理水平普遍低下。一种实践活动,如果没有先进的理论做指导,其结果必然是盲目的。图书馆的管理,既然是一门科学,其理论性就一定要得到重视,得到体现。

2.前沿性

图书馆管理要想发展,就必须紧紧关注、追踪现代管理理论的发展并加以研究,看看还有哪些新理论能够移植到管理中,以切实提高管理水平,如知识管理之类。特别要注意的是,这种关注、追踪、移植如果仅仅限于名词,不仅无益,反而容易搞乱思想;应切实地深入其中,弄清弄懂,这才是科学的态度。

3.实践性

现代管理理论大多具有很强的实践性,借鉴、移植、导入到现代图书馆管理中,是为了切实提高图书馆的管理水平。因此,除了要注意相关理论、体系的学习外,更要加强对其方法、手段的关注,使之具有可操作性。只有这样,现代管理理论在图书馆管理实践中才有生命力。

第三节　图书馆管理的职能

图书馆管理是通过决策、计划、组织、领导、控制和协调等环节相互作用实现的。各环节之间不是相互独立的,而是相互联系、相互制约,共同作用于管理运动的全过程中,形成图书馆管理的特定职能。

一、决策职能

任何图书馆系统及其所属子系统在管理过程中都离不开正确的决策。图书馆系统的决策主要包括以下几个方面:①在发展方针、政策和战略方面的决策;②在各项业务工作方面的决策,包括采集文献品种与复本数量的选择,分类法的选择,馆藏划分方案的选择,排架方式的选择,开架与闭架方式的选择,借阅数量与借阅时间的确定等;③在人事方面的决策,包括人员智力、职称结构的确定,人员更新与培训的方式,奖惩制度的制定等;④在财务、设备方面的决策,包括经费的预算及分配,设备的选择及维修等。正确的决策来源于正确的判断,正确的判断来源于周密细致的调查研究。深入调查研究是决策过程中避免失误和减少错误的重要一环。

二、计划职能

计划在管理过程中十分重要。计划是图书馆各项活动的指针,指导图书馆确定目标、决定政策、选择方案的整个过程。图书馆系统的各方面决策都要通过计划去实现。图书馆计划包括两个基本方面:一是国家图书馆事业发展计划;二是个体图书馆的发展计划。

国家图书馆事业发展计划包括以下几方面内容:①图书馆事业总体规划,规定图书馆发展的总量与速度,确定重点与比例,平衡各类型图书馆的建设和布局;②图书馆网的发展计划,规定图书馆网的组织形式及其结构;③专业人员的培养计划,包括正规的学校教育和职业技术教育、函授教育、在职教育等多层次教育形式;④科学研究与协调发展计划,包括基础理论研究、重要科研项目、技术设备和服务手段,以及引进技术与大型协作计划等。

个体图书馆的发展计划包括以下内容:长期计划与短期计划,全馆计划与各业务部门的计划,本馆的整体发展规划与各局部的发展计划等。计划由定额、指标、平衡表三部分组成。各项定额是发展计划的基础,计划的内容和任务则体现在指标上,计划就是综合平衡,平衡表是基本的手段和工具。国家图书馆事业发展计划是各分项计划的集合,一个图书馆的总体计划是本馆内各业务部门计划的集合。制订各项计划时,应明确该项计划的主要任务及其在总体规划中的地位和作用,认真选取衡量该项计划发展水平的主要指标,确定发展规模和发展速度,突出发展重点,规定适当比例,注意各项计划之间的协调。还应当指出,在编制图书馆计划时,必须通过统计工作收集可靠的数据指标,并根据各项相关指标谋求最佳的发展方案。

三、组织职能

组织是指对活动所需的资源加以组合,建立组织的活动与职权之间的关系的过程。组织是发挥管理职能、实现管理目标、完成计划的保证。组织工作既是一个分工的行为,又是一个组织各方进行协作的行为。组织工作还包括人事工作,也称为人员配备,即在组织的工作过程中设置的工作岗位需要配备合适的职工人选。在图书馆管理系统中必须要有健全的组织机构,明确各个工作岗位的职责,确立各级人员之间的相互关系,做到职责分明,权责结合。只有这样,才能实现管理过程中的各项决策和各项计划。

四、领导职能

领导工作影响人们为实现组织计划的目标而努力,包括激励制度、领导的方式方法、沟通等方面问题。图书馆要建立合理的领导层群体结构,需要注意选拔主导型人才,重视领导者群体的智力结构,加强领导者之间的团结协作。图书馆的领导者在管理中应当注意正确运用合法权利,奖励权力和强制权力,注意学习和掌握图书馆专业知识和管理知识,不断完善本人在各方面的素质,不断增强自己的专家权力和个人影响力。领导在管理中还要重视自身对授权艺术、决策艺术、会议艺术、用人艺术和奖励艺术等领导艺术的学习与实践。

五、控制职能

控制是按既定的工作计划、标准去衡量各项工作成果,并纠正偏差,使工作按计划的方向进行。控制不仅是对现有的工作成果进行评定,更重要的是认识和判断工作发展的趋势,并为改进工作提供信息反馈。可以说,没有良好的信息反馈,图书馆就无法对自己的各项工作进行有效控制。这是因为控制的功能是通过输入、中间转换、输出和反馈四个环节实现的。输入包括物流的输入(人、资金、设备、物资、文献等)和信息流的输入(各种决策、计划、规章制度等)。中间转换包括物流、信息流在图书馆各层次系统中的实际运动过程。输出包括品种数量、成本等各种指标。反馈即将输出信息回收到输入端,与原给定物流、信息流进行比较,发现差异,查明原因,予以消除,这样就达到了控制的目的。反馈是控制中最为重要的一环,反馈的信息有真假之分,必须对反馈的信息进行去伪存真的分析,以便对图书馆系统的各个工作环节进行有效控制,保证图书馆均衡地完成工作计划,取得最佳的服务效果。

六、协调职能

协调是管理过程中不可缺少的环节,它可以使图书馆事业的建设或一个图书馆的各项工作趋向和谐,避免矛盾和脱节现象发生。图书馆的协调,从微观角度来看,指的是图书馆内部纵向和横向的协调。纵向协调,就是要保持图书馆各层次和子系统的上下平衡;横向协调,就是要保持图书馆系统各层次彼此之间的协作,以避免各个工作环节和各个部门之间发生脱节或失调现象。图书馆的协调,从宏观角度来看,是指与图书馆外部的协调。这种馆际之间的协调,也分为纵向层次和横向层次。纵向层次的协调是指本系统图书馆从上至下的协调,横向层次的协调是指本图书馆系统方针、任务与其他图书馆系统的协调。

第四节　图书馆管理的方法

当今时代,图书馆管理所使用的方法有许多,常用的有行政方法、经济方法、法律方法、思想教育方法、统计方法和咨询顾问管理方法等。

一、行政方法

行政方法,主要是指依靠行政机构和行政领导者的权力,通过下达强制性的行政命令,直接对管理对象和内容发生作用。其表现形式主要为通过由行政系统下达各种行政命令、指令性计划和规章制度来进行管理。目前国内大多数图书馆都沿用这种方法来进行图书馆的日常管理。

行政方法适用于各类型的行政机构、政府机关和大中小学校。与其他管理方法相比,它具有以下特征:①命令的权威性。作为行政系统的核心,下达的各种行政指令具有相当高的权威性,并且发布信息的行政级别越高,其权威性也越高,下级接受信息的比率也就越高。②执行的强制性。与司法机构颁布的法律强制性不同,行政命令通过权力机构发布,仅对其管理范围内的对象具有强制性而非普遍适用。它可以采用多种灵活形式,通过思想上、行政上和组织上的方法体现其强制性。③系统的相对稳定性。行政方法依靠行政系统相对严密的组织机构而存在,只要行政系统能够保持自身结构的稳定,行政管理就能够发挥作用,同时具有抵抗外界干扰的作用。④内容的具体性。各种行政命令、指令和制度都有相当具体的内容,是针对特定的管理对象下达的特定命令,能够让管理对象了解具体的行动方向。⑤时间的有效性。行政命令只在特定时间内对特定管理对象有效,一旦逾期,该行政命令随之失效。⑥内容的保密性。根据行政系统性质的不同和具体行政指令的需要,行政命令会分出不同的机密等级,并且只能够在机密等级要求的范围内传达和发挥作用。⑦传递的垂直性。行政方法适应行政系统的等级体系,行政命令采用由高级向低级逐级传递的方式。

行政方法实际上是一种行政系统的集中统一管理模式,发挥各级系统的管理职能,根据系统目标,采用和实施各种必要管理手段。它具有针对性强、灵活性高、强制实施的优点,适宜及时处理新情况和新问题。

但是,行政方法在根本上是"人治"的方法,存在着不可避免的局限性。主要表现为行政命令是由行政领导制定的,命令的及时性和准确性也会受领导的水平、领导的权威性等因素的影响。行政命令的传达和执行要由系统人员逐级实现,传达效率和执行质量都会受到人为因素影响。另外,由于传统行政体系权力过分集中,制约了子系统积极性的发挥,同时还因为组织臃肿,导致横向沟通、协调困难,信息传递迟缓、失真严重等情况发生。

二、经济方法

经济方法,是指依靠经济组织,按照客观经济规律的要求,运用经济手段来进行管理。经济组织是指有独立经济利益的组织机构,而经济手段则是指把一个组织或个人的物质利益,与其工作相联系的方法。在宏观管理中,经济方法主要运用价格杠杆、税收调节和信贷作用,合理优化整个社会资源的分配情况,并根据社会发展需要,调整社会各组织间的利益分配比例。在微观管理中,经济方法的运用多表现为根据组织内部的需要,调整组织各系统之间和个人之间的物质利益分配方式,如工资、奖金和福利等。

在市场经济条件下,经济方法几乎适合各种组织类型。它具有以下特点:①客观性。采用经济方法的前提是遵循客观经济规律的要求,因此,在制定和实施经济方法的过程中必须符合客观经济规律。②一致性。组织或个人的利益与整个系统的根本利益相一致,利益分配原则也必须与工作完成的质量和数量相一致。③利益性。经济方法符合物质利益原则,整体和个体有相同的利益,必须把个人的工作成果与其物质利益联系起来,这是经济方法得以成功实施的关键。④制约性。经济方法通过对利益的分配,对组织和个人的行为产生影响,在激发积极性的同时实现其制约性。⑤多样性。不同部门、地区、时间、工作环境所采取的经济方法是不一样的,可分配的利益和分配原则也是不一样的。⑥技术性。根据经济规律的特点,可采用各种衡量方法和分配原则。⑦公开性。公开指标和结果,是经济方法有效运用的保障。

将管理方法建立在利益原则基础上,被管理对象会直接考虑自身利益,因而对信息的接受率较高,也便于充分调动组织中各级子系统和个人的积极性、主动性和创造性。而且由于经济方法具有统一的衡量标准,使管理过程公开化、合理化,也可以使各级部门得到更多的自主权,防止权力过分集中。但是,经济方法也有其局限性,主要表现在道德意识上的副作用,过分追求利益的最大化会导致道德意识的沦丧。因此,在图书馆管理中必须制定一套严密的经济立法与之相配合,否则易造成混乱。

三、思想教育方法

思想教育方法,是通过对人进行劝导、说服等方式来改变人的态度、观念,进而改变人的行为的一种管理方法。采用这种管理方法的依据有两个:第一,人的态度、观念和行为是在学习、生活等实践经验中获得的,也可以通过学习、生活等方式来改变。正确的态度、观念会产生正确的行为,错误的态度、观念会导致错误的行为。人都有认识和判断能力,利用这种能力可以获得真理,树立正确的态度和观念。因此,要使人的行为朝着正确的方向发展,可以通过向人们传达真理,引导人们树立正确的思想观念的行为方式来实现。第二,人的动机是可以被激发的。人的行为发生过程是,当个体缺少了某种东西就会产生一种生理或心理上的紧张感,这种紧张感会成为一种内在动力,成为人的行为动机,促使个体采取行动去满足需求,以消除紧张,达到生理或心理上的平衡。但不是所有的需求都会上升为动机,也不是所有的动机都会导致行为的必然发生,只有在需求足够强烈、动机足够大时行为才会发生。因此,要想影响人的行为,必须激发人的动机。思想教育方法就是一种激发人的动机的方法,它通过引导人们树立高尚的情操、远大的理想,激发人积极向上的动机,做出正确的行为。

思想教育方法具有以下特点:①启发性。思想工作的开展着重于对人思想的启发,不能以强硬的方式让别人接受观点;否则,就起不到良好的效果,甚至与初衷背道而驰。②利益性。在做思想工作的时候要着重宣传系统的共同利益,要把系统的利益与个人的利益结合起来,这样才能激发人的动机。③灵活性。思想教育工作可因人而异,面对不同的对象、不同的问题,采取不同的措施。④长期性。改变人的思想观念是一项长期的工作,需要在日常的工作中不断坚持。思想教育方法是一种非强制性的方法,在对人的管理中,通过思想教育工作引导人们树立正确的思想观念,可以促使人在工作中发挥自觉能动性,对系统目标的实现产生强大的推动作用。但是,思想教育方法也有其不稳定性,如果没有其他的管理方法相配合,思想教育的成果难以保障。

四、统计方法

统计方法,是通过对社会现象进行调查,进而认识社会现象,以便更好地开展工作的一种管理方法。对客观事物的管理依赖于对客观事物的认识,统计方法是认识客观事物的一种有力工具。

统计方法具有以下特点:①数量性。统计方法主要是对社会现象数量特征方面的认识,包括数量的多少、现象之间的数量关系以及质量互变的数量界限。②总体性。统计方法的认识对象是社会现象总体的数量特征,而不是单个研究对象的数量特征。例如,图书馆对读者的统计工作不是只研究单个的人,而是要研究图书馆全体读者的数量构成,如不同年龄阶段的人各占多少,不同学历的人各占多少等。③具体性。统计方法的认识对象还包括具体事物的数量特征,并不是抽象的量,这种数量的表示必须是具体事物在一定时间、地点的反映。④社会性。社会现象必然有人的参与,统计方法也不可避免地要受到人为因素的影响。统计方法是认识社会的有力工具,利用统计方法可以加强对社会现象的认识,为问题的解决提供科学依据。但是统计方法的应用,尤其是对数据的后期加工处理,会碰到很多数学上的问题,掌握起来较为困难,难以推广使用。

第二章 中小学图书馆概论

第一节 中小学图书馆的地位、作用与服务对象

一、中小学图书馆的地位与作用

中小学图书馆是儿童生活和学习的重要场所,是学校教学机构的重要组成部分,它与师资、实验室一起构成学校的三大支柱,它们也是衡量各学校办学质量的三种要素。苏联图书馆管理局认为中小学图书馆的发展很有意义,因为它在自主学习与学校学习之间搭建了一座桥梁,使孩子们从小学会独立阅读,以丰富自身知识和素养。著名教育学家苏霍姆林斯基提出,学校图书馆是学校精神生活的中心,是精神生活的重要基地之一。学校里可能什么都很充裕,但如果没有满足人的全面发展与精神生活所需要的书,或如果不喜爱书和冷淡地对待书,这不算是学校;相反,学校里可能缺乏许多东西,许多方面都可能是不足的、简陋的,但如果有为我们打开世界之窗的书,这就是学校了……书籍是学校"精神生活"和"智力生活"的基础……无限相信书籍的教育力量是苏霍姆林斯基教育信念的真谛之一……对学校来说,最重要的就是书籍。国内有学者也认为,中小学图书馆以其在学校教育中的独特地位和大量的书籍资源而成为创设学校阅读环境的"着力点"之一。总之,中小学图书馆可谓各国健全图书馆事业的重要组成部分,也是国家初中等教育至关重要的组成部分。

中小学图书馆的办馆优势在于行政隶属与地理位置划归学校,其在学校受到重视且拥有资源时既能保证所需资金投入、人力资源与读者群体等,又能从根本上方便师生借阅。但从另一个角度看,中小学图书馆的缺点可能也在于此:资源投入渠道相对单一、封闭,事实上中小学图书馆事业作为我国图书馆事业的重要组成部分,其结构基本上是单一化的,属于教育系统,由地区教育行政主管部门领导;少数民办或私立中小学虽然不直属教育行政部门领导,但在业务上仍由教育行政部门负责。相应地,包括社区图书馆在内的公共图书馆的设置则是为形成与学历教育相对应的社会教育网络,在大中小学之外为自主学习、课余自修服务,它们可满足社会的多元化需求。事实上,在绝大多数未成年人停留时间最长的校园中,中小学图书馆为每位中小学生提供了一项重要的教育机会,其发展与管理也应成为行政人员、教师和家长共同努力参与及推动的一项事业。

中小学图书馆应成为学校的信息中心、资源中心、科研中心,而非养老中心和娱乐中心。作为学校的信息中心,能推动和促进图书馆与网络(信息)中心的整合重组,组合后的二级机构

共同影响着学校决策。教育性是中小学图书馆最主要的属性,服务性其次,现阶段中小学图书馆应成为中小学的文献信息资源高地,以便通过有效的教育与服务属性支撑中小学的教学科研事业。作为资源中心,可使中小学图书馆长期采集、整理、分析、交流和推广可靠且专业化的信息资源,使学校真正成为读书、求知和成长的乐园。作为科研中心,意味着中小学图书馆如果可以充分地满足师生解决问题、探究新知、讨论交流和职业发展等需求,就能够体现其学术特征。苏联杰出教育家克鲁普斯卡娅指出,科学工作最重要的条件之一就是组织得很好的科学图书馆,要严肃认真地对待这件事,首先要做好物质上的准备……需要有对科学工作各部门的特殊性有一般了解并善于倾听科学工作者呼声的人。由此中小学图书馆就能如《关于加强新时期中小学图书馆建设与应用工作的意见》所提出和指向的,真正成为智慧中心、成长中心和活动中心。在当代,作为教育装备基本条件,中小学图书馆的建设与开发利用水平已成为衡量中小学办学水平的重要标准。

二、中小学图书馆的服务对象

中小学图书馆的服务对象是读者,其专指利用图书馆藏书,并从中吸收文化科学知识的阅读者,根据社会身份可将其分为两大阵营:学生读者与其他读者。

1.学生读者

中小学图书馆的学生读者可分为普通的和有特殊需求的中小学生。普通中小学生的特征分析和分类一般按年龄阶层划分,而对于有特殊需求的中小学生,要根据他们在心理、生理上的特定缺陷或超常状况提供相应的资源和服务。国外相关研究表明,借助规定的教科书在教室封闭环境中的信息传递缺乏针对性,中小学图书馆进化为媒体中心有助于实现学校的个性化教育,因此媒体中心与教室的整合也成为实现差异化目标的必选项,这种整合后的异质课堂能为智力超常的学生提供更多的学习机会。这不仅可以发现他们潜在的特殊兴趣和能力,还可以展示他们的真正才能,特别能提升学生的批判能力、创造性和自主性。

中小学生年龄小,其生理、心理发育还未成熟,缺乏鉴别和判断能力,更缺乏足够的社会经验和自我保护能力,容易受到外界的侵害和影响,因此需要社会特别的关爱和保护。在进入中小学后,他们的好奇心和模仿性较强,学校要多备图书,供他们浏览,并且帮助他们养成读书的习惯。中小学生可塑性强,其思想认识和行为表现不稳定;思维的具体性、直观性较强,逻辑性较弱;求知欲旺盛,但自觉性和自制力较差。正是由于中小学图书馆的主要服务对象是成长中、亟须阅读启蒙和引导的未成年人,因此相比一般的图书馆它具有更强的教育性。具备教育性的中小学图书馆能给学生读者较大的自由空间,使学生大多处于主动探究的学习状态,注重对他们的个性、积极性和创造力的培养,所以图书馆教育的独特价值和功能不可忽视。

另外,中小学图书馆的读者群体较稳定,按年龄和读写能力有明确的区分标准,便于阅读活动特别是分级阅读活动的开展,而且其地理位置一般方便读者到达,这些都是公共图书馆不具备的优势,也是公共图书馆为提升阅读活动的针对性和效能,与中小学图书馆开展合作的必要性所在;公共图书馆在总分馆建设工作中采取的策略包括将中小学图书馆作为分馆开展建设,以便利用中小学图书馆各自的地缘优势将其他类型的图书馆服务嵌入当地社区之中,此做法在边远地区、农村地区尤为普遍。上述提及的图书馆教育性特征契合 2003 年于良芝在其专著中提到的中小学图书馆的目标,即学校图书馆或媒体中心的目标与学校的总体目标保持一致,问题是学校的总体目标往往不如想象的那样容易界定……至二十世纪六七十年代,至少在英国、美国等西方国家,中小学的教育目标经常被确定为"为将来的社会培养合格公民"。因此,作为中小学重要构成的中小学图书馆,其目标在理论上也应是培养合格的公民。现阶段本行业不仅应明确这一点,而且要向整个学界和业内外广泛宣传此人才培养目标。对于此目标,于良芝做了进一步挖掘,即培养合格的公民重在培养学生的素质,而素质则是知识、技能、品质、个性等的综合反映,因此仅依赖课本的传授和记忆是不够的,必须强调学生的自主学习。也有传统研究支持上述对中小学图书馆目标的界定:"为提高中学教学质量和丰富学生文化知识而设置的图书馆。藏书侧重于教学参考书,有益于青少年身心健康发展的科普读物和一般文艺书刊。"虽然教工读者也存在大量阅读需求,但中小学图书馆的主要读者始终是未成年学生,因此在馆舍的建设与布置、媒体资源的收集获取、图书的分类排架、自动化管理系统的应用、宣传策略和读书活动等方面都要以中小学生读者的需求为主要取向。

阅读不仅是儿童获取知识的主要途径,以及现代社会中个体的必备技能,它更能促进儿童的精神成长,为培养其独立个性和终身发展能力奠定基础。这里需要特别指出,阅读技能并非与生俱来,阅读行为特别是深度阅读的实现对阅读主体的认知能力与信息素养都有一定要求,少儿时期是提升阅读技能的黄金时期,如果错过了这一时期,那么个体在成年期的阅读量和兴趣会大受限制。阅读能从根本上影响儿童的人生观、价值观、审美水平与道德感,可保障他们的跨文化沟通,并适应社会变动与参与社会生活。甚至有学者认为,一个人永远走不出他的童年。

2.其他读者

教工、行政管理人员,特别是任课教师在学校社区中虽然所占比例较小,但他们作为中小学不可或缺的关键组成部分,其影响力、权威性乃至发展潜力等都不容小觑。任课教师可以说是对中小学生的成长影响最大的群体之一,中小学图书馆特别要与他们紧密联系、合作,因为有专家指出,教师对于图书馆的态度会影响中小学生对图书馆的态度。任课教师常年承担着传授知识技能、立德树人的重任,同时他们自身作为专业技术人员,需要开展备课、班级管理、自主学习和科学研究等工作,要补充全新的教研资料,他们还面临着保持、更新和不断提升自身文化修养与专业技能、推进职业发展进程的挑战;另一方面,他们在繁忙又辛劳的工作生活之余,也需要一方精神家园用以休养生息、交流互动、娱乐放松。因此,一个方便、高效、高品质的中小学图书馆及其各类型的媒体资源集对教师读者是必不可少的。

提升育人质量的一个关键因素是提升教师素质,教师素质的提升在于以教育科研促进专业成长。杜定友认为:"做教员的人,总不能脱离书籍,可见书籍和教员的关系了……教员既然和书籍有这么深的关系,那么对于研究书籍的图书馆学,就不可不研究……现今教育学说,日多发明,教育方法,日新月异,做教员的人,断难故步自封,不求深造。"尤其是在当代,我国教师面临日益深化的教育领域综合改革,需要全面贯彻教育方针、实施素质教育并提升中小学生的品质与内涵,尤其需要他们不断地更新知识技能、改进教学方法及反思成长。另外,杜定友对图书馆与学术的关系也有精彩的论述:"学者研究学术,首赖图书……有图书馆,然后可以博览群书,参考引证。所以图书馆不啻学者的养成所。"相对于学生,教师总量虽少,但他们的阅读需求,特别是在所需资料的数量、广度和深度上远远超过绝大多数学生。由此可见,中小学图书馆具备了一定的学术性和服务性,一方面是其在教学科研中起到条件性与支撑作用;另一方面是能够满足教师在信息等方面的需求,两者经过有机统一才能让中小学图书馆均衡地发挥作用,并成为真正意义上的中小学图书馆。因此,建议中小学图书馆在采集媒体资源时要围绕教师的教学、科研工作,兼顾他们的心理与继续成长的内在需求,根据实际条件重点采集支持教学的网络资源,这一点是目前多数国内中小学图书馆的短板。

不同身份特征决定了读者不同的阅读需求、方式与特点:任课教师的阅读需求集中在教学理论、方法,以及各门课程的教学内容等主题的文献资料上;领导干部等以行政工作为主的人员则会侧重于学校管理、思想政治教育、党团建设等方面的书刊资料;学生阅读的内容主要与课程学习有关或是娱乐休闲类读物。认知水平不同也决定了师生阅读需求的差别较大:教师需大量使用图书和期刊、资料,既会系统阅读,也会基于工作生活等需求进行功利性阅读;中小学生的阅读内容相对浅显,但已开始进行系统阅读并扩展阅读门类。当然,读者的性别、年龄阶层也会直接影响其阅读兴趣和诸多倾向,所以在研究过程中需注意观察、思考,对读者的需求"具体问题具体分析"。

根据各国已有的政策法律框架,发展中小学图书馆是普遍受到支持和鼓励的。各国各地区都对该事业的发展持正面积极的态度,但出于多方面因素的差异,我国对中小学图书馆系统的强制性要求比照实际支持和投入出现了较大差别,相比于美国、日本、英国等发达国家,我国对中小学图书馆发展的支持和投入大多还不能满足师生的现实需求,因此强烈呼吁在了解基层现状、科学分析实证调研数据、对比国内外发展态势的基础上,推动和优化中小学图书馆事业的发展。

第二节　中学图书馆建设研究的理论基础

此研究的理论植根于教育学、心理学、图书馆学及其各自的相关和分支学科。从学科分类和专业背景来讲,图书馆学从诞生之日起就与教育学存在天然而紧密的联系。杜威将大众教育分为两类:一类是免费的公立学校教育,另一类是免费的公共图书馆教育。蔡元培指出,教育并不专在学校,学校以外还有许多机关,第一是图书馆。现代图书馆无疑是协助、鼓励、支持民众学习、阅读的场所,而中学图书馆的服务对象和任务目的就更为专指化,它专门指向以发展和学习为主要任务的中小学生群体,要做好对他们的服务就必定离不开心理学等若干学科的协同和支持。

一、教育学理论基础

1.素质教育理论

学界、业界现已将素质教育定义为"以提高国民素质为根本宗旨,以面向全体学生,培养学生创新精神和创新能力为重点,使学生在德智体美等方面全面、充分、和谐发展的教育"。实施素质教育有赖于校园物质环境建设,因为个体素质的形成不是在主体间自动转移的,而是主体借助某种物质手段,通过积极的实践活动获得个体心理品质的过程。学生提升综合素质所依赖的物质环境无疑包括图书馆,这已在诸多研究中得到证实,因此可以说图书馆是中小学实施素质教育的前提,只有中小学拥有丰富的信息资源才能使学生有机会独立获取所需要的知识信息。

在素质教育模式下,学生学习的目的在于掌握实际应用的本领,其中最重要的一种学习方式是"研究型学习"。该学习方式最重要的阵地就是图书馆,中小学图书馆所具备的能力培养与综合素质提升的功能是课堂教学无法充分具备的。一般情况下,中小学图书馆与素质教育间的关系界定如下:教育的变革与中小学图书馆战略地位的变化存在密切关联,中小学图书馆发展的保障与良好契机就在于实施素质教育和基础课程改革。反之,在发展素质教育的过程中,专业化的中小学图书馆也是不可或缺的支持力量,比如说素质教育所需要的自主学习空间、信息设备、交流讨论空间、多样化馆藏及图书馆管理员的指导帮助;正规教育的最高目标是为社会培养出综合能力强的合格公民,这类教育在国际上普遍离不开图书馆的支撑。在美国的教育改革过程中,教育理念一旦向学生转移,中小学图书馆的作用就会得到关注和认可。可以说,良好的中小学图书馆能够对学校整体运行的质量、效益,特别是学生的全面发展产生显著的积极影响。朱永新教授也认为真正的阅读是解决我国教育问题最重要的手段,并将它定位为我国素质教育突破口的一项最重要的选择和最好路径。

目前我国深化教育教学改革,着力培养全面发展的合格公民,这从客观上看就需要确立并加强中小学图书馆的地位。中小学图书馆能给予学生读者适当的精神发育、认知发展和情感意志调整等方面的感召和指导,这对中小学图书馆的制度化与稳步发展具有重大意义。同时,该事业的发展有助于我国公共文化服务体系的构建、完善,特别是有助于公共图书馆系统的可持续性发展和繁荣。

2.教育改革与学校阅读发展的新教育学理论

新教育学理论的提出与践行以美国的雷夫老师和我国的朱永新教授等人为代表。但事实上雷夫老师作为新教育学理论精髓的践行者,却尚未明确提出和倡导该理论。

在国内,朱永新教授发起了"新教育实验"教育改革行动,它基于全国教育科学"十五"规划重点课题,是针对"教师苦、学生累、家长急、校长冤"的现实图景开展的,可将其定义为以教师发展为起点,以十大行动为途径,以帮助新教育共同体度过幸福、完整的教育生活为目的的教育实验。该实验开展后,有实验区和千余所定点中小学实践新的教育理念和模式,有研究院和定期会议提供相应的理论研究支撑,有国家项目和其他诸多基金会等社会团体的援助支持,还引入了国际流行的生命教育教材对学生开展"新生命教育",并自编教材开展了"新公民教育",这两项课程有效地促进了学生的身心健康发展。另外,朱永新教授从 2003 年到 2022 年连续 19 年在全国人民代表大会和政治协商会议(简称"两会")上呼吁将"全民阅读"作为国家战略认真实施,提交了建立"国家阅读节"的提案,而且他呼吁建立中小学图书馆的基本书目制度,建立基本的配备标准,真正让农村学生能够与城市的孩子一样读到好书。结合新教育研究院院长卢志文和朱永新教授所发表的文章可知,这项改革事业已成型并且已在客观上产生了较大的影响和辐射。最后,在近年来所调研的数百所农村中小学的基础上,朱教授在 2020 年全国上直接提出,在"十四五"期间国家应当实施农村中小学图书馆建设工程,阅读的条件、机会和环境都已成为中小学软件配备的关键部分,像过去抓营养午餐那样,对农村中小学图书馆进行标准化改造,国家还要出台农村中小学图书馆建设标准,加大建设力度并且在全民监督下划拨专款,专款专用,在经费使用时充分发挥基层自主权,规范各类资源的配备程序,以便确保农村、边远地区的孩子的阅读权益和获取信息的权利,这样"教育公平"才会有更坚实的保障与更广泛的实现,最终使广大民众从初中等教育的角度增强获得感和幸福感,促进社会文化和教育事业的可持续性发展。

朱永新教授从微观到宏观的相关思想体系如下:在偏重升学率等指标的教育评估机制中,丰富的阅读已经被教育所抛弃,更多的学习是为了分数而强迫孩子们不断地做习题和测验考试。他的理念是:阅读早已不仅是个体私域问题,因为一个人的精神发育史就是他的阅读史,一个民族的精神境界取决于这个民族的阅读水平,一个没有阅读的学校永远不可能有真正的教育,一个书香充盈的城市才能成为美丽的精神家园,共读共写共生活才能拥有共同语言、共同价值、共同愿景。相关学者的观点也与此观点十分相似,即人们通过读书所获得的裨益远远不止于自我人格的形成方面,读书能力本身甚至代表了一个国家最根本的优势。朱永新教授强调"建立'国家阅读节'有助于实现阅读的教育价值……学校教育不仅仅像母乳一样给我们最初的滋养,最重要的是通过阅读让我们学会了自主飞翔"。他认为:"阅读对于国民素质的提升和国家竞争力、凝聚力的加强具有不可替代的重要作用。阅读是最有效、最便捷、最廉价、最直接的提升国民素质与国家竞争力量的路径。同时,从推进教育公平的角度说……阅读是最高效的教育,推动阅读是推进教育公平最简便的方法。"

在欧美国家,多年来不仅是图书馆界,各级教育界也大力推广中小学图书馆未成年人阅读,被称为美国最有趣、最有影响力的雷夫老师在其多年的小学教学经验的基础上提出:"阅读不是一门科目,它是生活的基石……要让孩子在长大后成为与众不同的人——能考虑他人观点、心胸开阔、拥有和他人讨论伟大想法的能力——热爱阅读是一个必要的基础。"他认为:"上图书馆是为了建立孩子们的价值观;置身于热爱阅读的人群中对孩子们是很有益处的……乐于阅读的孩子能和身边的世界产生联系,最后具备超越现阶段想象范围的思考能力。"

除了上述两位教育学专家外,还有四位名人或专家的理念也与新教育改革的思想行动相一致。克鲁普斯卡娅的观点是:"儿童读物在儿童的生活中起着重大的作用,它在儿童生活中所起到的重大作用要大大超过成人在生活中所起的作用。童年时代读过的书往往使人毕生难忘,并且能对儿童以后的发展产生影响。儿童从他们所读的书中获得一定的世界观;书籍也可以使儿童养成一定的行为标准。"她认为:"要使学校里到处都有图书馆的据点……就要经常组织对优秀作品的朗读活动,学校在这方面应该做得更好。"所谓阅读兴趣,就是对阅读的一种积极的心理倾向,包含了认识、情感和行动三个维度。苏霍姆林斯基认为,学习者阅读兴趣的主要特征在于他们愉悦的心境、强烈的求知欲和主动学习的行动。我国中小学图书馆领域专家李玉先指出,书籍是人类的精神食粮……读什么书籍,在更大程度上引导了孩子的思想方向。国内文学家钱理群先生指出,办好教育需要三个条件:有好校长,其重要品质就是"喜欢读书";有好教师,界定好教师的标准是需要有三爱,即爱教育、爱学生、爱读书;有一个好的图书室,所藏图书不能只与应试教育相关,还应有古今中外的经典和适合孩子阅读的好书,要有计算机和网络设备。他还认为教育就是由"爱读书"的校长和教师带领学生一起"读书"。

3.其他教育学理论及对教育学理论的总结和应用

(1)维果斯基"最近发展区"理论:"最近发展区"是指未成年人已经能做的与其尚不能很好完成的之间的差距,是未成年人现有发展水平与得到一定指导支持条件下可能达到的潜在发展水平间的范围。维果斯基认为,应先确定两种发展水平:第一种是未成年人独立活动时达到的解决问题的现有水平;第二种是在有指导的情况下能达到的解决问题的水平,即通过教学所获得的潜力。教学创造着"最近发展区",第一个与第二个发展水平间的动力状态由教学决定。在未成年人能够独立完成任务前,家人、教师或他人须向他们提供暂时的支持,这种支持既要考虑未成年人现有的发展水平,又要提出更高、更好的发展要求,因此好的教学指导要建立在形成中的心理机能的基础上,又应适当提前于心理机能的形成。结合工作实践,中小学图书馆可围绕未成年人"最近发展区"设计读书活动,通过活动让未成年人既感知到自身的能力和水平,又发现自身的不足与潜力,推动、感召和鼓励其前进;同时,此理论体现出中小学图书馆开展阅读推广、参考咨询、组织志愿者参与管理等工作的价值和意义。

(2)教育学理论基础的总结及其发展应用:"教育"一词的含义就是以人类已有的知识为基本核心再形成一系列新的知识,并将这些新形成的知识同核心知识牢固地连在一起。从这一权威定义可知,熟悉、掌握各领域知识只是学习的一个方面,更重要的是发展已有知识,并将新知识与已有知识相互连接,即在头脑中恰当地内化、梳理和贯通知识,以便不断发展自己对特定学科的兴趣。因此,从编写大纲到反馈评价的普通教学过程中,较理想的状态是在知识传授范围、方式和程序中充分考虑学生的情况,而教师教学的基本参考支持渠道即图书阅读。

对支撑、服务于教育的附属机构来说,中小学图书馆主要的服务对象是青少年儿童,其首要且核心属性是教育性,在读者工作中的基本原则是教育性原则。而这些机构的行政管理者和资源调配者是教育机构或教育行政管理部门。因此,为了本行业将来更好地生存、发展,这些机构必须更频繁、深度地与教育行业的相关人士合作、互动,更好地认知、参与并融入教育事业,在此方面我们可向欧美国家学习。另外,中小学图书馆有必要进一步强化、宣传其教育职能,使相关群体乃至全社会认识到中小学图书馆是基础性的教育资源和装备,是办好中小学的重要支柱。最后,从国内行业发展现状看,长期以来中小学图书馆一直是我国基础教育领域的一块短板,其实际所发挥的效能与教育教学改革发展力度不成正比,这也彰显出我国在该领域可观的发展空间与巨大的发展潜力。

二、心理学理论基础

1.发展心理学理论基础

儿童心理发展是指在掌握人类知识经验与行为规范的事件中,未成年人心理机能不断通过量变、质变而实现提高改变的过程。由于本书的研究对象是中学图书馆,所涉及的中学生读者大致处于青少年时期,即青春期与成人、成年化的分水岭。青少年时期的发展可大致分为三个方面:生理发展、认知发展、情感和社会发展。其中,生理发展表现为外部特征的明显变化,认知发展、情感和社会发展是内在的,与心理变化有关,影响个体的行为特征。基于本书的内容,下文将重点关注认知发展、情感和社会发展两个发展范畴,其中又以认知发展为关注焦点。青少年作为中学图书馆的主要服务对象,其心理行为的发展状况、规律和沟通技能应为图书馆管理员及相关研究者所关注、掌握与利用,以便实现令人满意的服务效果与服务评价。

(1)皮亚杰的认知发展阶段理论:作为当代著名的发展心理学家,皮亚杰的认知发展阶段理论已经成为全球最有影响力的认知发展理论之一,并对图书馆未成年人服务具有重要的指导意义。认知发展心理学的任务是探讨认知发展的过程和现象的特点、规律及其影响因素,探讨隐藏在该过程与现象背后的微观机制,为指导未成年人教育实践提供科学依据。

皮亚杰将未成年人认知发展划分为四阶段,最后一阶段是形式运算阶段(11～15岁),这与我国初中生的年龄阶段相吻合,代表了认知成熟。此阶段主要成就包括分类、形成逻辑思维与假设能力,另外在情感和人际领域,他们会尝试各种待人之道和心理预期,以便发现哪种行为对他们最有利。该理论说明发展先于学习,可以让青少年在与环境互动的各类活动中自然地学习知识并获得发展,而且特别关注他们的思维过程和个体差异。事实上,心理学家维果斯基的内化理论和上文提及的“最近发展区理论”也都证明了开展阅读推广活动与阅读指导的重要性。图书馆管理员须认清并适应中学生读者的认知发展阶段特征,避免提供过于简单且会浪费学生时间的文献;资源要以通俗通用为主,但可适当成人化、理论化、抽象化并辅以适当的阅读指导,以便推动提升其认知层次;还要组织各类精选活动,以促进他们提升能力与实现个体发展。

(2)埃里克森的人格发展八阶段理论:埃里克森是美国新精神分析主义者,他通过临床观察、经验总结和大量病例分析,提出了人格发展八阶段理论。事实上,个体在每个阶段都面临着特定的心理社会危机,如果个体能在各阶段成功解决相应危机,就能取得重大进步且使个性健全发展,利于对环境的积极适应,并且前期阶段的危机解决直接影响到后续阶段的发展。其中,与本研究相关的阶段包括中学生涉及的第四阶段(6～12岁)学龄期、第五阶段(13～19岁)青少年期,以及教师等其他读者涉及的第六阶段(18～30岁)成年早期、第七阶段(31～60岁)成年中期和第八阶段(60岁以后)成年晚期。第四阶段的发展任务是获取勤奋感并克服自卑感,体验自身能力的实现,形成自身的勤奋感与胜任感;第五阶段是承继学龄期后的青少年期,他们面临角色混乱与同一性冲突的危机,解决此危机对个体形成健康的个性非常重要,此阶段他们会自觉无力持久地承担义务,会延迟做出个人生活或职业选择和承诺(即"合法延缓期"或"延期偿付"),以便逐步达成并确立自我同一性的内心需求,此阶段标志着学龄期结束和成年期开始;第六阶段是青年晚期或成年早期,其发展任务是获得亲密感以便避免孤独感,体验实现爱情与亲密关系(可延至 40 岁),此阶段的发展状况意味着个体是否愿意与他人深层次交往,从而建立新的信任与亲密关系;第七阶段是生产(包括繁殖、事业发展和人际交往等)与停滞相冲突阶段,停滞意味着一潭死水、有损自尊,而生产则是相信自己做的事情有价值,可以提升和保持其自尊;第八阶段是自我完满与绝望相冲突阶段,自我完满源于智慧,此阶段要求人们放弃人际关系与身外之物。基于埃里克森的理论,第四、第五阶段主要是中小学发挥着重要作用,而第六到第八阶段则是所在的单位和工作内容至关重要。因此,中小学作为青少年主要活动场所和教师工作单位,理应切实承担起促进个体健康、全面成长的任务。图书馆管理员可在馆内安排较可观的志愿者或义工等职位,促进青少年读者自我同一性的达成与确立,增加社会体验以便认识自身能力;馆藏资源应收集心理学、文学、名人传记、科学技术和行业介绍等主题内容,主要帮助学生更好地完成各发展阶段的任务并继续向前跨越。另外,图书馆也须准备各科教育教研、管理学、社会学、科学普及等资料和娱乐休闲资源,组织各类讲座、讨论会、趣味竞赛等活动,以满足教职工的多种需求。

第三章　高校图书馆管理的创新

　　管理是一个动态的、不断创新的过程。只有不断地创新才能使高校图书馆适应高校的要求，不断发展和进步。20世纪30年代美国的唐纳德·科尼将现代管理理论引入了图书馆管理，在相当长的一段时间内，促进了图书馆迅速发展。今天，传统的图书馆管理理论，已经不能满足高校图书馆师生日益多元化的信息需求，众多高校图书馆开始尝试并实行管理各个方面的创新。

　　管理创新是指管理者用新思想、新技术、新方法对企业现有资源的重新组合，以促进企业管理系统综合效益不断提高的过程。运用先进的、科学的管理方法创新高校图书馆的管理，可以更好地体现现代高校图书馆为高校科研、教学充分服务的功能。高校图书馆管理创新的方向，首先是观念的创新、创新图书馆管理战略，其次是创新管理制度，以及创新管理文化等。

第一节　高校图书馆管理理念的创新

一、管理理念创新的重要性

　　管理理念的创新，是一切管理创新活动的前提。人类社会结构的变迁，人与人之间关系文明形式的改善，无穷无尽的物质财富和精神财富的不断涌现等等，都应该首先从人的观念、理念创新中去寻找根源，特别是管理者的创新理念更显得尤为重要。我国高校图书馆由于长时间受"藏书楼"的传统观念影响，一直以来，在管理思想上重藏轻用、重书轻人、重内轻外。这些传统的观念严重地束缚了高校图书馆的发展。思想指挥着人们的行为，图书馆要生存、要发展、要创新，首先就必须更新思想观念，才能适应知识创新和未来图书馆事业发展的需要。

　　图书馆管理的理念首先要改变。面对迅速进行着结构变化和飞速发展的时代，一个优秀的图书馆管理者必须树立创新意识，不因循守旧，要勇于冲破旧的传统，根据图书馆自身发展的客观规律和知识经济时代对图书馆在高校中的需求制定正确的发展策略和管理模式，对于不适应的管理机制，必须勇于改革，善于改革，必须不断地学习反复不断的改进。在持续改革的过程中会带来真正的创新，让高校图书馆来一个质的飞跃。

二、管理理念的创新的原则

　　管理理念的创新就是要更新陈旧过时的管理理念，用新的管理理念替代传统，要实现管理理念的创新,需要注意几个原则。

系统原则:即把整个图书馆的工作看成是相互关联的、相互补充的有机整体。管理实际上是一个实现目标的过程,系统原则就是要围绕这个既定目标,合理地配置图书馆系统的人、财、物,使图书馆系统健康、协调地运行,发挥其最大效能,以达到预期目标。

发展的原则:即管理思想应随时代的发展而发展变化,与时俱进地适应外部环境的要求。随着社会的进步,图书馆要转变传统的封闭的观念,树立在时间、空间、服务内容以及服务方式上的全方位的开放观念。传统经验管理的思想与传统管理时代相适应,并起了一定积极的作用。然而知识经济时代,靠经验管理是不能充分发挥管理的效用的,甚至可以说,那种传统的管理思想是现代图书馆发展的桎梏。因而,管理思想要随外界环境的变化而变化,要不断深入研究新形势,总结新经验,从而获得与外界环境相适应的新的管理思想。

信息性原则:即不断吸收新情况、新内容,丰富思想内涵。要重视新信息,不断掌握新信息并吸收它为己所用。要摒弃传统的闭关自守的思想,积极与外界沟通,逐步将图书馆融入社会生活中。

效益性原则:即注重社会效益和经济效益的有机结合。在计划经济体制下,图书馆"等、靠、要"思想严重。而市场经济体制下,社会效益和经济效益的统一是图书馆急须解决的问题。管理思想创新的最终目的就是要提高管理效率,获得两个效益的统一。

竞争性原则:竞争是市场经济的产物。在社会主义市场经济体制下,竞争体现在会的方方面面,"优胜劣汰"对于图书馆而言同样适用。在管理中如果没有竞争意识,就难以在市场经济体制的环境下生存和发展。

三、管理理念创新的方式方法

高校图书馆能否适应 21 世纪发展的需要,关键在于管理理念的创新,虽然从效率和效用两方面管理好资源作为图书馆的管理目标,但由于环境的变化,实现目标的具体途径和手段将不能沿袭旧法,必须从观念到结构做出全方位的调整。资源共享、共建成为图书馆管理的重要理念,管理理念必须实现以下转变。

(一)从一般化建设向特色化建设转变

网络时代的图书馆必须摆脱传统自给自足的小农经济思想,而站在一个宏观角度来考虑资源建设问题,把资源建设建立在合作和共建的基础之上。各个图书馆在整体分工的基础上,应加强自己自愿的特色化建设。这样做,一方面可以解决经费短缺的问题,另一方面可以实现真正意义上的共享。

(二)从重拥有向重存取转变

拥有是存取的前提和基础,没有拥有也就无所谓存取。但在网络时代,在注重资源特色化建设的同时,更应突出图书馆的存取功能,因为"图书馆事业的本质即存取,也就是说,是使信息和知识为用户所利用;对于用户来说,他不在乎信息是怎样获得的,是从哪里获得的"。在21 世纪,"大多数图书馆资料将根据需要以电子形式或印刷形式传输,一个图书馆的馆藏将由存取能力而不是拥有量来界定"。

(三)在图书馆的发展途径上创新

目前,高校图书馆面临两个方面的挑战,一是网络的迅速普及和发展,已经使电子图书馆、虚拟图书馆的应运而生,并向传统图书馆提出了严重挑战;二是在 21 世纪,信息技术将以更快的速度向前发展,网络化使人们在任何一个网络节点上都能方便地获取信息,社会信息机构大量进入信息服务领域,作为信息服务业的一个组成部分的高校图书馆,在 21 世纪将处于更加充满竞争和压力的环境之中。在这种情形下,图书馆必须转变发展观,树立竞争与协作的思路,克服传统图书馆各自独立,各自封闭的办馆模式,把图书馆事业作为一个整体对待,实现跨地区跨部门的协作,建立高校图书馆联盟,加强合作,走共同发展之路。

(四)在图书馆的职能与功能认识上创新

根据新修订的《普通高校图书馆规程》的要求,高等学校图书馆必须贯彻国家的教育方针,履行教育职能和信息服务职能,为培养德、智、体、美等方面全面发展的人才,发展教育科学文化事业,建设社会主义物质文明和精神文明服务。在内外部环境条件不断变化的形势下,要履行好这个职能,就必须建设一个能根据内外变化及时进行调整的组织,把图书馆全体员工的创新能力充分发挥出来。把图书馆办成一个学习型组织,是管理者的一个新思路。管理者必须明确,图书馆的重要职能之一是创造条件使全体员工创新能力发挥出来。图书馆管理者的主要角色不仅是一位领导者和激励者,还是参与者和创造者。他们不仅为员工创新能力的发挥创造条件,减少和消除在创新中遇到的障碍,而且自身也要追求创新。在图书馆管理活动中有许多新问题需要以创造性的思路来解决,管理者只有主动探求新的管理方式方法,图书馆的发展才有新的活力。

第二节　高校图书馆管理战略的创新

近年来,越来越多的高校图书馆开始重视战略的制定和规划。所谓战略就是指对一个机构的未来方向制定的决策,并实施这些决策。它规定机构的使命,制定指导机构设定的目标和实施战略的方针,建立实现机构使命的长期目标和短期目标,然后根据确定的目标决定行动的方向。而高校图书馆战略管理主要为了适应外部环境的变化,使之能长期、稳定地健康发展,实现既定的战略目标,而展开的一系列事关图书馆全局的战略性谋划与活动。战略思想由美国学者安索夫 1972 年提出到图书馆界的引入,我国现高校图书馆的战略多变演变成了简单的目标制定,而往往忽视了战略的执行和控制。所以我们提出要进行战略的创新。主要为重视高科技发展战略,柔性战略和战略逻辑创新。

一、重视高科技发展战略

工业化阶段,图书馆主要靠传统的服务来满足高校读者的要求。图书馆的馆藏成为衡量图书馆水平的一个很重要的指标,从而形成了图书馆重藏轻用、重书轻人的观念。知识经济时代,高校图书馆属于信息机构,在信息行业,图书馆面临着各种信息服务企业和机构越来越激烈的竞争。由于信息技术革命和以计算机、通信网络技术为核心的一系列高新技术的应用,使得人们获取信息知识的渠道和手段都有了极大的发展。出现了更多的机构、组织、信息咨询公司可以满足读者的信息需求,对高校图书馆形成了强烈的威胁,减少了对高校传统图书馆的依赖。而互联网等网络通过给人们提供获取信息的直接途径,也对图书馆员所扮演的传统角色提出了挑战。同时上述环境的变化,又会带来诸多的发展机会。战略管理强调审时度势、统揽全局、长远谋划,积极主动地迎接未来的挑战。高校图书馆应该将高科技发展作为战略制定和规划的重要因素。

二、高校图书馆战略逻辑创新

所谓战略逻辑,指在设计战略时用什么样的逻辑思维来进行思考。导致高校图书馆能时刻跟着外界及内部环境变化,满足不同读者要求的主要原因之一就是在于图书馆的管理者具有一种创新的战略逻辑思维。他们能够根据高校图书馆的外部环境和图书馆自己发展特点用不同的逻辑来设计战略。管理者要善于辨识企业目前的战略逻辑,敢于向其挑战,能够静下心来仔细考虑战略制定前对行业做出的假设,以及企业的战略焦点。

三、高校图书馆战略创新的原则

(一)先进性原则

置身于高校,属于服务性行业,面对行业内竞争,高校图书馆在满足用户信息需求方面,只有达到了社会平均水平才能生存,只有超过平均水平才能发展。也就是说,门槛是平均水平,而不是自身原有的水平。图书馆实施战略管理后,即使他在满足用户服务要求的水平方面比过去有了长足的进步,但只要没有达到平均水平,它同样将面临被淘汰的问题。同时由于竞争,平均水平也是不断发展的。所以图书馆战略管理所追求的目标,必须包含比平均水平更加先进的内容。

(二)环境适应的原则

成功的图书馆战略管理重视的是图书馆与其所处外部环境的互动关系,目的是使图书馆能够适应、利用甚至影响环境的变化。图书馆应随时监视和扫描内外部环境的震荡变化,找出内部环境中的优势和劣势以及外部环境中的机会和威胁,理清它们之间的关系,并据此提出战略计划。

(三)全过程管理原则

图书馆战略管理要取得成功,必须将战略的制定、实施、检查、提高,即管理学通常所说的PDCA看成一个完整的过程来加以管理,忽视其中一个阶段都不可能获得有效的战略管理。具体而言,再好的战略计划,如果无法实施或不实施,那就是没有意义的;战略管理需要实践来检验,如果没有实事求是的检查和评价,就不可能发现战略管理中的问题,错误的战略管理不仅不能解决生存和发展的问题,而且是非常有害的;单单发现问题或只有批评意见也是解决不了问题的,还必须提出新的、有效的对策。总之,只有实施全过程管理才能取得螺旋式上升的预期效果。

(四)整体优化的原则

成功的图书馆战略管理是将图书馆视为一个不可分割的整体来加以管理,目的是提高图书馆的整体优化程度。它通过制定图书馆的宗旨、目标、重点和策略来协调各部门、各单位的活动,使之形成合力。应特别注意的是,这种优化应该是积极的和能动的。面对图书馆某一关键部门的落后,不应简单地要求其他部门按照它的低水平进行调整,应积极寻求资源的结构重组,以期实现更高水平上的整体优化。

(五)全员参与原则

图书馆战略管理不仅要求图书馆高层管理者的决策,也需要全体馆员的参与和支持。更确切地说,图书馆战略制定过程的分析、决策主要是高层管理者的工作和责任,而这种分析和决策又离不开中下层管理者的信息输入和基层馆员的合理建议;一旦图书馆战略目标的确定,战略的实施就在相当大程度上取决于全体馆员的理解、支持和全心全意的投入。

(六)反馈修正原则

图书馆实施战略管理的目的是寻求发展、稳定和健康的发展,战略规划的时间跨度一般在五年以上。总体战略规划的实施通常又包括一系列中短期行动计划,它们使图书馆战略在行动上具体化和可操作化。然而其实施过程又不可能是一帆风顺的,环境的风吹草动往往会影响图书馆的战略部署。所以只有不断的跟踪反馈才能确保图书馆战略的适应性。从某种意义上说,对现行图书馆战略管理的评价控制又是新一轮图书馆战略管理的开始。

第三节 高校图书馆文化的创新

图书馆组织文化,来源于组织文化理论在图书馆管理中的应用。它反映和代表了对该组织起影响和主导作用的团队精神、行为准则和共同的价值观。20世纪以来,传统图书馆处于不停地变革之中。新的技术环境对图书馆的影响更是全面性的,图书馆的工作方式、服务方式、组织形态、馆藏发展、人员角色以及运作方式等都受到强烈的冲击。因此图书馆的组织文化也处于调整和变革之中。

一、建立团队文化

网络技术环境下的图书馆组织文化必须善于吸收其他文化素养,以建构合理、优秀的文化。团队文化是现代组织精神必须强调的重要内容。过去图书馆组织的价值观受传统金字塔形结构的制约,形成领导权威至上,各职能部门只关心自己分内事情,相互之间不合作、不团结的风气,这种组织文化对图书馆有极大的毁灭力,被这种等级文化所困扰,必然导致不精简、不灵活、不公平、缺乏创造力、士气低落的后果,也就无法获得读者的支持。

　　随着图书馆人对图书馆这种金字塔式的结构弊端的认识,要进行组织创新,向扁平化、柔性化方向发展,团队逐渐成为图书馆的组织基础。在伴随着组织结构的再造过程中应该伴随着组织文化的再造,否则不能保证图书馆各个层面的人员身体力行。

　　团队文化具体包括如下:

　　(1)具有共同的战略和目标。团队成员清楚地了解并认同组织共同的战略和目标,认同组织的价值观,并乐意为之奉献。

　　(2)相互信任、相互尊重。团队成员的技能相互补充,共同努力才能达成组织目标。成员之间形成互相信任、互相学习的气氛。人人承担责任,同时享受个人发展的权利。

　　(3)良好的知识共享氛围。团队提倡开放、坦诚的沟通氛围,成员间信息渠道畅通,知识共享。

　　(4)自我管理。团队工作得到领导的充分的信任和尊重,团队以自我管理为导向,在决策上更为民主,提倡参与,注重个人能力的发挥。

　　图书馆建设团队文化不是一朝一夕的事情。由于原来的组织文化有足够的稳定性,在任何变革的时候都会受到传统旧的文化的阻碍。因此,要求图书馆人进行长时间的努力才能逐渐形成。

二、倡导学习型组织

　　1990年美国麻省理工学院教授、著名管理学家彼特·圣吉出版了《第五项修炼——学习型组织的艺术与务实》一书,掀起了组织学习和创建学习型组织的热潮。美国的福特汽车、通用电器等一些大型企业都在积极创建学习型组织。随着我国的入世,我国正处于全球经济一体化格局中。为了在竞争中求生存,我国各大企业也正积极地创建学习型组织。学习型组织已成为企业做好知识管理工作和提高竞争力的必备条件。如何有效地激发组织的创新和创建成功的学习型组织已成为现代管理的两大主题。在这股风靡全球的学习型组织热潮带动下,已有创建"学习型社会"思想的提出。中国的上海市、大连市、昆明市相继提出要建成学习型城市。

　　作为社会文教机构的图书馆,在面对这一机遇和入世的挑战时,也必然要抓住这一机遇,改变传统的管理理念,创建学习型组织以提高图书馆的竞争力。

三、培育"以人为本"的文化

　　图书馆的存在是为了满足人,高校图书馆的存在是为了满足高校"各种类型的人"——读者对知识、信息的客观需求,这是高校图书馆存在和发展的根本原因。而高校图书馆之所以能够存在,依靠的是图书馆人对事业的不断追求和奋斗。因此"人"始终是图书馆存在和发挥的动力和支点。

　　图书馆树立"以人为本"的价值观。实行"以人为本"的管理模式依赖于图书馆文化的支撑。一个有着共同价值取向的图书馆能够对其管理人员和读者倾注最深切的关怀。其管理人员在充分取得自身发展、实现价值的同时,必将更加忠实图书馆的集体事业和未来发展。其读者在获得图书馆良好服务的同时,也必将进一步强化对图书馆的认同感和忠诚度,图书馆由此将获得更好的公众形象。这里的"读者满意"就是"以人为本"的具体体现,是高校图书馆发展的原动力。所以,在图书馆的各种服务活动中,应真正树立以读者为本的理念,使读者能够公平、公正、自由、方便地利用和获取各种文献信息,平等享受各种服务,真正体现"图书馆是所有人都可以利用的场所"这一宗旨。

图书馆的工作对象是文献信息,服务对象是读者,其中读者是主体。这就是说,读者是图书馆的重要组成要素,读者服务是图书馆赖以存在和发展的根本依据。印度图书馆学家阮冈纳赞曾提出"图书馆学五定律",其中前四条都是围绕着图书馆的"读者服务"来展开的,充分体现了"以读者为中心"的服务理念和人文关怀。因此,高校图书馆在提供服务的过程中,就是要通过这种的服务理念,多想读者之所想,多为读者提供方便,在阅读环境、开放时间、借阅方式、书架设置、信息产品的提供等方面,体现出"倾情"。

"以人为本"还应体现在对图书馆员的关怀和管理上,尤其是要致力于建设符合组织与个人共同发展的良好工作和学习氛围,使馆员感受到尊重,体现自己的价值,从而能自觉地工作,在完成图书馆目标的过程中实现自己的愿望。

第四章　档案管理工作概论

第一节　档案的内涵

一、档案的起源与发展

（一）档案的起源与沿革

关于档案的起源，主要有以下四种观点。

第一种观点认为：在国家诞生以后，产生了文字，用文字记录国家的各种事务，就形成了档案。

第二种观点认为：在原始社会末期产生了原始的文字，国家产生后，用文字记录国家的各种事务，形成了档案。

第一、第二种观点称为阶级社会产物论，又称为文字、国家条件说。

第三种观点认为：在原始社会末期产生了原始的文字，原始部落用这种文字记录各项事务，就形成了比较原始的档案。国家形成后，形成了比较有条理的档案。

第四种观点认为：原始社会的结绳、刻契就是原始的档案，文字、国家形成后，形成了比较有条理的档案。

第三、第四种观点称为原始社会产物说。

由此可见，档案不是历来就有的社会现象，是人类社会随着生产的发展、记录符号的发明和使用逐步形成的。

（二）档案载体与名称的发展演变

中华民族历史悠久、勤劳智慧，创造了光辉灿烂的人类文明。中华民族在创造文明进程中形成的年代久远、数量浩瀚、内容丰富、价值珍贵的档案资源实为世所罕见。档案载体多姿多彩，从甲骨、金石、简牍、缣帛到纸墨文书，经历了长期的发展演变。随着社会的不断进步，档案载体也在继续发展。

1.甲骨档案

甲骨档案主要是指把人类的社会活动契刻在龟甲、兽骨上而形成的数量庞大、内容丰富的商周时期的档案。商代的甲骨档案距今已有 3300 多年，其总量在 15 万片以上。殷商时期，帝王们崇尚迷信，无论打仗、出巡、祭祀、狩猎、畜牧、农耕，还是发生了灾害、疾病，都要在神庙用龟甲或兽骨占卜吉凶。然后，将占卜的时间、占卜人的姓名、所问事项以及事后结果，都刻在甲骨上,并且集中存放在宗庙内保存起来,这就是甲骨档案。甲骨档案主要集中于商代,现在所保存的甲骨文,多为盘庚迁殷至纣亡的 273 年间的遗迹。甲骨档案记载了商代的政治、军事、经济、社会生活等方面的情况,是我国最珍贵的古代文字档案,也是研究商代历史的珍贵史料。

2.金石档案

金文是铸刻在金属鼎彝器上的一种铭文,也称钟鼎文,一般是指冶铸在青铜器上的文字。古人称铜为金,故又常称钟鼎文为金文。随着社会的进步和文明的发展,甲骨档案逐渐退出了历史舞台。西周时期,青铜器手工业大力发展,不仅冶炼技术极其高明,而且分布也很广泛,为金文的发展提供了坚实的物质技术条件。据不完全统计,已出土的周代青铜器达 5000 多件。由于周代奴隶制的发展和疆域的拓展,国家权力的加强,分封和征战,以及科学文化活动等社会实践,使周代的许多青铜铭文具有档案的性质。钟鼎彝器中作为记事和凭信的金文,在档案学上称为金文档案。周代金文档案内容相当广泛,包括祀典、册命、赏赐、志功、征伐、诉讼和契约等各个方面的事迹。

石刻档案是随着金属工具的使用及其他社会背景而产生的。秦汉以后,随着铁器时代以及秦汉统一帝国活动的发展,石刻档案进入盛行阶段,数量增多,内容丰富,既有帝王出巡、狩猎、宣扬功德、生产活动、社会重要事件的记述,也有颁发政令,规定法纪的文告等。采用石刻形式发布文告,传知的范围既广大,又有利于长久流传,故而直到明清、民国时期仍有所见。

现在人们所称的金石档案,还包括诸如铁券、金册等一些金属载体形式的档案,多是王朝对有功臣官和有关首领人物的册封。我国有关的档案馆和博物馆还保存有古代"铁券"和"金册"等实物。如,清政府颁发给五世达赖和十一世达赖的金册,至今仍光彩夺目。这些都是当时的贵重文书,现在成为稀世的古代档案和文物珍品。

3.简牍档案

金石档案虽坚固耐久,但载体笨重,制造费工,且不便传递,所以,商周至东晋时期,特别是从周代到汉代的 1000 余年间,多用竹片和木片撰写文书与保存档案。竹片称"简"、木片称"牍",把若干竹片或木片编在一起叫"策"(册,古时策与册二字相通),通常称作"简策""简牍""简书"。20 世纪 30 年代在西北居延(今内蒙古自治区境内)汉代烽燧遗址中发现 1 万余枚汉简,称为"居延汉简"。1996 年 10 月,在湖南长沙发现了三国孙吴纪年简牍,14 万余枚,超过中国历年出土简牍数量的总和。这批吴简详细地记录了当时人们的社会生活和经济关系等内容,对于研究中国古代史,特别是三国时期的政治制度、社会关系、经济关系及赋税制度等具有非同寻常的意义。因此,长沙吴简的出土被一些学者称作是继殷墟甲骨、居延汉简、敦煌遗书和清朝大内档案之后我国近代史料的第五大发现。

4.缣帛档案

随着生产力的发展,秦汉之后的简牍仍然大量使用的同时,一些重要文件用丝织品缣帛书写的逐渐多了起来。缣帛作为文书和档案的载体材料,比起竹木简牍显然更为进化。使用简牍上一奏章,竟有多达 3000 片的。秦始皇处理公文也有"日读一担"的记载。一天要看 100 斤文件,其不便之处可想而知。帛为丝织品的总称,缣是双丝的细绢,以比较精制的丝绸为书文和存档的材料,既轻便柔软,剪裁又灵活,传递和保管起来比较方便。现存的缣帛档案有从长沙楚墓中出土的帛书,属于战国时代的古文书。汉墓中发现有较多的帛书,其中有我国迄今所见的最早的舆图档案,也是世界上迄今已发现的最早的地图。

5.纸质档案

缣帛档案固然有其当时历史条件下的优点,但缣帛价值昂贵,无法推广使用。随着社会经济、政治、文明的不断发展,勤劳智慧的中华民族早在汉代已发明了造纸术,使文字、档案和其他文献载体、记录方式逐渐地发生了空前的大变革,对人类文明作出了巨大贡献。我国虽然在东汉时期就发明了纸张,但纸完全代替竹木、缣帛而成为官府公文用纸是在魏晋南北朝时期。到了唐、宋,用纸更为普遍,加之印刷术的出现,纸张被广泛应用于写文书。我国现存最古老的纸质档案,是西晋文学家陆机所写的"平复帖",而且也是世界上现存历史最久的纸质档案。

6.音像档案

音像档案是随着现代科学技术的进步产生的,也被称为声像档案或视听档案,可分为视觉、听觉、视听综合等不同形式,包括照片、唱片、影片、录音带、录像带等。与纸质档案相比,音像档案具有更强的直观性。如,照片档案记录了可视形象,录音带可以再现语言和音乐,影片、录像带能录制人物、事件、环境和气氛等。它们成为当时社会活动真实、可靠的可视、可听记录。但除照片档案外,大多音像档案不能直接阅读,需要借助相应设备才能读取。社会实践活动的丰富和科技手段的提高,使音像档案的数量越来越多,作用也越来越大。音像档案的载体有磁性材料、感光材料或其他合成材料,成分复杂、质地脆弱。因为音像档案载体比纸张更易受光、热、温度、污染物等环境的影响而导致音像信息的失真、减弱甚至消失,所以对音像档案的保管条件、管理方法和管理要求都与纸质档案有所不同,需要专门的技术、设备、装具或专用库房。

7.电子文件(电子档案)

电子文件是伴随计算机技术的发展而产生的一种新型文件。关于电子文件的定义,目前尚无统一的标准说法。我国档案行业标准《档案工作基本术语》的定义为:"电子文件是以代码形式记录于磁带、磁盘、光盘等载体,依赖计算机系统存取并可在通信网络上传输的文件。"在电子环境中,文件和档案的界限不像纸质文件与档案那么清楚,而且目前电子文件的法律效力尚未得到全面的认可,电子文件尚未取得与"档案"一样的法律地位。但是档案馆又不能等这些问题都解决了再来接收电子文件,因此,姑且把作为"档案"接收和保管的电子文件称为"具有档案性质的电子文件"。电子文件具有与传统纸质文件完全不同的特征。其特征主要包括:信息存储的高密度性;信息的非人工识读性;系统的依赖性;信息与特定载体之间的可分离性;多种信息媒体的集成性;信息的可操作性。这些特征决定了对电子文件必须采用与以往不同的管理方法。随着计算机网络系统的发展,电子文件在人类社会的应用领域、应用范围日益广泛,数量日益增加,它给档案管理工作、档案学研究提出了新的全方位的挑战。

二、档案的定义

"档案"一词在明末清初已被使用,"档"在《康熙字典》中被解释为"横木框档",就是木架框格的意思;"案"在《说文解字》中被解释为"几属",就是小桌子一类的物品。由此引申,又把处理一桩事件的有关文书叫"一案",并通称收存的官文书为"案",或"卷案""案卷"。"档"和"案"字连用,就是存入档架收藏起来的文书案卷。在我国比较权威的定义有两个。

《中华人民共和国档案法》(以下简称《档案法》)第二条:"本法所称的档案,是指过去和现在的国家机构、社会组织以及个人从事政治、军事、经济、科学、技术、文化、宗教等活动直接形成的对国家和社会有保存价值的各种文字、图表、声像等不同形式的历史记录。"该定义详细地说明了档案的形成者、产生领域、特点和形式。

中华人民共和国档案行业标准 DA/T1—2000《档案工作基本术语》指出:"档案是国家机构、社会组织或个人在社会活动中直接形成的有价值的各种形式的历史记录。"

三、档案的特点

根据档案的定义,显示其有以下几方面特点。

(一)来源的广泛性

档案是国家机构、社会组织和个人在各项活动中直接形成的,从某个角度来说,人们整个生命活动就是处于信息的生成、利用的循环过程之中。档案对这些信息进行了承载,它伴随着人们生命的开始而开始,并贯穿于人们的整个生命活动之中。具体地说,档案来源于各种机构和个人,是在他们从事政治、经济、科学、技术、文化、宗教等活动中产生的。前者包括机关、团体、军队、企事业单位等组织,后者涵盖了家庭、家族和个人。可见,档案的形成主体几乎包含了社会活动的所有主体,也正是因为这样,所以档案具有来源广泛的特点,同时也使档案内容具有丰富性,档案事务具有社会性。

(二)形成的原始性

这是档案最显著和最重要的特征。原始性是指档案的历史记录性,是档案的本质属性。档案是根据某一原始材料直接转化形成的,不存在事前编纂、事后编写的情况,更不是杂乱无章随意搜集而来的。众所周知,档案是信息载体的其中一种,信息还有许多载体,如图书、情报、资料等。虽然信息载体众多,但是却不是所有的都能被视为档案。这是由档案自身的特点决定的。人们的各种实践活动、社会生活都是档案生成的源泉,它客观、直接地记录了活动主体的活动历史,是"第一手资料",这就决定了档案具有原始性、真实性,也从而使档案具有了证据作用以及依据作用。而之前提到的情报、图书、资料等,是搜集、交流得来的,不是由社会活动直接生成的,属于"第二手资料",真实性存疑,因而不具有参考价值,不能转化成档案。

(三)形式的多样性

历史是不断发展的,社会也在随之进步。风云变幻之间,档案的形式也经历了多种变化,这种变化主要是因为记录信息的方式和载体发生了变化。从记录信息的方式来看,经历了刀刻、手写、录音、摄影、录像等的变化;从记录信息的载体来看,经历了甲骨、金石、青铜、竹简、缣帛、纸张、磁带、胶片、光盘等的变化。此外,表达方式的变化也决定了档案形式的多样性,如文字、图像、声音等。

(四)生成的条件性

档案在成为档案之前,首先是文件。但并不是所有的文件都可以成为档案,这之间的转化必须有特定的条件支撑才足以完成。首先,要转化成档案的文件必须是已经处理完的,正在处理的文件材料不能算是档案材料,只有当一份文件已经完成了传达和记录的使命,它才具有参考的作用,也才可以转化成档案。其次,文件要转化成档案必须具有保存利用价值。不是所有处理完毕的文件都可以形成档案,必须对其进行筛选。保留其中对今后工作或者科学研究有参考、利用价值的,这样的才可以转化成档案。可见,档案是文件筛选过后留下的精髓。最后,档案必须是整理过后形成的有序的、完整的文件材料,不是杂乱无章的、没有条理的。换句话说,必须将文件材料按照一定的方法有机地进行整理,才能使其成为有意义的档案。

四、档案的一般作用

档案的一般作用是指档案价值的外在和具体表现形式。档案产生于丰富的社会实践中,能够广泛地满足社会需求,因此,它的一般作用是很广泛的。

(一)机关工作的查考凭据

档案是机关工作的参考证据。档案是各种机关、单位过去活动的真实记录,它是任何机关单位连续工作必须查考的凭据。各种机关单位为了有效地实行管理,必须切实地掌握材料。档案可以为机关、企事业等单位的领导工作和业务管理,提供证据和咨询资料,借以熟悉情况、总结经验、制定计划、进行决策、处理各种问题。若是只凭借工作人员的记忆处理各项工作失误而没有任何凭证,那即有可能造成工作的不准确。

(二)生产活动的参考依据

档案脱胎于社会生活实践,在记载史实情况的同时,自然也会有反映自然环境、生产条件、社会发展、劳动经验等方面的内容。以上这些都可以在人们进行生产活动时加以参考、参谋。

(三)科学研究的可靠资料

任何一种研究都必须以广泛地占有资料为基础,以资料的真实可靠性为前提。在科学研究中,档案不但能通过原始的记录提供直接借鉴,而且可以通过分析、概括、总结、实验等手段获得间接参考,由此可见,科学研究必然离不开档案。

(四)政治斗争的必要手段

档案总是在一定的社会制度中产生,由一定的阶级和政治集团形成,它记录和反映了社会上各阶级、政治团体等各方面的情况,档案历来是阶级统治和政治斗争的必要手段。

(五)宣传教育的生动素材

和其他宣传材料相比,档案以原始性、直观性、具体性和生动性等特点见长。利用档案著书立说、报告演讲、进行文艺创作、举办各种展览等将具有强烈的说服力和感染力。

(六)文化传承的珍贵资料

一般而言,时间和作用范围成正比。档案在形成之初的相当一段时间内,主要是对形成者本身有用,是为形成单位工作和生产活动提供查考利用,档案发挥作用的主要对象是本单位。随着时间推移、社会的不断发展,档案在本单位的现行效用会逐渐降低,档案进入档案馆管理阶段后,利用服务的范围向社会扩展。与此同时,社会各界对这些档案的利用需要日益增强,人们有时候不仅仅需要利用自身的档案,还可能需要借助其他档案的帮助。在这种情况下,档案就逐渐变成了一种隐性财富。

五、档案的价值及其实现规律

(一)档案的价值

档案的价值一般体现在以下几个方面。

1.档案的凭证价值

档案的凭证价值是指档案作为证据作用的价值。档案的凭证价值与其原始性密切相关。档案之所以具有凭证价值,是由档案形成规律和档案自身的特点所决定的。

从档案形成过程及其结果上看,档案是从社会实践中诞生的,是被直接记录的,而不是在事后或者需要的时候编纂的、捏造的,因而具有客观性、真实性,足以令人信服。

从档案本身的物体形态上看,文件上保留着真切的历史标记:当事人的亲笔签署或者批示,机关或个人印信,原来形象的照片、录像和原声的录音等。这些就成为日后查考、研究、争辩和处理问题的依据。

2.档案的参考价值

档案的参考价值是指档案作为借鉴作用的价值。档案的参考价值与其记录性息息相关。

档案不仅记录了历史活动的事实和经过,而且记录了人们在各种活动中的思想发展。档案中有成功的经验和失败的教训,有思想观点和实验观察数据,有社会的变革和生产的发展,这些都可以为后来的人们提供借鉴,使人们在工作和学习中少走弯路,更加快速地达到目的。

(二)档案价值实现规律

档案价值的实现,有一定的规律,总结而言,具体如下。

1.作用范围的递增性

档案对机关的作用一般称为档案的第一价值,对社会的作用则称为档案的第二价值。档案形成以后,在相当长时期内是作为机关、企业、事业等单位的工作活动必不可少的查考依据,档案发挥作用的对象和范围主要是档案形成者自身。这一阶段,档案的利用频率往往比较高,是发挥档案现实作用的重要时期。我国为数众多的档案室,是实现档案第一价值,并为实现档案第二价值奠定基础的重要场所。

档案的第一价值实现到一定的程度后,形成机关对这些档案利用的现实需要会逐渐淡化。档案在本单位保管若干年后,其作用便冲破原有的形成单位而扩展到国家和社会,过渡到第二价值。

2.机密程度的递减性

档案随着人类社会活动而产生,人们的某些活动,涉及国家或个人的利益、安全及隐私,在一定时期或范围内不能公开,档案是有一定的机密性的。档案的机密性要求将档案的阅读和了解控制在一定的时间或范围内。档案的机密程度在确定之后并非一成不变的,从总体上讲,随着时间的推移,档案的机密程度将会越来越小,档案的保管时间与机密程度成反比,机密程度呈现递减趋势。

3.作用的转移性

档案在行政领域内发挥的作用称为行政作用,在科学文化领域内发挥的作用称为科学文化作用。随着时间的推移,档案的行政作用会不断减弱而科学文化作用会不断增强。

就宏观的档案领域而论,档案行政作用和科学文化作用一直是同时存在的。但从微观的特定部分的档案来看,这两种作用并非始终均衡地存在。档案的前身——文件是以处理现行事务为目的的,文件转化为档案之初,档案主要面向立档单位服务并主要作为查考凭据和业务活动的参考依据而指导工作、参与管理,发挥行政作用。随着时间的推移,保存时间较长的档案与现行事务的联系越来越少,档案发挥作用的范围和主要方面都会逐渐发生变化,其作用范围会逐渐扩大到面向社会,由主要工作的查考凭据和业务活动的参考依据逐渐转变到主要作为科学研究的可靠资料和宣传教育的生动素材,从而使档案的科学文化作用跃居首位。

4.发挥作用的条件性

档案价值的实现,受到一定的环境和条件的制约和影响。综合起来,影响档案价值实现的环境一是社会政治环境,主要包括社会制度、法律法规、国家方针、政策和战争等环境。二是社会经济文化环境,包括国家和地区的经济和文化的发展水平。一般经济文化发达地区社会文明程度较高,档案事业就比较先进,社会档案意识就高,社会对档案的利用要求较多。三是档案工作内部环境,包括档案管理水平、档案学理论研究水平、档案工作者素质等。所有这些都在一定程度上影响着档案价值的发挥。

第二节　档案的分类

一、档案分类的含义

档案分类是指依据一定的标准,按照档案的来源、时间、内容和形式特征,对档案进行有层次的区分,并组成一定的体系。广义的档案分类有三个层次:一是档案概念分类;二是档案实体的馆(室)藏分类;三是档案内容信息分类。

二、档案概念分类

档案概念分类通常称为档案种类划分。根据档案的不同属性和科学管理的需要,可采用不同的标准、从不同的角度对档案进行划分。

（一）按来源划分

按照档案的来源即形成者，可将档案分为国家机关档案、党派团体档案、企业档案、事业单位档案、个人档案等。

（二）按内容划分

按照档案的产生领域及其内容，可将档案分为文书档案、科学技术档案、专业档案。文书档案指反映党务、政务、机关事务管理等活动的档案。科学技术档案指反映科学研究、生产营运、项目建设、设备仪器及其管理等活动的档案。专业档案指反映专门活动领域的档案，如会计档案、人事档案、户籍档案等。

（三）按载体形式划分

按照档案的载体形式，可将档案分为原始型档案、传统型档案和新型档案三类。原始型档案主要指以甲骨、金石、简牍、缣帛、泥板、羊皮、纸草、棕榈叶等材质为载体的档案。传统型档案是指以纸张为载体材料而制成的档案，即纸质档案。新型档案是以感光材料和磁性材料等现代技术产生的新型材质为载体的档案。

（四）按时间划分

按照档案形成的时间，可将档案分为古代档案、近代档案和现代档案。

（五）按所有权划分

按照档案的所有权，可将档案分为公有档案和私有档案。

三、档案实体的馆（室）藏分类

档案信息实体的馆（室）藏分类，也简称为档案实体分类，或直接称为档案分类。档案实体分类是指根据档案的来源、形成时间、内容、形式等特征，对档案实体进行的分类。该分类有两个层次，即档案馆级的分类和档案室级的分类。

（一）档案馆级的分类

档案馆级的分类是指对一个档案馆内全部馆藏档案的分类，我国档案馆的档案是按照全宗和非全宗形式进行分类和保管的。文书档案以全宗作为科学管理的基本单位；科技档案以工程项目、产品型号、科研课题、专业性质、地域特征等非全宗形式作为科学管理的基本单位。

（二）档案室级的分类

档案室级的分类主要有全宗内档案的分类和非全宗形式档案的分类。全宗内档案分类的标准主要有档案的形成时间、来源、内容和形式等。非全宗形式档案分类的标准主要有工程项目、产品型号、科研课题、专业性质、地域特征等。

四、档案内容信息分类

档案内容信息分类是指以国家机构、社会组织的职能分工为基础，结合档案内容所记述和反映的事物属性关系对档案信息进行的分类。

五、国家档案全宗的分类

档案分类按照来源、时间、内容和形式等方面的异同,将归档文件划分为若干层次和类别,构成一个有机体系。分类过程中应正确判定文件所属年度和机构。常用的档案分类方法有如下几种。

1.年度分类法。以形成和处理文件的年度为标准,将档案分成各个类别。

2.组织机构分类法。根据文件处理阶段和处理文件的承办单位进行分类,即按照立档单位的内部组织机构将档案分成若干类别。

3.问题分类法。以文件内容所涉及的问题为根据,将档案分成各个类别。

以上三种分类方法和保管期限结合使用,形成下列复式分类方法。

(1)年度组织机构-保管期限分类法。先将立档单位内的档案按年度分开,然后在每个年度内再按组织机构进行分类,再在组织机构下按保管期限划分。

(2)保管期限-年度-问题分类法。先将归档文件按保管期限分类,每个保管期限下按年度分开,然后在每个年度内再按机构(问题)分类。

(3)组织机构一年度一保管期限分类法。先将归档文件按组织机构分类,每个组织机构下按年度进行划分,再在年度按保管期限分类。

(4)年度-问题-保管期限分类法。先将归档文件按年度进行分类,每个年度下按问题分类,再在问题下按保管期限进行分类。

第三节 档案工作的原则与性质

一、档案工作的原则

"档案工作实行统一领导、分级管理的原则,维护档案完整与安全,便于社会各方面的利用。"《档案法》第一章第五条(1987 年 9 月 5 日第六届全国人民代表大会常务委员会第二十二次会议通过,根据 1996 年 7 月 5 日第八届全国人民代表大会常务委员会第二十次会议《关于修改<中华人民共和国档案法>的决定》修正)。

可以看出,我国用国家法律的形式确定了我国档案工作的基本原则。事实上,这一基本原则,是在长期的档案工作实践过程中逐步形成和确定下来的。我国档案工作原则的内容由三个互相联系的有机组成部分构成。

(一)统一领导,分级管理

统一领导,分级集中地管理国家全部档案,这是我国档案工作的组织原则和管理体制,它是多年来行之有效的档案和档案工作"集中统一管理"原则的继续和发展。其基本内容可以概括为如下三个方面。

1.统一领导,统一管理

档案工作统一领导是指各级人民政府统一领导档案工作,国家档案工作由国务院直接领导,地方档案工作由地方各级人民政府统一领导。《档案法》规定:"各级人民政府应当加强对档案工作的领导,把档案事业的建设列入国民经济和社会发展计划。"

档案工作统一管理是指中华人民共和国国家档案局(以下简称国家档案局)对全国档案工作进行全面规划,统筹安排,制定统一的档案法规和业务标准、规划等,对全国的档案工作分级、分专业管理。

2.档案工作由各级档案行政管理机构统一、分级、分专业管理

统一管理是指国家档案行政管理机关主管全国档案工作,对全国档案工作实行全面规划和统筹安排,制定统一的档案法规、方针政策和业务标准,实行统一的监督、指导和检查。

分级管理是指全国档案工作由各级档案行政管理机关分层负责管理。各地方档案行政管理机关,应按照国家有关档案工作的统一要求和规定,结合本地情况,制定本行政区域内的档案工作规划、制度、标准、办法等,对本行政区域内的档案工作进行指导、监督和检查。

分专业管理是指中央各专业主管机关在国家档案行政管理机关的指导下,针对本专业系统的特点,制定本专业系统档案工作的规划、制度和办法,并对本系统的档案工作进行指导、监督和检查,保证国家有关档案工作的方针政策在本专业系统地贯彻执行。

3.实行党、政档案和党、政档案工作的统一管理

实行党、政档案和党、政档案工作统一管理,是我国档案工作管理体制区别于世界各国的特点之一。

我国党、政档案及档案工作统一管理的具体内容是:一个单位的党、政、工、团档案,由该单位档案室统一管理;各级党、政机关形成的具有长久保存价值的档案由中央档案馆和地方综合性档案馆统一管理;党的系统、政府系统的档案工作,由档案事业管理机关统一进行指导、监督和检查。

(二)维护档案的完整与安全

维护档案完整与安全,是档案管理的基本要求。只有维护档案完整与安全,才能维护党和国家的历史面貌,才能保证对档案的有效利用。

1.维护档案的完整

维护档案的完整包括档案材料收集齐全和整理系统两方面:所谓收集齐全,是指凡是有保存价值的档案,都要求尽量收集齐全,不残缺,能反映出一个单位、一个系统、一个地区和整个国家社会活动的历史面貌。所谓整理系统,是指凡是有保存价值的档案,必须按照它们的形成规律,系统地整理,维护档案的有机联系,不能人为地割裂分散,或凌乱堆放,要能全面、系统地反映出一个单位、系统、地区和整个国家从事社会活动的过程和本来面貌。

2.维护档案的安全

维护档案的安全有两方面的含义:一方面是档案实体的安全,另一方面是档案内容的安

全。档案实体安全,就是在档案管理过程中,要求尽力改善档案保管条件,采用科学的防护措施,使档案不受损坏,尽量延长档案的寿命。维护档案内容的安全.就是指档案在政治上、信息上的安全,要求对档案机密和需要控制使用的档案实行严格管理,确保机密档案不丢失、不泄密、不超范围扩散。

维护档案的完整与安全,是对整个档案工作的要求。从一定的意义上说,整个档案管理都是在进行维护档案的完整与安全的工作。维护档案的完整和安全不仅是档案保管工作的主要任务,也是档案收集、统计工作的重要任务之一,而档案整理和鉴定工作也直接有利于档案的完整与安全,就是档案的利用工作也必须在保证档案的完整与安全的条件下进行。由此可见,维护档案的完整与安全,是在档案工作中贯彻始终的一种要求。档案工作的一切管理原则、规章制度以至具体的技术处理工作,都必须贯彻这个要求。

(三)便于社会各方面的利用

档案能不能成为档案,还要看它是否能被社会各方面利用,只有达到这个标准,才能称之为合格的档案,而档案工作的核心是档案,自然也要以档案该性质为工作核心。可以说,档案工作都是以此为目的展开工作,并始终将这一思想贯穿在整个过程之中。

档案工作者只有牢记档案工作的根本目的,明确衡量档案工作成效的主要标准,才能较为妥善地处理档案工作内外关系中的各种矛盾,把档案工作做得更好。在档案工作基本原则中统一领导、分级管理是核心,没有统一领导、分级管理的组织保证就不会有档案的完整与安全,也就很难实现便于社会各方面利用的目的;维护档案的完整与安全是手段,便于社会各方面利用档案是目的,前者为后者提供保证和物质基础,而后者是前者的目的和方向。

综上所述,我国档案工作的基本原则,是一个辩证统一的有机整体,具有丰富的思想内容。它作为全部档案工作的最基本的原则,影响和决定着档案工作各个环节的一切具体原则和方法。在档案工作中,必须始终遵循这个基本原则,才能使档案工作正常地进行,健康地发展。

二、档案工作的性质

(一)管理性

档案工作的管理对象是档案及档案事业。档案工作必须用一整套科学的理论原则和技术方法管理档案,对繁杂的档案进行研究、考证和系统管理。

档案工作是各项工作的重要组成部分,任何一项管理工作都离不开档案工作。

(二)服务性

档案工作是一项提供档案信息,为社会各方面工作服务的工作。服务是档案工作赖以存在和发展的基础。

档案工作者应当树立服务意识,掌握服务技能,完善服务条件,提高服务质量,积极为社会建设作出贡献。

(三)政治性

档案工作存在着服务方向的问题,这正是档案工作的政治性的集中表现。档案工作的机要性也是档案工作政治性的表现之一。

　　档案工作者必须做维护历史真实面貌的楷模,实事求是,并积极地提供档案用以编史修志,用档案印证历史,校对历史。

第四节　现代档案管理工作的含义

　　我国自殷商时期就有了对档案的保管工作,在之后几千年的岁月里,档案工作经过奴隶制时期的以官吏为主体的管理阶段,封建制时期的档案库房管理阶段,中华民国时期的档案室管理阶段,进入到中华人民共和国成立以后的以现代档案馆和档案室工作为核心的档案事业阶段。近年来,档案资源体系建设、档案利用体系建设和档案安全体系建设已经成为我国档案事业发展的战略目标,更是各单位档案发展工作方向的指针。

一、档案管理工作的内容含义

(一)档案管理工作的内容

　　档案工作就是用科学的原则和方法管理档案为党和国家各项工作服务的工作。它的工作内容从广义上说,是指档案事业所包括的档案馆工作、档案室工作、档案事业管理工作、档案教育、档案科学研究、档案的宣传及出版等工作。从狭义上说,是指档案业务工作所包括的档案的收集、整理、鉴定、保管、统计、检索、编研和提供利用等八个环节。由于我国的档案管理工作分布在档案室和档案馆两层机构中,所以这两层机构的工作内容既有相互衔接的部分也有一些需要反复操作的部分。

　　1.档案收集工作

　　这是档案室(馆)依法接收单位的归档文件、现行机关档案、撤销机关档案,以及征集历史档案的活动。其目的是积累丰富馆藏档案资源。

　　2.档案整理工作

　　档案室(馆)根据档案的形成规律,对其进行分类、立卷、编制目录的过程。其目的是建立有序化的档案实体保管系统,便于档案的日常维护、调阅和归卷。

　　3.档案鉴定工作

　　档案鉴定工作分为归档鉴定和复审鉴定,是档案室(馆)判定档案存毁和划定保管期限的活动。其目的是优化馆藏,提高档案管理和利用的效率。

　　4.档案保管工作

　　这项工作的主要内容是对库房内的档案进行有序管理,控制危害档案物质载体和书写材料的各种因素。其目的是延长档案的寿命,维护档案的安全。

　　5.档案检索工作

　　档案室(馆)编制档案检索工具,建立手工和计算机档案检索体系的活动。其目的是方便利用者查阅档案。

6.档案编研工作

是指档案室(馆)根据单位或社会的需要,利用馆藏档案编辑档案文献汇编、档案参考资料、历史研究作品等出版物的活动。它具有信息开发工作的性质。

7.档案提供利用工作

是指档案室(馆)通过阅览、借阅、复制、展览、网站等途径将档案原件、复制件、档案信息直接提供给利用者的活动。它直接体现了档案工作的服务功能。

8.档案统计工作

这项工作包括档案室(馆)内部的登记和统计工作以及按时填报国家统计文件的工作。其目的是及时掌握档案管理工作的状况,不断调整和完善档案工作。其中,档案收集、整理、鉴定、保管、检索、编研属于档案资源体系建设的范畴,档案提供利用属于档案利用体系建设的范畴,档案安全体系建设贯穿于档案管理工作的全过程,而档案统计工作则是对整个档案工作的状态进行记录和反馈的环节。

(二)档案管理工作的性质

档案管理实际上是一种为单位和社会提供档案信息保障的工作。从工作性质来看,它具有服务性和机要性。服务性主要表现为:档案室(馆)的工作目标就是积极主动地为本单位和社会的各项工作提供优质的档案实体管理和档案信息服务;同时,也只有通过提供优质的服务才能促进档案管理工作的开展。档案管理的机要性在于档案中总会有一些涉及国家或单位政治、经济、技术、人事等机密的内容,那么档案管理工作就必然承担着保护档案机密安全的责任。

档案管理工作的性质要求我们:一是要熟练地掌握档案管理的业务内容、技能和规范;二是严格遵守职业道德,学会运用档案管理工作的原则,灵活地处理各种具体问题,充分发挥档案管理在各项工作中的信息保障作用。

二、档案的管理机构

(一)档案室

档案室是机关、团体、企业、事业单位中负责管理本单位档案的机构,是国家档案事业系统的基层组织。它是一个单位档案信息存储、加工和传输的服务部门,与本单位的领导和各组织机构发生联系,为领导决策、处理工作、组织生产进行科研等活动提供依据和参考材料。档案室是集中统一管理本单位档案的部门,是单位内部具有信息服务与咨询性质的机构,一般情况下不对外开放。目前一般的大、中型单位内部都设有档案室;而在那些规模小、人员少、内部机构少或无内部机构的单位,则可以指定专职或兼职的人员负责档案管理工作。

1.档案室的职能

根据国家档案局制定的《机关档案工作条例》和《机关档案工作业务建设规范》的规定,档案室的职能主要有以下几个方面:

(1)对本单位文书部门或业务部门文件材料的归档工作进行指导和监督。

（2）负责管理本单位的全部档案，积极提供利用，为单位各项工作服务。

（3）按规定向档案馆移交应进馆的档案。

（4）办理领导交办的其他有关的档案业务工作。

2.档案室的类型

单位的性质、职能不同，其形成的档案的门类也有一定的差异，由此，档案室有如下类型：

（1）文书档案室

文书档案室也称为机关档案室，主要负责保管本单位党、政、工、团等组织的档案，中型以上的单位均设有这类档案室。

（2）科技档案室

科技档案室是负责保管科研、设计、生产过程中形成的科技文件材料的档案机构，一般设在科研院所、设计院所、工矿企业等单位。

（3）音像档案室

音像档案室主要负责保管影片、照片、录音带和录像带等特殊载体和记录方式的档案，新闻、广播、电视、电影、摄影部门中设有这类档案室。

（4）人事档案室

人事档案室是集中保管单位员工档案的机构，一些大型单位在人事部门中设有这类档案室。

（5）综合档案室

综合档案室是集中统一保管本单位各门类档案的机构。近年来，各单位新型门类档案的数量不断增加，使档案室收藏的档案向多门类发展，许多保存单一档案门类的档案室逐渐发展成为综合档案室。

（6）联合档案室（档案管理中心）

联合档案室（档案管理中心）是一些性质相同或相近、规模较小的单位共同设立的档案管理机构，其主要职责是集中统一保管各共建单位形成的档案。联合档案室是一种精简的、集约化的档案管理模式，比较适于规模较小的单位。

3.档案室的体制

（1）文书档案室、综合档案室通常设在单位办公厅（室）的下面，由办公厅（室）主任负责；联合档案室可以由共建单位协商，责成其中的某一个单位负责管理。

（2）科技档案室及其他专门档案室设在相关的业务部门下面，由业务负责人管理。比如：在一些公司，科技档案室设在技术部门下面，由总工程师负责。而人事档案室一般由人事部门的领导负责。

（二）档案馆

档案馆是党和国家设置的科学文化事业机构，是永久保管档案的基地和对外提供档案服务的单位，因此，它成为社会各方面利用档案的中心。目前，我们国家各类档案馆的档案主要来源于单位的档案室，这样，档案室和档案馆之间就构成了交接档案的业务关系。由此，单位档案管理的质量将直接影响到档案的工作质量和效率。

1.档案馆的职能

根据国家档案局制定的《档案馆工作通则》,档案馆的基本任务是在维护党和国家历史真实面貌的前提下,集中统一地管理党和国家的档案及有关资料,维护档案的完整与安全,积极提供利用,为社会主义现代化建设服务。其具体职能如下:

(1)接收与征集档案。

(2)科学地管理档案。

(3)开展档案的利用工作。

(4)编辑出版档案史料。

(5)参与编修史、志的工作。

2.档案馆的设置和类型

(1)综合性档案馆:综合性档案馆是国家按照历史时期或行政区划设立的,保管多种门类档案的档案馆。综合性档案馆是对社会开放的档案文化设施,因此又可称为"公共档案馆"。

我们国家的综合性档案馆分为中央级档案馆和地方级档案馆两种类型。中央级档案馆包括中央档案馆(设在北京)、中国第一历史档案馆(设在北京)、中国第二历史档案馆(设在南京),它们保管着具有全国意义的各个时期的历史档案和现行单位的档案。地方级档案馆分为省(自治区、直辖市)级档案馆、地区级档案馆和县级档案馆,它们负责保管具有本地区意义的历史档案和现行单位的档案。

(2)专门档案馆:专门档案馆是收集和管理某一专门领域或某种特殊载体形态档案的档案馆,分为中央级和地方级两个层次。例如:中国照片档案馆,大、中城市设置的城市建设档案馆等。

(3)部门档案馆:部门档案馆是中央和地方某些专业主管部门所属的,收集管理本部门档案的事业机构。例如:外交部档案馆、北京市科学技术委员会档案馆等。

(4)企事业单位档案馆:企事业单位档案馆是一些大型企业集团或事业单位在内部设立的档案馆,主要负责集中保管集团或联合体所属各单位需要长远保存的档案。例如:北京的首都钢铁公司档案馆、南京的扬子石化公司档案馆、上海交通大学档案馆等。企事业单位档案馆都是综合性档案馆,既收藏文书档案,也收藏科技档案和专门档案等,其兼有对内服务和对社会开放的双重性质。

此外,随着我国经济和社会的发展,以及社会各界收藏、保管、利用档案需求的增加,近几年来,我国除了国家的档案馆之外,还产生了一些新型的档案机构,例如"文件中心""档案寄存中心""档案事务所"等。其中,文件中心是为一个地区或系统中若干单位提供归档后档案保管服务的部门,它是介于文件形成部门和地方档案馆之间的过渡性的档案管理机构。档案寄存是由国家档案馆设立的,为各类单位及个人提供档案寄存有偿服务的机构。档案事务所则是为单位或个人提供档案整理、管理咨询等服务的一种商业性机构。另外,据报道,在我国的辽宁省和广东省还出现了私人开设的档案馆,收藏和展出一些有关个人的日记、文章、著作、证件、证章、珍贵的历史文献和照片等。

（三）档案局（处、科）

档案局（处、科）的性质是国家指导和管理档案工作的行政机关，也称为档案事业管理机关或档案行政管理机关。它的主要任务是：制定档案管理的规章、办法、业务标准和规范；制订档案工作的发展规划；对档案室和档案馆的工作进行业务指导、监督和检查；组织档案工作人员的业务培训和档案科学研究，以及对外宣传工作和国际交流活动等。

目前，我国的档案局是按行政区划分级设置的，分为国家档案局和地方档案局。地方档案局又分为省（自治区、直辖市）级档案局、地区级档案局和县级档案局，负责指导和管理本地区的档案事务。

档案处（科）是设置在专业主管机关中的档案行政管理部门，负责指导、监督和检查本专业系统内各单位的档案事务。

三、档案工作标准以及单位的档案管理制度

（一）档案工作标准

档案工作标准主要是指由国家档案局发布的档案业务规范，分为档案工作国家标准和档案工作行业标准。档案工作国家标准包括：《文书档案案卷格式》《科学技术档案案卷构成的一般要求》《档案分类标引规则》《CAD 电子文件光盘存储、归档与档案管理要求》《照片档案管理规范》《电子文件归档与管理规范》等。

档案工作行业标准包括：《档案工作基本术语》《科学技术研究课题档案管理规范》《全宗指南编制规范》《档案著录规则》《档案主题标引规则》《归档文件整理规则》《档案缩微品保管规范》《纸质档案数字化技术规范》《公务电子邮件归档与管理规则》等。档案工作标准规定了对各种档案及主要管理环节的操作要求与质量标准，既是建立标准化、规范化档案管理工作的依据，又是进行档案日常管理工作的操作指南，需要我们熟练地掌握和运用。

（二）单位的档案管理制度

一个单位，在档案管理工作中除了要执行国家有关档案工作的法律、法规、规章和标准外，还应该针对自身的工作特点和实际需要制定一些规范性文件，以便在工作中使用。一个单位的档案管理制度应主要包括如下内容：

1.档案工作制度

档案工作制度是根据国家的法律、法规，对本单位档案的范围、档案管理体制、管理分工、职责、档案保密、档案利用原则等所做的规定，是本单位所有部门和工作人员都要执行的规范性文件。

2.文件管理规范

文件管理规范包括归档范围、分类方案、整理归档要求等不同内容的文件，涉及单位文件处理部门和档案管理部门的分工与合作两方面的职责，是保证本单位档案在形成过程中完整、齐全的基础性文件。文件管理规范应该由单位的文书部门和档案部门共同制定。

3.档案部门工作规范

档案部门工作规范包括档案室工作职责和规范、档案工作人员的岗位职责、档案管理的流程和要求、档案库房管理制度、专门档案管理制度、档案利用制度、内部资料管理制度等文件，涉及一个单位档案管理工作的各个方面，是一个单位档案管理活动中必须具备的操作性规范文件。

一个单位建立健全档案管理制度的基本步骤：分门别类地列出需要制定的档案管理制度的目录，收集国家和所在地方立法机关、行政管理机关、专业主管机关等制定的档案法律、法规、行政规章和工作标准，查找上级单位和本单位行政管理的有关规定，深入研究本单位的工作情况、文件形成和运行情况以及最近几年档案形成、管理利用的情况。在此基础上，应首先研究和确定本单位的档案管理体制和基本制度，制定出档案工作制度，然后再制定各方面具体的管理规范。当一整套档案管理制度的初稿完成后需要在单位内部广泛征求意见，认真审查文本，纠正不符合档案法规、标准的内容，调整各项规定之间的矛盾之处。定稿完成后需要以一定的形式在单位内部发布，开展宣传、培训、推行和实施等项工作。

四、档案管理工作的基本原则

《中华人民共和国档案法》第五条规定：档案工作实行统一领导、分级管理的原则维护档案完整与安全，便于社会各方面的利用。

我国档案工作基本原则包括下述三个方面的内容。

（一）统一领导，分级管理

"统一领导，分级管理"是我国档案工作的组织原则和管理体制。"统一领导"是指全国的档案工作在法规、政策、组织、领导、规划、标准等方面的统一性。"分级管理"是指国家档案工作具体的管理层次和管理方式。

1.国家全部档案由各级各类档案部门分别集中，并实行党政档案的统一管理

各单位的档案必须按照国家的法律和规定，由本单位的档案机构集中管理；同时，在一个单位中，共产党、行政、业务、工会、共青团等组织的档案都应由单位的档案机构集中保管，不得由个人分散保存或据为己有。各单位对国家和社会具有保存价值的需要长远保存的档案，均由各级各类档案馆集中保管；未经过规定和批准的手续，一切档案均不准被转移、分散和销毁。

2.全国档案工作在各级人民政府的领导下，由各级档案行政管理机关统一地、分层分专业地进行指导监督和检查

在这里，"分层"是指档案行政管理机关按照行政区域和政府的管理层次，对各省（自治区、直辖市）、地区、县直至最基层单位的档案工作逐级实施管理；"分专业"是指按专业的划分，如铁路、航空、教育、卫生等，由各个系统内部的档案行政管理部门对本系统的档案工作实施管理。

（二）维护档案完整与安全

维护档案完整与安全是档案工作的基本要求。维护档案的完整包括两个方面的含义：一

方面,在数量上要求各单位归档的文件和移交给档案馆的档案要保持其实体成分的齐全;另一方面,在质量上要求对档案采用科学的方法进行整理,把它组织成为有序的体系。

维护档案的安全也包括两个方面的含义:一方面要求维护档案物质实体的安全,避免档案载体和书写材料遭受损害,尽量延长档案的寿命;另一方面要求保证档案的政治安全,即避免人为篡改、破坏档案和档案机密被泄露等事故的发生。

(三)便于社会各方面的利用

便于社会各方面的利用是档案工作服务性的集中体现和档案工作的最终目的。认识这一点有利于我们明确服务方向,以是否便于利用为检验档案管理质量的标准,把各项工作落实在为单位和社会提供优质服务上。

第五章　档案收集与整理

第一节　档案收集与管理的内涵

一、档案收集工作

(一)档案收集工作的内容

档案收集工作,就是按照党和国家的规定,通过例行的接收制度和专门的征集办法,把分散在各机关、个人手中或散失在其他地方的档案,分别记账到各有关机关档案或各级各类档案馆,实行集中统一管理。

档案收集工作的内容主要有三个方面:

1.机关档案室对本单位需要归档文件的接受和征集工作。

2.档案馆对现行机关和撤销机关具有长久保存价值档案的接收工作。

3.档案馆对分散在社会上的各个历史时期形成的档案的接受和征集工作。

(二)档案收集工作的意义

档案收集工作是整个档案工作中极为重要的一个环节,做好收集工作有着十分重要的意义。

1.收集工作是档案工作的起点

收集工作是档案工作其他环节的重要基础,没有起点其他环节就不复存在。档案工作的对象是档案,如果没有档案也就不会有档案工作。档案收集的齐全与否,直接影响档案工作其他环节,尤其是直接影响到社会各方面对档案的有效利用。

2.收集工作是档案馆(室)贯彻集中统一、分级管理原则的重要措施

档案是党和国家的宝贵财富,对国家规定应该归档的各种门类和载体的档案,各单位不得分散保存,任何个人更不能据为己有。只有通过行之有效的档案收集工作,才能把档案集中到各机关档案室和各级各类档案馆,形成统一的档案信息保管基地,实行集中统一、分级分专业科学管理。

3.收集工作是决定档案工作存在和发展的重要条件

档案数量的多少决定档案工作规模的大小,档案的质量高低决定档案工作的水平高低。档案馆(室)所管理的档案是靠收集工作取得的,只有收集工作搞好了,才能有效地开展整理、鉴定、保管、编研等工作,档案工作才能存在并得到发展。

4.收集工作是衡量档案馆(室)工作质量的重要标尺

收集工作是档案馆(室)取得档案的手段,收集工作的效果决定档案馆(室)藏档案的数量多少与质量高低。只有丰富档案馆(室)藏档案,才能更好地发挥档案馆(室)的作用,才能更好地体现档案馆(室)的工作水平和质量。

(三)档案收集工作的要求

档案收集工作的基本要求是加强档案馆(室)外业务工作的调查与指导,保证归档和接收进馆档案的齐全完整,维护全宗和全宗群的不可分散性,实现入馆(室)档案的标准化。

1.加强档案馆(室)外业务工作的调查与指导

收集工作是要解决档案的分散形成与集中管理的矛盾,这就要求在收集工作中必须重视馆(室)外档案业务工作的调查,掌握收进档案馆(室)的档案的形成、流动、管理、使用等方面的信息,以便科学地安排和指导各有关单位或部门的档案移交工作。

基层档案室必须注意研究和掌握本单位档案的形成规律和特点,严格执行归档制度。各级各类档案馆应当从本馆的性质与职责出发,对有关国家机构、社会组织和个人的职能、任务及形成档案的内容、种类、保存价值、数量、整理、保管等情况进行调查研究,科学确定应移交档案的范围、时间和数量。

各级档案馆在接收档案前,应当对确定进馆的单位进行档案基本情况的调查与分析,协同档案行政管理部门制订相应的办法,对有关单位的档案工作进行监督、指导与检查,提高组卷与初步鉴定的质量,做好归档与进馆的各项准备工作。

档案馆接收档案进馆,应当根据档案的形成规律和档案发挥作用的规律,处理好从文件材料形成到归档、从档案室到档案馆的档案流程周期。既要防止急于丰富馆藏,把档案形成机关尚在经常使用的档案过早地接收进档案馆,给机关工作带来不便;又要防止个别单位把需要移交的档案当作私有财产或"小家底"不愿移交。同时,档案馆要避免把应该接收进馆的档案"拒之门外",使档案长期分散保存在形成单位甚至遭受损失。所以,在收集工作中应当妥善处理好局部与整体、当前与长远的关系,做到既有利于保护国家的历史文化财富,又方便社会各方面的利用。

2.保证归档和接收进馆档案的齐全完整

保证档案在归档和接收进馆时的齐全完整是贯穿收集工作始终的基本要求。

所谓档案的齐全完整,就一个单位而言,是指归档的文件材料能够系统地、真实地反映本单位的工作面貌,看每一年度归档的文件材料,就能了解这个单位该年度的基本工作情况,看全部档案就能知道这个单位的整个历史;就一个档案馆而言,是指凡属本馆接收范围的所有撤销和现行的立档单位所形成的具有长久保存价值的档案,能够全部接收进馆。但是,由于各种门类和载体档案材料的形成情况较为复杂,运动周期较长,要使分散形成的档案材料转化为完整系统的档案,该归档的都归档,该进馆的都进馆,应当靠完善的规章制度加以约束。

因此,应当强化档案专(兼)职人员的档案意识,提高文书和档案人员的素质,建立正常的档案工作秩序。每个单位除了认真执行国家关于各门类和载体档案归档的规定外,应当结合本单位的情况,制定更具体、更完善的归档制度,使归档范围更合理、归档办法和要求更明确,更有利于基层档案人员操作。

机关的归档工作应纳入业务部门的职责范围,在建立岗位责任制或其他制度时,应当把归档工作作为其中的一项内容切实保证档案的齐全完整。在鉴定制度中应当要求单位的业务部门和档案部门对收集到的档案材料必须严格按照鉴定原则和档案保管期限表的规定,结合本单位的实际进行鉴定,准确地挑选归档文件并确定其保管期限,使反映本机关重要实践活动和重要事件的材料都能归档。档案馆在接收档案时,除了了解进馆档案的质量外,还应对未进馆档案的基本情况有所了解,及时发现和纠正因档案保管期限划分不准而造成应进馆而未进馆的问题。

3.维护全宗和全总群的不可分散性

全宗是一个单位档案的整体。一个机关的各项工作活动不是孤立进行的,相互之间有着密切的联系。在工作中形成的文件材料,无论从来源、内容、形式、时间等方面都存在着固有的联系,是一个不可分割的整体。接收档案时,必须把一个机关形成的档案,作为一个全宗,集中在一个机关档案室或档案馆,不允许人为地分割。只有接收时坚持全宗的不可分散性,在以后的整理、鉴定、保管、统计等各项业务活动中,才能够按全宗进行科学管理。

在档案收集工作中,应注意保持相互有密切联系的一组全宗的不可分散性。在一定时间、地点和社会历史条件下,各个机关的活动既严密分工,又密切协作,相互依存。反映在工作和生产活动中形成的文件材料上,相互之间也有紧密联系。这些互有联系的若干全宗,成为全宗群。

全宗群与档案全宗一样不宜分散。一个档案馆接收档案时,保持全宗的完整,能反映一个机关活动的历史面貌。将上述两个完整性有机结合起来,就能真实而又全面地反映党和国家的历史面貌。

4.积极推行入馆(室)档案的标准化

在档案收集工作中推行标准化,是档案工作现代化的要求。标准化是现代化的基础,现代化的程度越高,就越要求标准化。档案工作标准化,应从收集工作做起。如果接收进馆(室)的档案不标准,将给科学管理和实现现代化带来困难。

在收集工作中如何推行标准化,应当认真执行国家档案局制定的《机关档案工作业务建设规范》等文件和标准,按照各级各类档案馆关于全宗划分、分类、案卷质量与格式、编目等方面的具体要求,大力提高归档和入馆档案的质量。

二、档案的管理工作

(一)档案管理工作的内容

一般情况下,档案管理工作的内容主要包括区分全宗、在全宗内建立档案分类、立卷并进行案卷编号、编制案卷目录。而考虑到实际工作中存在状况的差异,具体的档案整理工作内容也会有所差异,从实际情况来看,目前我国的档案管理工作,按其内容范围大致可以分为以下三种情况。

　　1.在正规的工作条件下,档案室所接收的文件大多数是由文书部门和业务部门按照本室档案归档工作的要求立好的案卷,而档案馆接收的档案则是根据本馆档案要求整理好移交的案卷。也因为这样,档案室和档案馆的档案管理工作主要是对接收的档案进行更大范围的系统和整理,如全宗和案卷的排列、案卷目录的加工等。

　　2.一些已经入馆、入室保管的档案文件,档案室在整理时可能发现其中存在一些不符合本馆、本室档案工作要求的情况,这就需要档案馆和档案室根据本馆、本室档案工作要求对其进行重新加工整理,以提高档案整理的质量。同时,还有一些保存时间较长,档案自身和整理体系已经发生变化的档案,档案室和档案馆也需要对其进行调整。

　　3.一些情况下,档案室和档案馆也会接收一些零散的档案文件,这就需要工作人员对其进行全过程的整理和加工,其工作内容与一般档案整理工作内容相同,即区分全宗、在全宗内建立档案分类、立卷并进行案卷编号、编制案卷目录。

　　在实践中,我国档案室和档案馆对档案的管理主要属于第一种情况,但后两种情况也经常出现。因此,档案工作人员需要熟悉整个档案管理工作的程序,掌握相应的业务能力。

(二)档案管理工作的程序

1.系统排列和编目

　　在正常情况下,档案室接收的是文书部门和业务部门按照归档要求组合好的文件材料,而档案馆接收的是各个单位档案室按照进馆规范系统整理的档案。因此,对于档案室和档案馆来讲,档案管理工作只是在更大范围内对接收进来的档案作进一步调整。

2.局部调整

　　档案馆(室)在日常管理工作中,要定期对所藏档案进行检查,发现明显不符合要求、确实影响保管和利用的档案,档案馆(室)有责任对不合理的整理状况进行局部的调整。

3.全过程整理

　　档案馆(室)在收集档案过程中,由于种种原因,其中有些档案没有经过系统的整理,处于凌乱状态,这就必须进行全宗划分、组合、排列和编目的全过程整理工作。

(三)档案管理工作的原则

1.注意保持档案之间的有机联系

　　可以说,档案整理的任务就是要"自然地"按照档案文件"固有的次序"去排列组合档案文件实体并固定它们相互间的位置,使之保持其内在的、客观的有机联系,形成具有合理有序结构的整体。

　　档案之所以会对各种类型的、有着不同需求的用户有用,就是因为它记录了一定的人类活动过程。这种活动过程是与各种事物相联系的,因此日后的利用者才会从这一活动过程与自己查考的事物的关系的角度,需要利用这种档案。也就是说,从各种角度、方面对档案的利用要求,实际上是档案所反映的活动过程本身所诱发的,是由这种活动本身的存在而派生出来的。因此,档案分类只能依据形成档案的活动过程本身所具有的运动规律和科学程序来进行,即应以保持文件中与这种过程、规律或程序相吻合的本质有机联系为原则。

在这里需要注意的是,档案之间的有机联系并不是绝对的,而是相对的。在同样类型的活动过程中,事物之间的各种矛盾和联系也是多种多样的。哪种主要,哪种次要,这是随客观条件的变化而变化的,对待文件间的有机联系必须具体问题具体分析,绝不能强求一律,机械地认为保持某种联系最重要,因而僵硬地坚持非采用某种分类方法不可。相反从实际出发变换我们的方法,力求保持文件间最紧密的联系,才是唯一正确的做法。

2.充分利用原有的整理基础

档案是历史的产物,在入藏以前,有的可能存有文件作者或经办人员保管、利用它们的痕迹,有的则可能经过历代档案工作人员的整理。因而在档案整理过程中注意发现上述遗迹并加以利用,既充分利用原基础,也是科学组织档案分类工作的一条原则。

档案中存在的经初步保管、整理的状况或成果,在某些情况下,可能会具有一定的合理成分。如文书处理人员为便于承办和利用,常把同一事件的请示与批复放在一起,造成了档案文件间一种自然的排列次序;而过去的档案人员整理文件时,更是出于当时的某种需要或某种考虑,把具有某种共同特征(问题、作者、时间或形式等)的文件组合在一起。正因如此,应该从实际出发,充分认识并利用原有的基础,以确定档案整理的任务与方式,不轻易打乱重整。就是说,在整理档案之前,应对档案的现状做调查研究。

首先,如果发现档案已初步经过整理,原基础较好,一般就不必打乱重整。这种原有的基础,按现时的标准衡量,可能在保持有机联系的问题上有这样那样的缺陷。但是整序档案作为实体控制的手段,其目标无非是要使档案按一定的规则或规律排列起来,确定其存放的位置,以便于检索。只要这些档案尚有规可循,有目可查,一般就应尽量保持其原有的整理体系。

其次,即使原基础很不理想,根本未经整理或必须重整,也应仔细研究存在于档案中的每一丝线索,不轻易打乱破坏文件产生处理过程中形成的自然顺序,或前人的整理成果。也就是说,要注意吸取原基础中的合理成分,即使对某些极简单的保存与清理工作的痕迹,也应注意分析是否有参考价值。只有在全面掌握原基础情况以后,才能拟订确实可行的计划,动手整理或仅仅做局部调整。

3.便于保管和利用

整理档案时,应充分利用档案原有的基础,积极保持档案之间的有机联系,但在具体的整理实践中,有些文件的联系的保持又容易与档案保管的便利性产生冲突。例如,某次会议产生的文件,有纸质的,也有视频的、音频的,还有可公开的、必须保密的,如果单纯只强调文件之间的有机联系,将它们混合起来进行整理,很显然会对保管的便利性产生不利影响。因此,在整理档案时,如果档案之间的有机联系与档案保管的便利性产生冲突时,不能只重视文件联系,还要充分考虑档案保管与利用的便利性。对于不同种类、不同载体、不同机密程度、不同保管价值的档案应根据具体情况具体处理,恰当组合,以便在一定范围内保持档案的最优化联系。

在这里需要注意的是,档案整理必须便于保管和利用,并非是通过它就能完全满足从多角度检索档案文件的一切需求。便于保管和利用既是档案整理的出发点,更是整个档案管理工作的出发点。不能要求在实体控制阶段就"毕其功于一役",解决应由整个档案管理各阶段共同一起解决的问题。应该看到,档案整理工作的任务只能是按一种规则排列档案实体使之形成有序结构,从而为档案的更好保管和进一步利用提供必要的基础。至于使档案信息能从多角度检索,满足一切查寻要求,那是智能控制的任务,不能强求由档案的实体整理去完成。否则就只能今天按这一种方法整理,明天又按那一种方法排序,反而使档案实体易于损毁,不便利用。

第二节　档案室与档案馆的收集工作

一、档案室的收集工作

档案室的收集工作包括接收本单位归档的文件和收集未及时归档的平时文件两个方面的内容。其中,文件归档是档案室收集档案的主渠道,平时文件的收集则是一种补充的形式。

(一)文件归档

各单位在工作活动中产生的文件材料办理完毕后,不得由承办部门或个人分散保存,必须由文书部门或业务部门系统整理,定期移交给本单位档案室集中管理,这就是归档。在我国,归档是党和国家明文规定的一项制度,并且以法律的形式固定下来,这就是通常所说的归档制度。归档制度是档案室收集工作的重要内容和最基础的工作,建立健全归档制度能够确保档案室档案来源的连续性,为国家积累档案财富提供重要保证。

1.归档范围

归档范围是指办理完毕的档案文件应该归档还是不应该归档的范围。决定文件是否应该归档的因素主要是档案文件本身的保存价值。根据国家档案局制定的《机关文件材料归档范围和文书档案保管期限规定》(国家档案局第 8 号令),以下几种档案文件都属于归档范围。

(1)能反映本机关历史发展情况,以及本机关的主要职能活动,并且对本机关的工作具有利用价值的文件材料。

(2)在机关工作活动中形成的,在维护国家安定、公民权益等方面的凭证性文件材料。

(3)本机关需要执行的上级机关、同级机关的文件材料,以及下级机关报送的重要文件材料。

(4)其他对本机关工作具有参考价值的文件材料。

不属于归档范围的文件材料,主要包括以下几种。

(1)备份的文件材料,如国家相关机关印发的文件,本单位内凡有备份的,均由主管单位负责归档,其余可不必归档。

(2)一般事务性,且没有保存价值的文件材料。

(3)未经会议讨论,未经领导审阅、签发的文件材料。

(4)未成文的草稿,以及经过多次修改的修改稿。

（5）与本机关、单位业务无关的由主管机关和非隶属机关发来的文件材料。

（6）本机关领导兼任其他机关职务期间形成的文件。

（7）一般人民来信。

（8）法律规定的不得归档的文件材料。

总之，确定归档范围的一般原则是：归档文件必须具有一定的保存价值，必须符合各机关文件材料的实际状况。各机关和单位应根据国家的统一规定和要求，确定本机关归档和不归档文件材料的范围。

2.归档时间

归档时间是指文书处理部门或业务部门将需要归档的文件材料向档案室移交的时间。

《机关档案工作条例》规定：机关文书部门或业务部门一般应在文件办理完毕后的第二年上半年，即在次年6月底以前向档案部门移交。

《企业档案工作规范》规定：企业在经营管理工作、生产技术管理工作、行政管理工作、党群工作中形成的文件，一般应在办理完毕后的第二年第一季度归档。

某些具有一定专业性的文件可以另行规定合适的归档时间，如会计档案在会计年度终了后，可暂由会计机构保管一年，期满后，应当由会计机构编制移交清册，移交本单位档案机构统一保管；学校档案应当在次学年6月底前归档；磁带、照片及底片、胶片、实物等特殊载体则应在工作结束后及时归档，或和相应内容的纸质载体同步归档等。在这些文件中，科技文件的归档不同，它没有固定的归档时间，主要根据科技文件材料的不同类型和特点、不同的形成规律和利用需求来确定合适的归档时间。一般来说，有定期归档和实时归档两种。定期归档可分为按项目结束时间归档、按子项目结束时间归档、按工作阶段归档、按年度归档四种，实时归档适用于机密性强的科技文件材料和外来材料（外购设备的随机图纸、文字说明，委托外单位设计的文件材料等）。

3.归档文件的质量要求

根据《归档文件整理规则》的规定，应该从下列几个方面检查归档文件的质量。

（1）归档的文件应齐全、完整，每份文件不缺张少页，并组成保管单位。

（2）遵循文件的形成规律，保持文件之间的有机联系，区分不同价值，便于保管和利用。

（3）卷内文件经过系统整理和编目。

（4）案卷封面填写清楚，案卷标题准确，案卷排列合理，编号无误。

（5）编制了完整的案卷目录和相关的文件。

（6）对已破损的文件应予修整，对字迹模糊或文件载体存在质量隐患的文件应予复制。

（7）归档文件所使用的书写材料、纸张、装订材料等应符合档案保护要求。

（8）在文书档案文件组卷时，一般应将文件按年度分开，不同年度形成的文件一般不可放在一起组卷。但是，跨年度的请示与批复，应放在批复年度立卷，没有批复的，放在请示年度立卷。

（9）录音带、录像带、影片、照片等特殊载体的文件，应同纸质文件进行统一整理、编目，但要分别存放,在案卷目录上要注明互见号,以保持文件间的历史联系,便于查找利用。

(10)绝密文件和绝密电报应该单独立卷(少量普通文电如与绝密文电有密切联系,也随同绝密文电一起立卷)。

(11)对于不同保存价值的文件,应当分开组卷,以便日后向档案馆移交,防止拆卷重组问题的产生(表 5-1)。

表 5-1　移交案卷目录

卷号	案卷标题	案卷起止日期	卷内页数	保管期限	备注
		年　月　至　年　月			

(二)平时文件的收集

平时文件收集是指档案室在执行归档制度之外对零散文件的收集。

1."账外"文件的收集

"账外"文件是指未经单位文书部门登记入账,在收、发文登记簿上无"账"可查的文件。"账外"文件主要有:本单位召开的各种会议文件材料;本单位领导人和业务人员外出开会或参观学习考察等活动中获取的文件材料;外单位直接寄发给领导人"亲启"的文件或直接给部门和有关人员的文件材料;本单位内部各种规章制度、统计数字材料等。

2.专业文件的收集

专业文件是指在各项专业活动中形成的文件和特殊载体的文件材料。档案室在重视对文书档案、科技档案收集的同时,还应重视对各种专业文件的收集;在重视对纸质文件收集的同时,还应健全归档制度,重视对音像等其他载体文件的收集,确保档案室保存的文件门类齐全。

3.零散文件的收集

零散文件的形成原因主要有两个方面:一是某些单位由于归档制度未建立或归档制度执行不严,致使文件材料分散保存在内部机构、领导人或业务人员手中,特别是未经收发室登记的文件和某些内部文件;二是由于机构调整、人员变动或发生搬迁、灾害等特殊情形,使归档文件不齐全、不完整。

二、档案馆的收集工作

《中华人民共和国档案法》第十一条规定:机关、团体、企业事业单位和其他组织必须按照国家规定,定期向档案馆移交档案。

根据《中华人民共和国档案法》的规定,各单位对国家和社会有保存价值的、需要长远保管的档案,要集中由国家设立的各级各类档案馆保存。档案馆收集档案的途径主要有:接收现行机关的档案,接收撤销机关的档案,征集社会散存的档案;在必要时,档案馆之间还要开展交换档案的活动。

(一)档案馆接收现行机关的档案

1.接收的范围和期限

(1)接收范围:根据《档案馆工作通则》的规定,我国各级档案馆接收档案的范围是:中央级与省级(自治区、直辖市)档案馆负责接收本级现行机关、团体及所属单位具有永久保存价值的档案;省辖市(地、州、盟)和县级档案馆负责接收本级现行机关、团体及所属单位具有永久和长期保存价值的档案。例如:中央档案馆接收中共中央、国务院及所属部委办的档案;北京市档案馆接收北京市委、市政府及所属单位的档案。

2011年11月,国家档案局以第9号令的方式发布的《各级各类档案馆收集档案范围的规定》,十分具体地划定了各级各类档案馆的收集范围:

①各级综合档案馆的收集范围是:第一,负责收集本级下列组织机构的档案:中国共产党委员会及所属各部门;人民代表大会及其常设机构;人民政府及其所属各部门和单位;人民政协及其常设机构;人民法院、人民检察院、各民主党派机关、工会、共青团、妇联等人民团体、国有企业和事业单位。第二,各级综合档案馆可全部或部分接收以上机构的下属单位和临时机构的档案。第三,乡镇机构形成的档案列入县级综合档案馆接收范围。第四,本行政区内重大活动、重要事件形成的档案、涉及民生的专业档案列入综合档案馆收集范围。第五,经协商同意,综合档案馆可以收集或代存本行政区内社会组织、家庭和个人形成的对国家和社会有利用价值的档案,也可以通过接受捐赠、购买等形式获取。第六,新中国成立前本行政区内各个历史时期政权机构、社会组织、著名人物的档案列入综合档案馆收集范围。

②各级专门档案馆负责收集本行政区内某一专门领域或特定载体形态的专门档案或档案副本。

③各级部门档案馆负责收集本部门及其直属单位形成的档案,但其中履行行政管理职能的档案,要按有关规定定期向综合档案馆移交。

④国有企业、事业单位设立的档案馆负责收集本单位及其所属机构形成的档案。国有企业发生破产转制,事业单位发生撤销等情况,其档案可按照有关规定由本级综合档案馆接收。

《各级各类档案馆收集档案范围的规定》还要求档案馆要适应信息化建设的需要,收集电子档案和纸质档案的数字化副本;有条件的档案馆应根据国家灾害备份的要求建立电子文件备份中心,开展电子文件备份工作;档案馆在收集档案时,应同时收集有助于了解档案内容、立档单位历史的资料,收集有助于管理和利用档案所必需的专用设备等。

(2)接收期限:《各级各类档案馆收集档案范围的规定》要求,省级以上(含省级)档案馆接收保管期限为永久的档案,省级以下(不含省级)档案馆接收保管期限为永久和30年以上(含

30 年）的档案。

《中华人民共和国档案法实施办法》规定：属于中央级和省级、设区的市级国家档案馆接收范围的档案，立档单位应当自档案形成之日起满 20 年即向有关的国家档案馆移交属于县级国家档案馆接收范围的档案，立档单位应当自档案形成之日起满 10 年即向有关的县级国家档案馆移交。经同级档案行政管理部门检查和同意，专业性较强或者需要保密的档案，可以延长向有关档案馆移交的期限；已撤销单位的档案或者由于保管条件恶劣导致不安全或者严重损毁的档案，可以提前向有关档案馆移交。

2. 接收要求

《机关档案工作条例》和《档案馆工作通则》规定，档案馆在接收档案时要遵守如下要求：

（1）进馆档案应保持全宗的完整性，并整理完毕，符合国家规定的质量标准。

（2）档案形成单位在管理工作中编制的案卷目录、大事记、组织沿革、全宗介绍和有关检索工具应随同档案一起由档案馆接收。

（3）档案的交接双方必须根据移交目录进行清点核对并在交接文件上签名盖章，严格履行移交程序。

（4）档案馆在接收档案之前，应该深入接收单位调查了解有关接收情况，制定档案接收方案，进行接收的人力组织与物力准备工作，确保接收工作有条不紊地进行。

（二）档案馆接收撤销机关的档案

在社会活动中，经常会发生单位调整、变动等情况，"撤销机关"由此而出现。一个单位撤销了，意味着其活动的终止；然而，"撤销机关"在历史上是客观存在的，其历史面貌应该保留。因此，撤销机关的档案需要得到妥善的保管。国家档案局在《机关档案工作条例》中特别规定了如下处理撤销机关档案的基本准则：

1. 机关撤销或合并时，撤销机关应负责组织人力，对档案进行清理、鉴定和保管，不得分散、毁弃或丢失档案。

2. 机关撤销、业务分别划归几个机关的，其档案材料不得分散，可由其中一个机关代管或向有关的档案馆移交。

3. 一个机关并入另一个机关或几个机关合并为一个新的机关，其档案材料应移交给合并后的机关代管或向有关的档案馆移交。

4. 一个机关内一部分业务或者一个部门划给另一个机关接收，其档案材料不得带入接收机关；如果接收机关需要利用这些档案材料，可以借阅或者复制。

5. 机关撤销或者合并时，没有处理完毕的文件材料，可以移交给新的机关继续处理，并作为新的机关的档案加以保存。

（三）档案馆对二、三级单位档案的接收

根据国家档案局的要求，下述两种类型的单位的档案应当向各有关档案馆移交：

第一种，各级人民政府的直属工作部门所属的独立分管某一方面工作或从事某项事业的行政管理机关和企业、事业单位。这些单位所形成的档案，往往能反映某方面工作或生产、教学、科研、工程建设、经营管理等基本历史面貌,具有一定的社会经济、政治、科学、文化和历史价值,是人们日后从事有关社会活动和科学研究的必要资料。如各部委、各省(自治区、直辖市)直属的院所、院校、医院等。

第二种,有代表性的第二、第三级单位形成的档案也应当向有关档案馆移交。如企业、中小学、社区(治民委员会)、村委会等职能、性质和任务相同或相近的具有代表性单位,应将其所形成的具有长久保存价值的档案,移交给有关档案馆。其他不具代表性的第二、第三级单位所形成的档案,一级不需要向档案馆移交,但是其中具有重大影响或重要凭证作用的档案,也应当向有关档案馆移交。

(四)历史档案的接收与征集

1.收集历史档案的意义

我国是历史悠久的文明古国,由于种种原因留存下来的历史档案数量极为有限,有些历史档案还散失在各处,甚至散存在私人中,有继续损毁的危险;有一部分珍贵档案流失到了国外。因此,加强对历史档案的收集刻不容缓。

(1)收集历史档案是保护祖国历史文化财富的一项重要措施。作为一个拥有数千年文明史的古国,我国历史上的历代王朝、社会组织以及个人曾经形成内容和数量浩繁的珍贵档案。但是,由于各种社会因素与自然因素的影响,绝大部分档案已经散失或损毁。尤其是从鸦片战争到中华人民共和国建国前期,帝国主义列强的侵略和掠夺,又使幸存下来的一部分珍贵档案散失到国外。中国共产党及其领导下的革命政权机构、军队、团体等组织形成的档案,尽管产生时间不长,但由于长期的武装斗争等环境的影响,完整保存下来的档案数量较少,某些档案依然散失在民间。民国时期的档案,虽然有许多被保存下来,但由于战争等因素的影响,也受到不同程度的损毁,许多档案也散失到社会上。因此,我们必须加大对历史档案的接收和征集力度,尽早把散失在社会上和国外的历史档案收集入馆,使国家的历史文化财富得以长久保管和利用。

(2)收集历史档案是党和国家当前和长远利用的需要。历史档案是我国的宝贵财富,是历史研究的可靠史料,其中革命历史档案,是党领导全国人民进行革命斗争的宝贵历史记录,是从事党史研究、理论研究和进行革命传统教育的重要材料。编纂大型史书、专著、出版领导人物的著作选集和全集,正需要利用这些历史档案。只有加强历史档案的收集工作,才能满足党和国家当前和长远利用的需要。

(3)收集历史档案具有抢救历史文化遗产的性质。历史档案距今已年深日久,本来就有所自然损毁,而有些档案散存在社会或私人手中,保管条件差,如不尽快收集起来,加以科学保管与抢救,将有完全毁坏的可能。有不少保存和熟知档案情况的人年事已高,如不及早收集,将会使一些珍贵历史档案遭受难以弥补的损失。

(4)收集历史档案是进一步发展档案馆事业的重要举措。一个档案馆馆藏结构和数量如何,往往是社会上衡量和评价其地位的重要标志。一个档案馆收藏的历史档案越多、越珍贵,它的社会影响就越大,相应的社会地位就越高,因此,档案馆应当将收集历史档案视为档案馆收集工作的重要内容,为广大历史学家、科研工作者等提供更好更多的历史资料。

历史档案是我国档案财富中重要的组成部分。一个档案馆所藏的档案年代的久远、成分的多样、内容和版本的珍贵程度及古老和稀有档案的数量,在很大程度上,决定着这个档案馆的社会地位和贡献大小。一个地区、一个国家的档案馆收藏档案的质量,反映着这个地区、这个国家科学技术和文化发展的水平。我国是历史悠久、档案资源丰富的国家,可是迄今档案馆收集保存的历史档案,还远远不足以反映我国的历史状况。历史档案的收集工作潜力很大,任务还很繁重。

2.收集历史档案的途径

(1)收集散存在各国家机关、社会组织中的历史档案。历史档案的接收工作,在中华人民共和国成立时就已经开始。随着档案馆事业的发展,各有关档案馆都陆续接收了属于本馆接收范围的历史档案,使长期分散在各机关、团体、企业、事业单位的历史档案,基本上实现了集中管理。

关于民国时期的档案,虽然大部分已经集中到各级各类档案馆保存,但民国档案的集中管理很不彻底。新中国成立初期,由于肃反、镇反和审干的需要,经党中央和国务院批准,将北洋政府、国民党政府、汪伪政府时期敌伪政治档案(包括敌伪特务、宪兵、警察机关的档案,敌伪司法、审判机关的档案,反动党、团的档案,敌伪人事机关、各种政治训练机关的档案,反动社团、帮会、会道门的档案等),均从原有档案中抽出来,分别由公安等有关机关和部门保存。这在当时的历史条件下是可行的,但是却人为地破坏了一个机关档案的有机联系,甚至使机关内一个组织机构的档案被分散保存。"文化大革命"中更加剧了民国时期档案的散失和毁损。

随着我国社会主义现代化建设和科学文化事业的发展,各方面都迫切需要利用这些档案,特别是在国家已决定向社会开放档案的情况下,档案分散保存的状态与客观需要很不适应。同时,由于形势和任务的变化,分散保存民国时期的档案已无必要,而档案馆事业的发展,又使其完全有能力管好用好这些档案。为此,1981年国务院转发了国家档案局关于旧政权档案集中保管的请示,要求各机关保管的历史档案,凡属明清中央机关的档案,应一律移交中国第一历史档案馆保管;民国时期的中央机关档案,一律移交中国第二历史档案馆保管;民国时期地方机关的档案,移交有关地方档案馆。二十年来,我国大部分档案馆已完成了对这部分历史档案的接收和征集工作。

(2)征集散失在个人手中的历史档案。从历史档案的接收和征集的实践经验来看,我国的历史档案,由于种种历史原因,有不少分散掌握在个人手中。保存这些档案文件的有社会知名人士、革命老干部、专家学者,也有当时的官员、职员、绅士、商人、古物收藏者及其亲属与后代。有些档案被埋藏起来,当事人已经死亡,有待于去发掘和抢救;有些档案已被造纸厂、废品收购部门所购买,需要及时去抢救与征集。挽救这些濒于毁损的历史档案,是一项紧迫而又艰巨的工作,虽然困难很多,情况复杂,只要方法得当,坚持不懈,是可以将散存在个人手中的历史档案征集进馆的。

(3)征集民族地区的历史档案。我国民族地区有着悠久的历史,保存着内容丰富的历史档案。这些档案,一般保存在寺庙、土司、头人及其后代及当地农牧民的手中。这些档案有的很古老,甚至是罕见的珍品,是我国各族人民宝贵的历史文化遗产。把这部分历史档案征集到档案馆,对于研究各少数民族的历史和文化,有着重要的意义。

(4)收集散失在国外的历史档案。鸦片战争以来,我国流失在国外的历史档案数以万计,甚至以几十万计。其中有的是历史久远的珍品,有的是国内早已失传的孤件,有的是中外罕见的艺术精华,是编史修志、史学研究不可缺少的宝贵史料,有的是无法用金钱计算价值的国宝。这些珍品,若能早日收集起来,必将大大丰富我国的历史文化宝库。在做好国内历史档案收集工作的同时,应当把向国外收集历史档案的工作做好做扎实。

3.收集历史档案的方法

(1)加强宣传。收集历史档案应使群众了解收集的意义,以多种形式广泛深入地进行宣传。通过电台、电视台、报纸、杂志,播送或刊登征集广告和文件,向基层单位下发征集通知、张贴布告、印发宣传品、举办展览会以及利用各种会议等行之有效的方式,宣传征集工作的目的、范围和意义;宣传历史档案对国家现代化建设的效益和在编史修志、科学研究中的作用;宣传捐献历史档案就是保护祖国的历史文化财富。只有宣传工作扎实,道理深入人心,才能使更多的人了解收集历史档案的意义并取得人们的认同和支持,为征集工作提供更多的线索。

(2)重视调查研究。收集历史档案,应重视调查研究。要通过深入细致的工作,调查了解在本地区范围内,曾经有过什么样的机关、组织或著名人物,这些机关的职能和任务、成立和撤销的时间、文书处理和档案保管状况、出版过何种刊物,历史上知名人物的后裔是否还保存有文件材料、手迹、家谱、族谱等等。在摸清哪些方面和哪些人可能保存有档案材料的基础上,有步骤、有针对性地开展收集工作。

(3)注意方式方法。开展历史档案的收集工作,涉及的面很广,政策性强,必须注意方式方法。若向个人征集,要进行耐心细致的思想动员工作。只有本人自愿,才能把保存的历史文件捐献出来。假如某些人一时不愿交出,可以考虑把急需的档案先借来复制,或者先登记线索,多做工作待以后继续收集,切不可采取生硬方法,以致造成不良后果。对废品收购部门、古旧书店、文物商店、造纸厂等单位,要多做宣传,并签订合同,搞好协作,让他们收集到历史档案资料时,及时交给档案馆。同时,应切实维护好上述单位的利益。

收集历史档案,应采用精神鼓励和物质奖励相结合,实行国家接收、个人捐献或档案馆购买等多种方法。机关、组织和个人把历史档案保存下来,对保护国家历史文化财富是有功的。所以,在收集历史档案时,应贯彻《档案法》第十六条"向国家捐赠档案的,档案馆应当予以奖励"的精神,对自愿捐献历史档案的人员,要给予一定的物质奖励或荣誉,并赠送必要的复制品以作纪念,在今后对档案的使用上给予方便。对某些较为珍贵的档案,档案应主动购买,付给保存者一定的物质报酬。

历史档案的收集工作是一项长期而又艰巨复杂的任务,各级档案馆要在党委和政府的领导下,配备专职或兼职人员负责历史档案和历史资料的收集工作,主动与党史、地方史志等部门密切配合,有组织地开展收集工作。

第三节 档案的整理

一、档案整理的含义

　　档案的整理工作,就是将处于凌乱状态的和需要进一步条理化的档案有序化的过程。在档案管理活动诸环节中,收集是起点,利用是目的,而整理则是承上启下的关键。科学系统的档案整理不仅有助于档案的鉴定,是妥善保管的前提,为档案统计工作打好基础,是档案提供利用的必要条件,还能在一定程度上促进档案的收集工作。

　　档案整理研究是档案管理理论的核心,有利于优化档案整理工作,加强文件档案之间的联系,充分体现档案的性质和特点,进而激活和发掘档案的利用价值,促进档案信息资源的开发,提高档案整理的科学化和标准化水平。在直接影响着整理实践的同时,档案整理的研究对档案管理其他环节理论和技术的发展也有着不可忽视的作用,能促进对档案管理全过程研究的良性发展和总体优化。

　　对档案整理研究主要包括档案整理理念、内容与方法等方面,具体如档案整理工作的原则和意义研究,全宗的界定和应用研究,立卷、分类、组合、排列、编目的程序和方法研究等。

　　我国在档案整理方面的研究,经历了从引进和介绍欧美档案整理理论,到分析、探索自身档案整理实践与理论发展所面临课题的研究历程,其中最具抽象性和理论价值的是全宗理论(来源原则)。但傅荣校提出,当前档案整理理论应该由全宗和汇集两大原则构成,并提出两者的根本区别在于:前者来源于同一立档单位,根据历史联系为主线进行组织,具有可确定性,因而在档案室阶段就可以基本完成;而后者则来自于多个立档单位,要视所获档案数量、成分和状况来确定某一特征进行组织,具有不确定性,一般只有在档案馆才能予以处理加工。

　　有学者将我国档案整理实践与理论的演变过程分为三个阶段,即传统的纸质档案手工整理阶段、档案实体整理和档案信息整理并存阶段、"档案实体整理"和"档案信息整理"二元实践阶段等。而另一学者指出,随着实践活动与对象的发展变化,传统的档案整理研究的理论局限性越来越明显,主要表现在整理原则的适用范围窄,注重实践性分类、轻视思维性分类法,立卷管理不科学等方面,无法应对数字时代电子文件的挑战,因而对档案整理的研究仍然是今后的难点和要点。

二、档案整理工作的内容

　　档案整理工作包括区分全宗、全宗内档案的分类、立卷(组卷、卷内文件的排列和编号、填写卷内目录和备考表、拟写案卷标题、填写案卷封面)、案卷排列和编号、编制案卷目录等业务环节。

　　按照我国文书工作和档案工作的管理体制与分工,档案整理工作是分阶段进行的。其中全宗内档案的分类、立卷、案卷排列和编制案卷目录等业务环节,一般由文书部门或文书人员承担,即文书立卷;归档案卷的统一编号和排列由档案室承担;全宗的划分和排列多由档案馆承担。在某些特殊情况下,如当档案室(馆)接收到整理质量不佳或基本未经整理的零散档案时,就需要对档案进行局部的或全部程序的整理。

(一)系统排列和编制案卷目录

这种情况是指档案室对接收的已经立卷归档的案卷,按照本单位档案的分类和排列规则,进行统一的分类、排列和编号,使新接收的案卷同已入库保存的档案构成一个整体。

(二)局部调整

这种情况是指对已经接收进档案部门的部分质量不合格的案卷所做的局部改动和调整工作。

(三)全过程整理

这种情况是指档案部门对于接收到的零散文件所进行的从区分全宗到编制案卷目录的全部整理工作。

三、档案整理工作的基本原则

档案整理工作的基本原则是:保持文件之间的历史联系,充分尊重和利用原有的整理成果,便于保管和利用。

(一)保持文件之间的历史联系

保持文件之间的历史联系,是档案整理工作的根本性原则。文件之间的历史联系是文件在产生和处理过程中所形成的内部相互关系,也被称为文件的"内在联系""有机联系"。在档案整理工作中保持文件之间的历史联系,其目的在于使档案能够客观地反映形成者的历史面貌。文件之间的历史联系主要表现为以下四个方面。

1.文件在来源上的联系

文件的来源一般是指形成档案的社会主体(组织和个人)。同属于一个形成者或同类型的文件在来源上有着密切的联系。因为不同来源的文件反映不同形成者历史活动的面貌,所以整理档案时必须首先保持文件在来源上的联系,也就是说,档案不能脱离其形成单位,同时,不同来源的档案也不能混淆在一起。

2.文件在内容上的联系

文件的内容一般是指其所涉及的具体事务或问题,同一个事务、同一项活动、一个问题所形成的文件之间必然具有密切的联系。整理档案时,保持文件之间在内容上的联系,有利于完整地反映其形成者各种活动的来龙去脉和基本情况,也便于查找利用。

3.文件在时间上的联系

文件的时间一般是指其形成的时间。整理档案时,保持文件之间在时间上的联系,有利于体现其形成者活动的阶段性、连续性和完整性。

4.文件在形式上的联系

文件的形式一般是指其载体、文种、表达方式以及特定的标记等因素。不同形式的文件往往具有不同的作用、特点和管理要求。整理档案时,保持文件在形式上的联系,有利于揭示文件的特殊价值,便于档案的保管和利用。

(二)充分尊重和利用原有的整理成果

充分尊重和利用原有的整理成果是指后继的档案管理者要善于分析、理解和继承前人对档案的整理成果,不要轻易地予以否定或抛弃。在整理档案时充分尊重和利用原有的整理成果应该做到:第一,在原有整理成果基本可用的情况下要维持档案原有的秩序状态;第二,如果某些局部整理结果明显不合理,可以在原来的整理框架内进行局部调整;第三,如果原有的整理基础的确很差,无法实行有效管理,可以进行重新整理。但是,新整理时应该尽可能保留或利用原有基础中的可取之处。

(三)便于保管和利用

整理档案时,一般情况下,保持文件之间的历史联系与便于保管利用之间是一致的。但是在某些特殊的情况下,二者之间可能会发生一定的矛盾。例如:产生于同一个会议的档案,有纸质文件、照片、录像材料,甚至还有电子文件等,它们的保管要求各不相同,在整理时就需要综合考虑各种因素,在保持文件之间历史联系的前提下,采取分别整理的方法,以利于档案的保管和利用。

四、全宗

(一)全宗的概念及其含义

全宗是一个具有独立性的单位或个人在其社会活动中所形成的全部档案的总称,是一个表示档案范围的计量单位。凡是具有独立性的单位或个人的全部档案就叫作一个全宗。例如:湖南省人民政府的全部档案,被称为"湖南省人民政府全宗";毛泽东的全部档案,被称为"毛泽东全宗"。

全宗具有不可分散性,即同一全宗的档案不能分散,不同全宗的档案不可混淆。不管在档案室还是在档案馆,档案首先是按照全宗进行管理的;维护了全宗的完整性,也就维护了一个单位或个人历史的完整性。

一个机关的活动,体现一定的职能,执行一定的任务。一个机关或某一著名人物形成的全部档案,反映这个机关或人物的发展变化过程。档案之间有着密切的联系,是不可分割的整体,是国家档案全宗的基本单位,也是档案馆保管档案的基本单位。因此,档案必须按全宗整理。同一全宗的档案不能分散,不同全宗的档案不能混在一起。按全宗整理档案,能科学地保持文件之间的历史联系,全面地反映机关活动的历史面貌,也便于档案的保管和利用。区分全宗是档案整理工作的开始。在机关档案室,一般只有一个全宗。档案馆则保存着很多全宗。区分全宗是档案馆对档案分类的第一步,只有把全宗区分清楚,其他整理工作程序才能进行。

（二）立档单位的概念及构成立档单位的条件

形成全宗的机关，称为立档单位，又称"全宗构成者"。全宗指档案而言，立档单位是指机关而言，两者是不同的概念，不能混为一谈。由于人们对"机关"这个概念有不同的解释，往往分辨不清机关与机关内部机构的区别，这就需要搞清什么样的组织单位是立档单位，它的档案应该构成全宗，什么样的组织单位是机关内部的组织机构，不是立档单位，它的档案不能构成全宗。

确定一个组织单位是不是立档单位要根据一定的条件来分析。构成立档单位的主要条件是：

第一，可以独立行使职权，能主要以自己的名义对外行文。

第二，是一个会计单位或经济核算单位，自己可以编造预算或财务计划。

第三，没有管理人事的机构或人员，并有一定的人事任免权。

上述三个条件是统一的、互相联系的，通常是有此即有彼，有彼即有此。但是，最基本的是第一个条件，即以独立行使职权并主要以自己名义对外行文为主要条件。

（三）省、市（地）、县级机关档案的全宗划分

1.省（自治区、直辖市）级下列机关的档案，应划为一个全宗

（1）中共省委（包括各部、委）。

（2）省直属机关党委（包括直属机关团委）。

（3）省级人民团体如政协、工会、共青团、妇联、各民主党派和工商联等。

（4）省人大常委会、省人民政府（包括办公厅及省人民政府各办公室）。

（5）省级名委、厅（局）、院、行、社等。

（6）省级名厅、局所属院、校、所、工厂、公司等二级机构。

（7）省级各厅、局派驻省内外各地的临时工作机构中，机构较大、文件较多、驻地较远的固定常设机构。

2.市（地）、县级下列机关的档案，应划为一个全宗

（1）中共市（地）、县委（包括办公室、各部）。

（2）中共市（地）、县纪律检查委员会。

（3）市（地）、县直属机关党委（包括直属机关团委）。

（4）市（地）、县工会、团委、妇联。

（5）市、县人大常委会。

（6）行政公署，市、县人民政府（包括办公室）。

（7）市（地）、县级局、行、院。

（8）市（地）、县级企业、事业单位。

（9）市、县政协。

（四）立档单位的变化和全宗的划分

在一般情况下，凡是机关、团体、企业、事业单位在政治性质、生产关系性质或基本职能等

方面发生了变化,就属于根本性的变化,应当构成新的立档单位和全宗。

1.政治性质的变化。是指推翻了旧政权机关以后建立的新政权机关。新旧政权机关的档案各自构成全宗。

2.生产关系性质的变化。是指厂矿、公司、银行等企业单位,从官僚资本企业变为社会主义的国有企业。变化前后的档案,各自成立全宗。

3.基本职能的变化是指:

(1)凡是新成立的机关,就是新的立档单位,其档案构成新全宗。

(2)由若干个撤销机关合并而成的新机关,尽管这些单位前后职能有某些相同之处,但在基本职能上是不同的,它们的档案都分别构成全宗。

(3)从一个立档单位中独立出去的新机关,从其独立之日起,其档案构成全宗。

(4)原来是一个机关,后来变为一个机关的内部组织机构,其改变之前的档案为一个全宗,改变后的档案是某全宗的组成部分。

(五)个人全宗

个人全宗既是社会活动家、科学家、文学家、艺术家、教育家以及其他著名人物在其一生活动中所形成的全部档案。某些著名的家庭和家族在活动中形成的档案也称为个人全宗。形成个人全宗的个人、家庭和家族,也是立档单位。

(六)全宗的补充形式

1.联合全宗

两个以上互有联系的机关形成的档案,由于混在一起难以区分立档单位而联合组成的全宗。它通常产生于两种情况:一是前后有继承关系的机关,由于工作关系密切,档案已经混杂,很难区分,尤其是其中一个机关存在时间较短,档案数量又不多;二是在职能上有密切联系的两个机关合署办公,对内是一套机构和编制,对外是两块"牌子",而档案又混杂在一起无法区分的。联合全宗应冠以所有组成这个全宗的立档单位名称,档案则按一个全宗来对待,编一个全宗号。

2.全宗汇集

由档案数量极少的若干全宗,按照一定的特点组成的全宗集合单位。有些小全宗,档案数量很少,如果都按一个全宗去管理,单独编全宗号和编制案卷目录等,有许多不便。为了便于管理,可将若干小全宗按照一定的特点联系(如立档单位存在的时期、职能性质等)合编为"全宗汇集"。在"全宗汇集"内部,仍按不同的立档单位整理排列;但是,只给"全宗汇集"以综合名称,给一个全宗号,作为一个全宗进行管理。

3.档案汇集

整理历史档案,有时会遇到一些非常零散和残缺不全的文件,虽经各种努力仍判定不出其所属全宗。在这种情况下,可以用人为的方法,把这些文件按照一定特点集中起来(如文件形成的历史阶段、基本内容等)合编成"档案汇集"。"档案汇集"虽是混合体,也作为一个全宗进行管理。

（七）判定档案的所属全宗

判定档案的所属全宗，关键在于确定档案的形成者——文档单位。一个立档单位的档案，由收文、发文和内部文件三部分组成。立档单位的发文和内部文件，它的作者就是档案的形成者，只要查明了文件的作者，也就确定了它的所属全宗。立档单位的收文，它的收受者就是档案的形成者，只要查明了文件的实际收受者，也就确定了它的所属全宗。

至于需要判定所属全宗的档案是案卷时，在它的卷皮上往往都标明了档案所属的立档单位名称，只须核实卷内文件是否真正属于卷皮上所标明的立档单位即可。

判定没有明确标明作者或收受者的文件的所属全宗，情况比较复杂，须对文件进行细致分析和考证。这往往要借助于文件上的各种标记，如机关和承办单位的负责人或承办人的签字与批注的记号，以及收文、发文和归档的印章或其他戳记、日期等。研究文件的内容，还可利用过去机关的收、发文件记簿及其他簿册、目录来变对文件，调查访问文件的撰写人、签注人或文件内容涉及的当事人，或者采取对比的方法，如从笔迹、墨水、纸张、格式、书写方法等方面去与标明作者或收受者的文件加以比较。但在运用这些方法时，必须互相联系起来考察，不能孤立地根据个别标记就确定文件的所属全宗。

在实际工作中，常常会有一些文件经过几个立档单位办理，这样的文件应该归入最后承办完毕的立档单位的全宗内。

五、全宗内档案的分类

（一）全宗内档案的分类原则

全宗内档案分类总的原则是要科学、客观、符合逻辑，能反映档案的形成特点和规律。具体分类原则如下。

1. 根据全宗的性质和特点，选择适当的分类标准。能够恰如其分地揭示档案间的内在联系，使整个分类系统具有客观性，组成一个有机的整体，系统反映出立档单位的活动面貌。

2. 类目名称应含义明确，具有系统性，有合理的排列顺序。必要时，对类目所指范围和归类方法应有说明，以保证分类的一致性。

3. 分类层次简明，类目不宜过细、过多。一般来说，类目划分到二级至三级，使之能包容一定数量的案卷。另外，划分类别时应留有伸缩余地，以便随实际需要增加或减少类别。

4. 分类体系的构成应具有逻辑性，遵守逻辑划分规则。一次分类只能使用一个分类标准，子类外延之和正好等于母类外延，子类之间必须界线清晰，不能互相交叉，类目概念应明确。

（二）全宗内档案的分类标准

全宗内档案的分类标准主要有文件的时间、来源、内容、形式四种，每一标准下又有不同的分类方法。

1. 按文件产生的时间分类

按文件产生的时间对全宗内档案进行分类，可用年度分类形成不同年份的档案，也可按立档单位在发展过程中形成的不同时期（或不同阶段）形成不同档案类别。

2.按文件的来源分类

按文件的来源对全宗内档案进行分类,可按立档单位的内部组织机构形成不同机构的档案,也可按文件的作者形成不同类别的档案,还可按与立档单位有较稳定的来往通信关系形成不同档案类别。

3.按文件的内容分类

按文件的内容对全宗内档案进行分类,可按文件内容所说明的问题(事由)分类,也可按文件内容所涉及的实物分类,还可按文件内容所涉及的地理区域分类。

(三)全宗内档案分类方案的编制

全宗内档案分类的表现形式是分类方案,它是用文字或图表形式表示一个全宗内档案分类体系的一种文件。当选用了某种联合分类法以后,就应该编制一份分类方案(又称为分类大纲)。分类方案的编制,应该注意以下几点要求。

1.排斥性

分类方案中同级的各类地位相等,内容互相排斥(不能你中有我,我中有你),类的范围必须明确。比如,按问题分类,所设问题各类地位相等,不能相互包括。第一类中设教育类,同位类就不能再设高等教育、中等教育类,因为教育类包括高等教育、中等教育……只能把它们设为属类。同级中设有人事类,就不能再设干部任免类,同样道理,既然设财务类,也就不能再设经费类。

2.统一性

在编制分类方案时,首先要确定采用何种分类方法。第一级采用哪种方法,第二级采用哪种方法,都应明确规定、标示清楚。而在同一级分类中,不能同时并列采用两种以上分类标准。比如,第一级分类是采用年度分类,就不能同时并列组织机构或问题名称。如果是采取两种分类法的联合,那么不仅分类的第一级是统一的,第二级也应该是统一的。比如采用年度—组织机构分类法,第一级分类是年度,第二级分类是组织机构。

3.伸缩性

档案是社会实践活动的产物,而社会实践活动是丰富多彩的。工作内容时而增加,时而减少,组织机构时而撤销,时而合并,因此,分类方案中的各类,均应留有伸缩的余地来增加或减少类别,以适应客观变化的需要。

为了使分类方案编制科学、实用,在编制分类方案前还应该做好调查研究工作,要查阅有关材料,了解立档单位的业务执掌。对于立档单位的组织章程、办事细则、工作计划与总结都要认真分析研究,从中了解和掌握立档单位的工作性质、职权范围、业务执掌,以便决定采取合适的分类方法;参考本单位原有档案,如果本机关已有旧卷,应该对原有档案分类基础做周密研究并吸取其合理部分,以补充与修正现有档案的分类方案;还应多方征求意见,经机关负责人批准施行。科学而实用分类方案的形成,必须及时征求文书与业务承办人员的意见,集思广益,防止闭门造车。因为他们对文件的内容与成分比较熟悉,尤其是经办人员对事件、问题的处理过程,更有彻底的了解。分类方案实施以后,往往发生文件与分类方案不尽相符的情况,造成分类困难,应该随时交换意见,对分类项目或增或减,清除障碍,交领导人审核批准。

六、档案文件的排列、编号与目录编制

(一)保管单位

档案整理工作是一个逐步深入系统化和编目的过程,系统化又是一项对文件材料进行分析和综合的活动。一个全宗的档案经过分类之后,各类都有相当数量的档案文件,必须进一步系统化,将类内的档案组成许多保管单位,如盒、卷、袋等各种形式,除某些较为特殊的专门档案以外,一般称为立卷或组卷。组卷工作的内容包括:归档文件的装订、排列、编号、填写备考表、编目、装盒等。

保管单位是按照一定的主题等内部特征和外部特征组成的有密切联系的若干档案的组合体。它既是档案的保管单位,也是档案数量统计和一般检索的基本单位之一。档案保管单位是组成全宗的基本要素。组卷就是将有关某一问题或某项工作活动以及其他方面有密切联系的文件,按其突出的异同点组成一系列的保管单位,比较具体地反映工作活动的来龙去脉,便于档案的保护和查找利用。

根据我国文书工作和档案工作的制度,现行机关的组卷工作一般在文书部门和业务部门进行。但是档案部门应该对组卷工作予以协助和指导。档案馆(室)有时也会收进一些零散文件,或者收进一些不符合组卷质量要求而严重影响管理和利用的档案保管单位,对于这些文件和案卷要进行必要的完善和加工。还有一些机关是由档案室组卷的。因此。无论对档案文件组卷人员还是档案工作人员来说,掌握组卷的原则和方法,是档案业务技术的基本要求。

国家档案局发布的《归档文件整理规则》于 2001 年起实施。它从"简化整理,深化检索"出发,对归档文件整理工作的许多环节进行了调整和简化,打破了传统的文件整理方法,是我国文书立卷的一项重大改革。因此,我们所说的保管单位,既有人事档案和病历档案等以人为单位形成的案卷,又有文书档案改革后新规则中的以"件"代卷的新的保管单位。

(二)归档文件的排列

归档文件的排列,是指在分类方案的最低一级类目内,根据一定的方法确定归档文件先后次序的过程。最低一级类目,是指分类时所确定的类目体系中设在最低的一级类目,如按照"保管期限——年度——机构"分类,机构即为最低一级类目。在分类方案的最低一级类目内,按事由原则结合时间、重要程度等进行排列。

(三)编号

编号是编目的起点和基础,其目的是反映分类、排列等系统工作的成果。通过编号,使归档文件在全宗中的位置得以确定,为后续编目工作和将来的提供利用工作创造条件。

1.件号

件号是文件的排列顺序号,它是反映归档文件在全宗中的位置和固定归档文件的排列先后顺序的重要标识。

件号分为室编件号和馆编件号两种。归档文件在分类、排列后,其位置得到确定,此时编制的排列顺序号称为室编件号;移交进馆时,由于再鉴定和再整理,归档文件在全宗中的位置发生变化,此时按照新的排列顺序重新编制的件号,称为馆编件号。

(1)室编件号。室编件号即归档文件在分类方案的最低一级类目内的排列顺序号。室编件号应在分类方案的最低一级类目内,按不同保管期限依文件排列顺序每年从"1"开始标注。在同一保管期限内,类目与类目之间的件号可以连编。

以采用"年度——组织机构——保管期限"进行分类为例,室编件号应在同一年度内、同一组织机构的一个保管期限内从"1"开始逐件流水编号。例如,某单位办公室和组织科等内设机构 2000 年形成的永久、长期、短期 3 个保管期限的归档文件,编号后形成 3 个流水号,即永久的从"1"开始编一个流水件号,长期的从"1"开始编一个流水件号,短期的也从"1"开始编一个流水件号。

(2)馆编件号。馆编件号的设置主要是出于馆室衔接的需要。档案室的永久、长期保管期限的档案移交进馆时,由于各种原因往往需要进行鉴定、整理等局部调整,因此有必要重新编制件号。在文书档案的归档章和档案盒盒脊等处,都设置有馆编件号。

对馆编件号的编制方法,国家档案局没做具体要求。这是因为随着档案馆接收要求的不同、进馆档案整理状况的不同,是否需要以及如何编制馆编件号是会有所不同或调整的。

①如果归档文件在档案室阶段整理基础较好,价值鉴定工作较为准确,进馆时档案变动情况不大,档案馆可以直接以室编件号为进馆后使用的件号,只是在归档文件目录相应处加以注明断号、跳号等情况即可,无须重新编制馆编件号。

②如果进馆前只是对某一个或某几个类目的档案调整比较大,可以只将这些类目的件号、目录进行调整,其他的不动。这时可以将重编的件号定为"馆编件号",也可以定为"室编件号",或者与档案室编号统一为"件号"。

③有的档案馆可能从管理方便出发,坚持原来的做法,要求在年度——保管期限内跨机构(问题),这时可以使用"馆编件号"项重新编件号。

由于存在以上的不同,档案馆在接收档案过程中,可以在《档案馆接收进馆标准》中加以规定。

2.保管期限

档案保管期限一般有三种:

(1)永久:即档案的价值较高,需要永久性保存。

(2)长期:即档案具有较长时期的保存价值,其年限是 16~50 年。

(3)短期:即档案具有较短时期的保存价值,其年限为 15 年以下。

各专门档案和特殊载体档案的保管期限按有关标准划分。

3.年度

年度是指归档文件的形成年度,即形成和处理归档文件的年度。文书档案的年度以四位阿拉伯数字标注公元纪年,如 2004 年,不能简化写为"04"。

4.全宗号

全宗号是档案馆给立档单位的代号。

（四）编目

编目是指编制归档文件目录，它是档案整理工作的重要内容之一，也是其他各种编目工作的起点和基础。编制归档文件目录，是实现归档文件从一次文献向二次文献的初步转化的重要一环，为档案的保管、鉴定、检索、统计和编研等工作的开展提供基本条件。其基本要求是：

1.归档文件目录用纸幅面尺寸采用国际标准 A4 型（长×宽为 297mm×210mm）。

2.永久、长期和短期保存的文件，归档文件目录要打印两套，一套随归档文件入盒，一套作为检索工具使用。

3.归档文件目录封面设置全宗名称、年度、保管期限等项目，其中全宗名称填写时应使用全称或规范的简称。

4.为了便于查找，可以在归档文件目录右上角填写"机构（问题）"，如"人事处"、"人事类"等。

第六章　档案鉴定与保管

第一节　档案鉴定与保管工作的内涵

一、档案鉴定工作

(一)档案鉴定工作的内容和意义

1.档案鉴定工作的内容

档案鉴定工作,就是甄别和判定档案的价值。鉴定时要以历史唯物主义的观点,从党和国家当前和长远利用档案的需要出发,根据统一的鉴定原则和标准判定档案在政治、经济、科学、文化等方面的历史和现实价值,确定不同的保管期限,以便把需要长远保存的档案,妥善地保存起来,准确地拣出不需要保存的档案,按照规定的手续予以销毁。

鉴定档案的主要目的在于正确地确定需要保存的档案,保护有价值的珍贵档案,使档案馆(室)保存的档案有较高的质量,有利于档案的利用和保管。在鉴定工作中,剔除销毁不得保存的档案,虽是工作内容之一,但不是主要目的。

2.档案鉴定工作的意义

(1)便于发挥档案的作用。保存档案的主要目的,是为了发挥档案的作用,为社会主义事业服务。如不进行鉴定工作,把大量已失去保存价值的档案同有价值的档案混杂在一起,使档案臃肿庞杂,给查找利用带来很大困难,档案的作用不能得到充分发挥。

(2)便于档案的安全保管。如果不进行档案鉴定工作,把大量失去保存价值的档案和有价值的档案一起保管,不仅很费人力、物力、财力,而且妨碍档案保管条件的改善,影响档案的安全保管。鉴定工作能把档案分清主次,对价值大的档案重点保护,另一方面,还能腾出库房和装具妥善保管有价值的档案。

(3)便于应对突然事变。如果不搞好档案鉴定工作,一旦发生水灾、火灾、地震或战争等突然事变,就会因档案不分重点与一般,而无法及时地、重点地进行转移和抢救而造成玉石俱焚。

(二)鉴定档案价值的原则和标准

1.决定档案价值的因素

从档案价值鉴定工作的内容及其目的来看,其主要任务首先是挑选和确定哪些文件需要保存,以及保存多长时间,其次是对保管期满的档案进行复审。从一定的意义上说,鉴定档案的价值就是鉴定文件和档案的保存价值。档案价值的实质,是文件客体对主体需要的满足,两者缺一则不能构成档案的价值关系。一般地说,档案的保存价值是由文件和档案对于社会的现实作用以及长远的历史作用所决定的。具体地说,某一部分档案、某个案卷、某份文件的保存价值,是由文件和档案自身的特点和社会利用的需要两个方面的因素所决定的。

(1)文件和档案自身的特点和状况是确定档案保存价值的内在因素:文件和档案自身的特点和状况,包括文件和档案的内容、时间、来源、名称、可靠程序、有效性、外形特点和完好程度等。档案是人类社会活动的原始历史记录,记载相反映了各种历史经验与现象,是前人或当今人们劳动的成果和智慧结晶的体现。这就决定了档案对社会具有一定的作用。文件和档案本身的特点和状况是决定文件和档案是否具有保存价值的内在因素。

(2)社会利用的需要是确定档案保存价值的外在因素:社会利用的需要是决定档案价值关系的主体性因素。大量事实表明,人们在各种工作和社会活动中,往往需要查考既往情况,掌握历史材料,研究事物的客观发展规律,总结正反两方面的经验教训,这些都离不开档案,需要利用档案。所以,社会利用需求不仅是档案发挥作用的必要条件,而且也是决定文件的保存价值的主要因素之一。

上述决定档案保存价值的两个方面因素,是相互促进、相辅相成的辩证关系。档案客体,是档案社会价值的物质承担者;利用档案的需要,则是实现档案价值的社会条件。上述两个方面的因素,都是客观存在的。鉴定档案的保存价值,就是鉴别、分析和决定档案保存价值的客观因素和主观因素的过程。

2.档案价值鉴定工作的原则

档案价值鉴定工作的原则是:必须从国家和人民的整体利益出发,用全面的、历史的、发展的、效益的观点,全面地判定档案的价值。

(1)以国家和人民的整体利益为出发点:从国家和人民的整体利益为出发衡量档案的价值是鉴定工作的指导思想,也是评价档案价值的基本准则。鉴定档案时,我们不能从本单位的利益或个人的喜恶出发评价其价值,而应充分估计和预测档案在整个社会发展过程中的作用。

(2)全面的观点

①通过全面分析文件的各方面因素,综合判定档案的价值:文件的价值由多种要素构成,因此,在鉴定档案时,我们应该综合分析文件的具体情况,全面考虑其各方面的要素,不可能只根据某方面的特征便片面地做出结论。

②全面把握档案之间的联系:各个单位、各项工作中形成的文件之间具有密切的联系,因此,我们在鉴定档案时,不要孤立地判断单份文件的价值,而应将有关的文件材料联系起来分析,然后再做出判断。

③全面预测社会对档案的利用需要:档案不仅对本单位有用,而且对社会也有重要的价值。因此,我们在鉴定档案价值时,既要考虑本单位的需要,也要考虑社会的需要,切忌只根据某个方面的需求来判定其价值。

(3)历史的观点:档案是历史的产物,它的形成总是脱离不了一定的历史环境,因此,我们在鉴定档案价值时,要将档案放到它所形成的历史环境中进行分析,并结合社会现实及未来的需要考察其价值。

（4）发展的观点：社会对档案的利用需求是动态变化的，而档案价值的鉴定总是在一定的时空条件下进行的。因此，在鉴定档案价值时，我们既要看到其现实作用，又要看到其长远作用，正确地预测档案的价值。

（5）效益的观点：保存档案需要人、财、物的支持，档案保管期限越长，消耗就越高。效益的观点就是要求鉴定档案时考虑投入和产出比，只有预计档案发挥作用的效益能够超过保管代价，我们才判定其具有保存价值。保存档案的效益包括经济效益和社会效益两个方面，档案价值的鉴定要经济效益和社会效益并重。

3.档案价值鉴定工作的标准

（1）档案的来源标准：档案的来源是指档案的形成者。运用来源标准鉴定档案的价值应注意分析以下几方面的情况：

①分析本单位文件与外单位文件的关系：我们在鉴定档案时，应注意区分不同的作者。一般情况下，应该注意主要保存单位制成的文件。对于外来文件，则应具体分析来文单位与本单位的关系，以及来文内容与本单位职能活动的关系。通常，有隶属关系单位的来文比非隶属关系单位的来文重要；针对本单位主管业务、需要贯彻执行的来文比涉及非本单位主管业务的参考性来文价值高。

②分析本单位制成的文件的作者的职能：在本单位制成的文件中，单位领导人、决策机构、综合性办公机构、主要业务职能机构、人事机构、外事机构制发的文件能够比较直接地反映本单位的主要职能活动和基本情况，因而具有长久保存价值文件的比例比较高；而一般行政事务性机构、后勤机构及某些辅助性机构所制发的文件中具有长久保存价值的比例则比较低。

③分析档案馆接收对象的地位和作用：档案形成者的地位、作用和职能情况是各级各类档案馆确定档案收集范围的基本根据。一般来说，一个地区党政机关的档案，在本地区影响较大的、具有典型性和代表性的单位的档案，以及著名人物的档案等价值较高，长久保存的比例较大；而基层单位形成的档案，普通人士形成的档案，其价值则较低，长久保存的比例较小。

（2）档案的内容标准：档案的内容是指档案所记载的事实、现象、数据、思想、经验、结论等，它是决定档案价值最重要、最本质的因素。根据档案的内容判断其价值，主要从以下三个方面入手：

①分析档案内容的重要性：一般说来，反映方针政策、重大事件、主要业务活动的文件比反映一般性事务活动的文件重要；反映全面情况的文件比反映局部情况的文件重要；反映本单位主要职能活动、中心工作和基本情况的文件比反映非主要职能活动、日常工作和一般情况的文件重要；反映典型性问题的文件比反映一般性问题的文件重要。在工作、生产、科学研究、维护权益以及总结经验方面具有凭证、查考作用的档案，多具有较高的价值。

②分析档案内容的独特性：档案内容的独特性是指档案记述的情况或反映了本单位、地区、系统的特点，或具有新颖性和典型意义。比如，记载某个公司经营特色的档案、某个学校办学特色的档案或某个地区文化特色的档案等，都是内容上有独特性的档案。鉴定档案时，应注

意那些记述本单位特殊事件、特殊产品、特殊人物、特殊成果和某些特殊传统的档案,以及具有开创意义的新人、新事的档案。

③分析档案内容的时效性:文件有效期的长短对档案的价值高低具有一定的影响。例如:方针政策性、法规性、计划性文件在失去现行效用后,其行政作用就会转变为科学研究的作用;而经济合同、协议等文件成为档案后,在有效期及法律规定的时效期内具有约束和凭证价值,有效期过后,有些文件仍具有科学研究、历史研究的价值,有效期过后,有些文件仍具有科学研究、历史研究的价值,而其他一些文件的价值则可能降低甚至消失。因此,我们在鉴定档案价值时,应该通过分析文件内容的时效性及其变化情况来判定文件价值。

(3)档案的形式标准:档案的形式是指文种(文件的名称)、形成时间、载体形态和记录方式等。在某种情况下,档案的形式也影响其价值。

①文种与档案的价值:文种表明文件的特定用途和性质,因而能够在一定程度上反映文件的价值。一般说来,命令、指示、决定、决议、条例、公告、纪要、报告等文种往往用于记录方针政策、重大事件和主要业务活动,具有权威性、指导性、规定性,价值较高;而通知、函件、简报等往往用于处理一般事务,价值则相对较低。

应该注意的是:一方面由于一些文种如通知、函等的使用范围比较宽泛,另一方面由于有的单位行文时选择文种不够准确,造成文种与实际用途不符的情况,因此,我们不能仅用文件的名称作为判定其价值的依据,而需要结合文件的内容加以分析。

②形成时间与档案的价值:这是指文件产生时间距离现在的远近程度,以及所处历史时期的特殊意义。一般说来,档案产生的时间距离今天越遥远,留存下来的越稀少,其价值就越珍贵,就越值得保护和保存。单位的档案中涉及建立初期、重大调整、重大变化和发展情况的档案等都具有重要的价值,需要长远保存。

③稿本与档案的价值:文件不同稿本的行政效能和凭证作用是不一样的,因此,其价值也就有所不同。

文件的定稿是经单位领导人审核和正式签发程序形成的稿本,是缮印正本文件的依据,具有凭证价值;文件的正本具有标准的公文格式,有文件的生效标识——单位的印章或领导人的签署,是单位工作的依据,具有法定的效用和凭证作用。上述两种稿本的可靠性大,其价值相应就较大。

文件的草稿或草案是文件形成过程的产物,没有现行效用,可靠性相对于定稿和正本文件要差一些,因此,价值也较小。但是,应该注意的是,某些重要文件的草稿、草案反映了文件修改、丰富、完善的过程,也具有较高的科学研究或历史价值。

④外观类型与档案的价值:文件的外观类型是指其制成材料、记录方式、笔迹、图案等,它们的特殊性在一定程度上也影响档案的价值。例如:有些文件因载体材料的独特、古老、珍稀而具有文物价值;有些文件因出自书法家之手或装帧华美而具有艺术价值;也有些文件因有著名人物的题词、批注、签字而具有纪念价值等。因此,在鉴定档案时,对于外观类型独特的文件要通过具体分析其特殊意义才能判定价值。

(4)相关档案的保管状况标准

①完整程度与档案的价值:完整程度是指一个立档单位、一个时期、一个地区档案数量的齐全状况。档案的完整程度在一定条件下对档案的价值产生影响。例如:在鉴定时,我们有时会看到某份文件的价值并不大,但是,由于这个时期该单位保存下来的档案数量很少,如果再剔除一些文件,就会造成历史的空白,于是,这份文件的价值因此会相应提高,可以适当地延长其保管期限。

②内容的可替代程度与档案的价值:在鉴定时,如果我们看到一份文件的内容已经被其他更重要的文件所包括,那么,该份文件的价值可以从严判定;反之,如果一份文件只反映了全貌中一个方面的问题,但又别无其他材料,那么,这份文件的价值就相对提高。例如:一般来说,本单位的年度总结和统计报表等应该永久保存,季度、月份的总结和统计报表应长期或短期保存;但是,在没有年度的总结和统计报表的情况下,季度和月份的总结和统计报表就会变得重要起来,其价值就会相应提高。再如:在有定稿和正本文件的情况下,副本、草稿的价值比较小,一般可以不归档;而在没有定稿和正本的情况下,副本草稿的价值则相对提高,可归档视为正本保存。

(5)档案鉴定工作的程序:在开展档案鉴定工作时,通常而言应遵循下面的程序。

①文件归档鉴定:这是各单位对于处理完毕的文件所进行的划定归档范围的工作。归档鉴定所依据的原则是国家档案局发布的《机关文件材料归档范围和文书档案保管期限规定》的内容。各个单位也可以根据国家的规定确定本单位的归档范围。这项工作通常由单位的文书人员或秘书人员承担。

②划定文件的保管期限:由于各种因素的影响,同属于一个归档范围的文件常具有不同的保管期限,为此,在确定归档范围之后还需要对文件划定具体的保管期限。这项工作也应由单位的文书人员或秘书人员承担。

③档案价值复审:除了永久保存的档案外,其他定期保存的文件在保管期满之后,需要对其价值进行复审,以确定是继续保存还是予以淘汰。档案价值复审主要采取两种形式:一是到期复审,即对于短期或长期保管的档案,在保管期满后重新审查其是否确实丧失了保存价值,对保管期满档案的复审周期可以逐年进行,也可以若干年度进行一次;二是移交复审,即档案室向档案馆移交档案时,档案室人员和档案馆接收人员共同对所移交的档案的保管期限进行的审查工作。

④销毁无价值档案:对于经归档鉴定和价值复审确认为没有保存价值的档案,应按照规定的手续和方法予以销毁。这项工作通常由档案部门承担。

二、档案保管工作的内涵

(一)档案保管工作的含义与意义

档案保管工作是指在档案入库后所进行的存放、日常维护和安全防护等管理工作。开展档案保管工作,目的是维护档案的完整,并尽可能保护档案不受损害。

在档案管理中,开展档案保管工作有着十分重要的意义,具体表现在两个方面。一方面,档案保管工作有助于对真实的历史进行反映。档案中所记录的是真实的历史,只有将这些档案原件保管好,使这些档案的内容永久保存,才能够对历史的原貌进行真实反映,也能够方便党和国家在未来开展工作时对这些档案进行有效利用。另一方面,档案的寿命与档案保管工作具有密切的关系,当保管工作适宜且得当时,档案的寿命会相对延长,反之则会缩短档案的寿命。因此,必须要有效开展档案保管工作。

(二)档案保管工作的任务

档案保管工作的任务,具体来说有以下几个。

1.防止档案的损坏

档案保管工作的基本原则就是"以防为主,防治结合"。防是档案保管工作中的根本问题,要防止人为地破坏档案,防止各种不利因素损毁档案,特别是对重要档案、核心档案,要注意重点保护,立足于防,最大限度地消除各种不利因素的影响。

2.延长档案的寿命

要从保管工作制度、办法以及技术处理措施上,提出保护档案的具体要求,延长档案的寿命,以适应档案长期保存的需要,从而有利于档案的长远利用。

3.维护档案的安全

档案的安全主要涉及两方面的内容:一方面是档案实体的物质安全;另一方面是档案内容特别是机密内容的政治安全。因此,在开展档案保管工作时,必须积极采取有效措施来维护档案的安全。

4.建立和维护档案的存放秩序

为了使档案入库、移出、存放井然有序,能够迅速地查找档案,并随时掌握档案实体的状况,档案室(馆)要根据档案的来源、载体等特点,建立一套档案入库存放的规则和管理办法,使档案不管是在存放位置上还是被调阅移动都能够处于一种受控的状态。

(三)档案保管工作的内容

基于档案保管工作的任务,档案保管工作要包括以下几方面的内容。

1.正确认识和全面把握档案的安全现状和破坏档案的各种因素

档案的安全现状和破坏档案的各种因素直接影响着档案保管工作的内容。首先,正确认识档案的安全现状包括了解馆(室)藏档案进馆(室)前后的保管措施、保管过程、有无损坏、损坏程度如何等,以便于确定今后的工作目标和工作内容;其次,破坏档案的因素多种多样,表现形式不一,对档案损坏的过程和损坏程度不同,只有全面把握威胁档案安全的各种因素的特点、表现形式,工作才能有的放矢,有针对性地将各种因素对档案的破坏降至最小。可见,正确认识和全面把握档案的安全现状和破坏档案的各种因素,是对工作对象和工作先天影响因素的深入剖析,回答了"管什么""为什么管"的问题,是档案保管工作有效开展的前提。

2.提供档案保管的基本物质条件

档案安全、妥善的保管,离不开基本的物质条件。基本物质条件的好坏,直接影响着档案的寿命。良好的物质条件保证,有利于档案的长久保存;反之,恶劣的物质条件,直接危害着档案的安全。

确保档案妥善保管的基本物质条件包括档案库房、档案装具、档案保管的设备、档案包装材料等,这些条件要满足有利于档案长久保存的原则、规范和标准。不同载体的档案,如纸质档案、胶片档案、磁性载体档案、光盘档案、电子文件等材料和形成原理不同,影响其耐久性的因素不同。因此,在保管中档案库房、装具、设备等基本保管条件也存在较大的差异,尤其对于电子文件,如何在保管中确保其长期可读、可用,已成为档案保管工作的新内容。

3.制定和完善档案保管的各项制度和标准

制定关于档案保管工作的制度,有利于档案工作者和档案利用者规范自己的行为,明确在档案保管和利用过程中应该做什么、如何做,有何责任和义务,避免人为原因造成的对档案的损害,最大限度地保护档案。

档案保管工作标准有利于工作的规范化,有助于降低工作成本,减少工作中因人而异产生的对档案保管的变化,有利于为档案保管创造最佳的条件和环境。在档案保管工作中,从国家层面,到地方各级各类档案馆(室)应形成完整的档案保管工作制度和标准体系,以实现档案保管工作的标准化和规范化,维护档案的完整与安全。

4.做好日常的档案保管工作

日常档案保管工作从内容方面看,包括防盗、防水、防火、防潮、防尘、防鼠、防虫、防高温、防强光、防泄密等;从工作地点来看,包括档案库房中的保管和档案库房外的保管,在库房外的保管又可分为在流通传递中的保管和在利用中的保管。在库房中的保管,主要由档案工作人员来完成,而在库房外的保管,则需要档案工作人员和档案利用者共同来实现,因此,使利用者同样以"爱惜"的态度,科学合理地利用档案也是日常档案保管工作的重要内容。日常档案保管工作繁杂琐碎,但又是档案保管的基础性工作,因此,需要档案工作人员精益求精、细心、耐心地来实现。

5.开展有针对性的档案保护工作

采用专门的技术和方法对受损程度较大、有重要价值的或其他急需修复的档案进行保护,延长档案的寿命,这是档案保管工作的一项重要内容。

对档案产生破坏的种种因素中,虽然有些因素我们是难以控制的,但我们可以采取相应的保护措施,利用先进的技术,将损失降到最低。比如,通过纸质档案修裱技术能帮助一定程度破损的档案恢复原貌,已成为抢救档案的一项不可缺少的且具有中国特色的专门技术。这些专门的保护措施专业性较强、技术性较强,且细微细致,需要专门的人才,需要大量的财力、物力的保障,但它在延长档案寿命、保护人类文化历史遗产等方面发挥着重要的作用。因此,每个档案馆(室)在做好日常保管工作的同时,应根据馆藏状况,将有针对性地开展档案保护工作纳入档案保管工作的整体规划。

(四)档案保管工作的要求

档案保管工作的要求,具体而言有以下几个。

1.注重日常管理工作

在开展档案保管工作时,需要做好档案库房管理的日常管理工作,包括归档和接收的案卷及时入库;调阅完毕的案卷及时复位;定期进行案卷的清点和检查,发现问题及时处理。只要持之以恒地坚持严格的日常管理,就能保证库房内档案的良好状态。

2.重点与一般兼顾

档案的保管期限与其自身所具有的价值有着密切的关系,因而在开展档案保管工作时要遵循重点与一般兼顾的要求,对于单位的核心档案、重要立档单位的档案、需要长久保存的档案,应该加以重点保护,尽量延长档案的寿命。同时,对于一般性、短期保存的档案也要提供符合要求的保管条件,确保其在保管期限内的安全和便于利用。

3.预防为主,防治结合

在档案保管工作中,保护档案实体安全的方法概括起来主要有两类:一是如何预防档案实体损坏的方法;二是当环境不适宜档案保管要求时或当档案实体受到损坏后如何处置的方法。在归档或接收的档案中,实体处于"健康"状态的档案占绝大多数。因此,在档案保管工作中,积极"预防"档案受到各种不良因素的破坏是主动治本的方法。我们应该采取各种措施,确保这些档案的长期安全。同时,还应该通过加强日常管理和检查,及时发现档案实体出现的"病变"情况,以便于迅速地采取各种治理措施,阻断或消除破坏档案的有害因素,修复被损害的档案,使其"恢复健康"。预防为主,防治结合,才能全面保证档案实体的安全。

4.立足长远,保证当前

对档案进行保管,最为重要的一个目的便是方便党、国家以及相关单位对其进行利用。因此,在对档案进行保护时,必须充分考虑到档案的利用特别是未来问题,不可只关注眼前方便利用而危害未来的长远利用。也就是说,在进行档案保管时,必须遵循"立足长远,保证当前"的要求,以切实处理好档案的当前利用与长远利用的矛盾。

(五)档案保管工作的物质条件

档案保管工作的有效开展,必须要以一定的物质条件为支撑。档案保管工作的物质条件即档案保管所需的一切物质装备,具体包括以下几方面的内容。

1.档案库房

档案库房建筑是档案保管最基本的物质条件,是档案保管中长期起作用的因素,其质量直接影响档案保管中各项设备的采用与效果。为此,国家档案局制定了《档案馆建筑设计规范》,作为档案管理机构建设档案库房的标准。

在实际工作中,因受职能、规模、财力等因素的限制,各档案室(馆)在库房建筑配置上不可能完全一致,因此应该分情况解决。档案馆应该按照《档案馆建筑设计规范》的要求建造档案库房;档案室在档案库房的选址或建造上也应该尽量向《档案馆建筑设计规范》的要求靠拢。在无法达到其要求的情况下,也必须满足以下几方面的要求。

第一,档案库房要有足够的面积,开间大小要合适。

第二,库房必须专用,不能与办公室合用,也不能同时存放其他用品。

第三,档案库房必须是坚固的正规建筑物,临时性建筑不能作为档案库房。

第四,档案库房应该远离火源、水源和污染源,符合防火、防水、防潮、防光、防尘、隔热等基本要求。因此,全木质结构的房屋和一般的地下室均不宜作档案库房使用。

第五,档案库房的门窗应具有良好的封闭性。

2.档案包装材料

档案的包装是非常重要的,它既可以有效地防止光线、灰尘、有害气体对档案的直接危害,也可以减少管理过程中对档案的磨损。现在通用的国家标准的档案包装形式有三种。一是卷皮,它是包装文件的基本方式,分为软卷皮和硬卷皮两种。卷皮不仅是为了保护文件,同时它本身也是案卷的封面,对查找利用也是很方便的。二是卷盒。采用卷盒来保管案卷在目前是一种比较好的方法,它不仅能够防光、防尘和减少磨损,同时科学的卷盒也便于管理。但是制作卷盒费用比较大,因此,一般只对珍贵的档案用卷盒包装。三是包装纸,有些文件可以用比较结实的纸张把它包装起来,但这只是一种临时措施。

3.档案装具

档案装具是指用以存放档案的柜、架、箱,它们是档案室(馆)必需的基本设备。档案装具应该坚固耐用、存取方便、密封良好,并有利于防水、防火等,因此最好用金属材料制成。

目前的档案装具中,活动式密集架在有效利用库房空间、坚固、密闭方面具有较好的性能。活动式密集架平时各架柜合为一体,调卷时可以手动或自动分开,比常规固定架柜节省近2/3的库房面积。新建库房如果使用活动式密集架则可比使用常规固定架柜节省近1/3的建筑费用。但是,安装活动式密集架要求地面承重能力较大,还必须考虑整个建筑物的坚固程度以及使用年限等相关因素。

4.档案保管设备

档案保管设备是指在档案保管、保护工作中使用的机械、仪器、仪表、器具等技术设备,主要有空调机、去湿机、加湿器、温湿度测量及控制设备、报警器、灭火器、电脑、复印机、装订机等。

5.消耗品

消耗品是指用于档案保管工作的易耗低值物品,如防霉防虫药品、吸湿剂、各种表格及管理性的办公用品等。

档案库房、装具、设备、包装材料和消耗材料在档案保管工作中构成一个保护链条,共同发挥着为档案创造良好环境、防护档案免受侵害、维护档案完整和安全的作用。因此,档案室(馆)在开展档案保管工作时,应根据档案保管的整体要求和自身的情况,本着合理、有效、实用、节约的原则对这些物质条件进行配置。

第二节　档案鉴定工作的制度和组织

一、档案鉴定工作的制度

为了保证档案鉴定工作的质量和防止有意破坏档案,使档案的鉴定和销毁工作有组织、有监督地进行,必须建立和健全档案鉴定工作制度。通常而言,档案鉴定工作制度应包括以下几方面的内容。

(一)制定档案鉴定工作的标准

档案鉴定工作必须以一定的标准为依据。通常而言,档案鉴定工作要由党和国家及其档案行政管理机关制定统一的鉴定标准,各地区、各系统、各机关据以制定具体的鉴定标准。

比如,2006 年 12 月 18 日国家档案局发布的《机关文件材料归档范围和文书档案保管期限规定》(以下简称《规定》)所规定的文书档案保管期限划分标准就属于统一的标准,各机关应根据该《规定》,结合本机关职能和各部门工作实际,编制本机关的文件材料归档范围和文书档案保管期限表,经同级档案行政管理部门审查同意后执行。有垂直领导关系的中央、国家机关应依据该《规定》,结合本系统工作实际,编制本系统的文件材料归档范围和文书档案保管期限表,并经国家档案局审查同意后执行。各个机关或系统在编制本机关或本系统文件材料归档范围和文书档案保管期限表时,应全面分析和鉴别本机关(本系统)文件材料的现实作用和历史作用,准确界定文件材料的归档范围和划分档案保管期限。各个机关、团体、企业事业单位都必须根据规定的标准进行鉴定。

(二)建立档案鉴定工作的组织

在明确了档案鉴定工作的标准之后,就需要进一步有组织、有领导、有计划地开展档案鉴定工作。档案室和档案馆的档案鉴定工作,必须有组织、有领导地进行。按照《机关档案工作条例》和《档案馆工作通则》等文件规定,机关的档案鉴定工作,必须在机关办公厅(室)主任的主持下,由档案部门和有关业务部门组成鉴定小组共同进行,鉴定工作结束后,应提出工作报告。档案馆对无须继续保存的档案进行鉴定和处理须征求有关部门的意见,并经领导机关批准。

(三)制定销毁档案的批准制度和监销制度

《机关档案工作条例》和《档案馆工作通则》等文件规定,机关应定期对已超过保管期限的档案进行鉴定,鉴定工作结束以后,应提出工作报告,对确无保存价值的档案进行登记造册,经机关领导人批准后销毁。档案馆经过鉴定需要销毁的档案,必须报请主管领导机关的批准。销毁 1949 年以前的档案,同时还须报国家档案局。未经鉴定和批准,不得销毁任何档案。机关销毁档案,应指定两人负责监销,防止档案遗失和泄密,同时监销人要在销毁清册上签字。

在制定销毁档案的批准制度和监销制度时,还需要制定完整的档案销毁制度,具体包括以下几方面的内容。

1.编制档案销毁清册

档案销毁清册是登记经鉴定需要销毁档案的内容、成分、数量的表册；其作用是提供给有关领导人或有关领导机关对需要销毁的档案进行审查和批准，以及日后作为查考档案销毁情况的依据。

档案销毁清册封面的项目有全宗号、全宗名称、编制档案销毁清册单位名称、编制时间等。

档案销毁清册主表的项目有序号、年度、档号、案卷或文件题名、文件数量、原保管期限、销毁原因、鉴定时间、备注等。上述登记项目可以酌情增减，例如，整理过程中剔除销毁的档案，一般没有准确的档号，对其可取消"档号"项；又如，为了方便有关领导人或有关领导机关审查，可增加"档案保管期限表中的条款号"、"审查意见"等项目。

档案销毁清册一般是以全宗为单位编制，至少一式两份，一份留在档案室（馆），另一份送有关领导审查、批准；如果需要报送档案行政管理机关备案，则需一式三份。

2.编制立档单位和全宗简要说明

为了便于本单位领导人或主管领导机关了解待销毁档案的情况，做出正确的决定，档案室（馆）还需要编制立档单位和全宗简要说明。立档单位和全宗简要说明的内容包括立档单位和全宗历史概况、档案所属年代及其保管期限、销毁档案的数量及其内容、档案鉴定的概况和销毁档案的主要理由等。销毁档案的数量及其内容部分可以粗略地分类进行介绍。档案室（馆）应将立档单位和全宗简要说明与档案销毁清册一并向本单位领导人或主管领导机关送审。

3.销毁档案的方法

准备销毁的档案在未获批准之前应单独保管，以便审批时对其进行检查，或不批准销毁时恢复保存。准备予以销毁的档案经批准后，一般可将其送往造纸工厂作纸张原料。若档案室（馆）远离造纸厂或待销毁档案特别机密，则可采取自行焚毁的方式。

为保守党和国家的机密，严禁将需要销毁的档案作其他用途，更不允许作为废旧纸张、书刊出卖。

销毁档案无论采取何种方式，均须指派两人以上执行监销任务。档案监销人员在销毁现场监督，直至确认档案已经销毁完毕，然后在销毁清册上注明销毁方式、"已销毁"字样和销毁日期，并签字，以示负责。

对于已经获批准确定销毁的档案，为慎重起见，不必立即执行销毁，可以"暂缓执行"，搁置一段时间，经审查没有发现问题后再实施销毁。

二、档案鉴定工作的组织

就当前来说，档案鉴定工作的组织主要有两类，即档案鉴定小组和档案鉴定委员会。

（一）档案鉴定小组

档案鉴定小组是现行单位的档案鉴定工作组织，现行单位一般由机关档案室会同文书处理部门、有关业务部门人员和部门领导或分管领导共同组成"档案鉴定小组"负责档案的鉴定工作。其具体职责有以下几个。

第一，讨论和制订档案鉴定计划和具体的档案鉴定标准，如本单位的《档案保管期限表》。

第二，实施组织和具体操作本单位的档案鉴定工作，并就档案鉴定工作中遇到的疑难问题做出决断。

第三，评议档案鉴定结果并提出评估意见，并为单位领导最后审批鉴定报告提供依据。

（二）档案鉴定委员会

档案鉴定委员会是档案馆的档案鉴定工作组织，一般由档案馆馆长、馆内有关业务人员、同级档案行政管理机构相关人员共同组成，在具体鉴定某一部分档案时，还应邀请有关单位的人员参加。由于档案馆保存的档案大多都是经过鉴定的，因此，档案馆的鉴定工作一般主要表现为对需要永久保存的档案加以复审，对保管期限已满的档案进行销毁鉴定，具体审查销毁清册，并对档案的存毁做出决定。但是，档案馆内往往也保存有一些以前没有经过鉴定的文件，对这些文件的鉴定往往需要档案鉴定委员会领导和监督有关鉴定事项的正常进行。

第三节　档案保管期限表

为了保证档案鉴定工作的质量、提高档案鉴定工作的效率、保证档案鉴定工作的顺利进行，必须编制档案管理的指导性文件，档案保管期限表便是其中一种形式。

一、档案保管期限表的含义

所谓档案保管期限表，就是借助于表册的形式对档案的相关内容（如档案的内容、档案的保存期限等）进行呈现的文件。各档案馆（室）在对档案的价值及其保存期限进行确定时，都需要依据档案保管期限表。

二、档案保管期限表的作用

档案保管期限表的作用，具体来说有以下几个。

第一，借助于档案保管期限表，档案鉴定工作者能够更好地开展工作。在档案保管期限表的指导下，档案鉴定工作者对于档案鉴定工作的依据与标准能够形成统一认知，这对于保证档案价值鉴定的准确性具有重要的作用，同时也能够有效避免档案鉴定工作人员因观点不同而出现争执现象，继而有效提高档案鉴定工作的效率。

第二，档案保管期限表能够帮助单位档案部门对档案的保管期限进行确定。

第三，档案保管期限表上具体规定何种档案必须保存，何种档案应该销毁。在这一规定的指导下，能够有效避免档案被错误销毁，继而确保档案的完整和安全。

三、档案保管期限表的类型

目前，我国的档案保管期限表有如下五种类型。

（一）通用档案保管期限表

通用档案保管期限表是由国家档案行政管理机关编制的，供全国各类单位鉴定档案时通用的保管期限表。2006 年国家档案局发布的《文书档案保管期限表》就属于这种类型。

通用档案保管期限表的特点是：第一，通用性，即该表可供全国各类机关、团体、企事业单位使用；第二，依据性，即各类单位和系统可以根据通用档案保管期限表的原则，结合自身的具体情况，制定各自范围内的档案保管期限表。应该注意的是各单位、系统制定自己的档案保管期限表时，其中各个条款的保管期限应该相当于或略长于"通用表"中相应条款的保管期限，而不能任意缩短。

（二）专门档案保管期限表

专门档案保管期限表是由国家档案行政管理机关会同有关主管部门编制的，供各机关、团体、企业、事业单位鉴定专门档案时使用的档案保管期限表。1998 年财政部和国家档案局联合颁发的《财政总预算、行政单位、事业单位和税收会计档案保管期限表》就属于这种类型。该表供全国各级财政机关、行政机关、团体、企业、事业单位鉴定会计档案时使用。

（三）同系统机关档案保管期限表

同系统机关档案保管期限表是由主管领导机关编制，供同一个系统内各单位鉴定档案价值时使用的档案保管期限表。这种档案保管期限表须经本部门领导人批准后执行，并报送国家档案局备案，此外，还要抄送各省、自治区、直辖市档案局。交通运输部制定的《交通文件材料保管期限表》就属于这一类型。

（四）同类型机关档案保管期限表

同类型机关档案保管期限表是由档案行政管理机关或主管领导机关编制，供同类型机关如学校、医院、政府机关等鉴定档案价值时使用。

（五）机关档案保管期限表

机关档案保管期限表是由各机关自行编制，供本机关鉴定档案价值时使用的档案保管期限表。《××市教委文书档案保管期限表》《××大学文书档案保管期限表》均属这种类型。

四、档案保管期限表的结构

档案保管期限表一般由顺序号、条款、保管期限、附注以及说明等部分组成；其中条款和保管期限是最基本的项目。

（一）顺序号

顺序号是档案保管期限表的各条款经系统排列后，在各条款前统一编排的号码。编制顺序号的目的是固定条款位置。顺序号还可作为引用档案保管期限表条款的代号。

（二）条款

条款是一组类型相同的文件的名称或标题，如"本单位召开会议的文件材料"、"本单位召开的工作会议和重要的专业会议文件材料"等。拟制条款的一般要求是反映出同一组文件的来源、内容和形式。条款可以指出具体的作者、问题和文种，也可以概括出其类型，如"省直属各局"、"领导性文件"、"各学校"、"报表"等。条款在结构上并不绝对要求文件的来源、内容、形式三者齐全,而应该根据档案保管期限表的适用范围、各种文件的特点及价值作适当调整。

必要时,条款中应指明文件的用途和可靠程度。用途是指执行、批准、备案、参考等;可靠程度是指草稿、定稿、正本、副本等。

档案保管期限表的条款排列有分类排列和不分类排列两种形式。条款的分类就是将条款按照一定的方法分门别类,以便于鉴定人员查找使用。档案保管期限表的条款可以按照内容、来源或形式分类,其类别的设置根据档案的具体情况决定。例如:

《财政总预算、行政单位、事业单位和税收会计档案保管期限表》中将档案分为会计凭证类、会计账簿类、财务报告类、其他类四个类别,十分便于查找。也有的档案保管期限表由于条款少或内容不易划分而不设置类别。在不设置类别的档案保管期限表中,条款的排列应有一定的逻辑顺序,以便查阅。例如:国家档案局发布的《文书档案保管期限表》中的条款没有分类,而是按照"会议文件"、"上级机关文件"、"本级机关文件"、"同级机关文件"、"下级机关文件"的顺序排列的。

(三)保管期限

保管期限是根据各类文件的保存价值所确定的保管年限,列于每一条款之后。根据2006年12月18日国家档案局发布的《机关文件材料归档范围和文书档案保管期限规定》,机关文书档案的保管期限分为永久、定期两种。定期一般分为30年、10年。

1.永久保管的档案

凡是反映单位主要职能活动和基本面貌的,对本单位、国家建设和历史研究有长远利用价值的文件材料,列为永久保管。

永久保管的文件主要包括:本机关制定的法规政策性文件材料;本机关召开重要会议、举办重大活动等形成的主要文件材料;本机关在职能活动中形成的重要业务文件材料;本机关关于重要问题的请示与上级机关的批复、批示,重要的报告、总结、综合统计报表等;本机关机构演变、人事任免等文件材料;本机关房屋买卖、土地征用,重要的合同协议、资产登记等凭证性文件材料;上级机关制发的属于本机关主管业务的重要文件材料;同级机关、下级机关关于重要业务问题的来函、请示与本机关的复函、批复等文件材料。

2.定期保管的档案

定期保管的档案主要包括:本机关职能活动中形成的一般性业务文件材料;本机关召开会议、举办活动等形成的一般性文件材料;本机关人事管理工作形成的一般性文件材料;本机关一般性事务管理文件材料;本机关关于一般性问题的请示与上级机关的批复、批示,一般性工作报告、总结、统计报表等;上级机关制发的属于本机关主管业务的一般性文件材料;上级机关和同级机关制发的非本机关主管业务但要贯彻执行的文件材料;同级机关、下级机关关于一般性业务问题的来函、请示与本机关的复函、批复等文件材料;下级机关报送的年度或年度以上计划、总结、统计、重要专题报告等文件材料。

（四）附注

附注是在条款之后对条款及其保管期限所做的必要的注解或说明。例如：对条款中"重要的"和"一般的"可以进行注释；一些经济合同、协议书、借据等文件的保管期限，往往从有效期满后计算，因此，可以在保管期限后注明"失效后"的字样。

（五）说明

在说明中应该指出：档案保管期限表的适用范围，制定档案保管期限表的依据，保管期限表的结构，保管期限的计算方法，以及其他应该说明的问题。

五、档案保管期限表的编制

在对档案保管期限表进行编制时，需要做好以下几方面的工作。

（一）准备工作

在编制档案保管期限表之前，必须对机关的具体情况（如机关的地位、职能、任务等）以及机关之前所制定文件的相关状况（如文件的种类、数量、利用情况等）进行详细考察。在对机关之前所制定文件的相关状况进行考察时，往往可以借助于立卷类目、案卷目录等材料。

在对通用的、专门的、同系统机关和同类型机关的档案保管期限表进行制定时，不能仅仅对个别机关及其文件制定情况进行考察，而是需要对若干具有代表性的机关及其文件制定情况进行综合考量，总结出带有共性、规律性的认识。

（二）起草工作

在对机关的自身情况及其文件制定情况进行了充分了解与研究后，便可以起草档案保管期限表了。在这一过程中，需要对档案保管期限表的结构体系、格式以及内容进行明确。如果档案保管期限表的条款较多，为了将条款加以分类，在拟写条款之前还应考虑和拟出条款的分类方案，使所拟条款符合分类的体系。

（三）征求意见和修正草案

档案保管期限表的草案编成后，应分送各单位征求意见，经修正的草案，须送领导审查批准。一些比较小型的机关，由于产生文件较少，文书工作与档案工作往往集中由一个单位或一人来进行，也可把机关档案保管期限表与机关文件立卷用的立卷类目合编，在立卷类目的每一条款下指明其保管期限。

第四节　档案的库房管理

档案库房是保护档案的最基本的物质条件，库房管理是档案保管工作的主要内容，只有做好经常性的库房管理工作，才能为整个档案工作的进行创造必要的条件。

一、进出库制度

档案库房是保存档案的重要场所，因此必须对进出库房的人员及其进出的方式、时间、要求进行必要的限制并做出专门的规定。一般情况下,档案库房只允许档案库房管理的专门人员进入,非管理人员原则上不允许进入。即使是专门的管理人员进出库房,也必须有相应的限制性规定。如在库房内部允许从事与库房管理工作无关的其他活动,不允许在库房内吸烟、喝水、吃东西等,库房无人时必须关灯、关窗、上锁等。

二、库房温湿度控制

库房内的温湿度是直接影响档案寿命的环境因素。较为适宜的库房温度应为 14℃~24℃,±2℃;相对湿度应为 45%~60%,±5%,母片库适宜的温度在 13℃~15℃,相对湿度为35%~45%。为了科学库房温湿度,应配备精确、可靠的温湿度测量仪器和自动调控设备。

三、做好档案的各类预防工作

(一)防火

档案的制成材料是易燃物品,一旦发生火灾,造成的损失将是难以估量的。因此,在开展档案的库房管理工作时,档案工作部门必须建立防火制度,做好档案的防火工作。具体而言,档案工作部门可从以下几方面着手来开展档案的防火工作。

第一,实行防火责任制,加强消防安全检查,消除一切发生火灾的可能性。

第二,建立健全管理制度,库房内严禁吸烟,严禁明火取暖,库房周围严禁堆放易燃物品。

第三,配备充足的灭火设备,做好灭火的准备。

第四,要提前拟定档案抢救方案与措施。

(二)防盗

档案是党和国家的文化财富,一旦失窃,不但档案受损失,甚至机密泄露,将会给国家造成重大危害。因此,做好档案的防盗工作,是一项十分重要的工作。从某种意义上说,它比防治档案的自然损毁更重要。档案工作部门应采取一定的防盗措施,防止档案失窃。常用的防盗措施有以下几个。

第一,加强档案工作人员的防盗教育,增强他们的防盗意识。

第二,底层库房门窗安装防盗门、防盗窗(网)。

第三,尽量安装防盗报警装置,对借阅档案的人员进行监督检查。

第四,非库房管理人员未经批准,不得随便进入库房,同时对这类人员进出库房要严格登记检查。

第五,珍贵的、绝密的档案应放入保险柜,在专门地点保存。

第六,档案出入库房,应进行仔细的清点和登记,防止抽掉档案和篡改档案内容。

(三)防光

光(包括太阳光和人造光)对档案文件的破坏作用很大,其中破坏作用最大的是太阳光,尤其是太阳光中的紫外线。太阳光能破坏档案纸张,使档案纸张断裂、发脆,同时会加速纸张的氧化反应,使纸张变脆,失去耐久性;还会加速墨水、复写纸、圆珠笔迹、油墨等有机染料字迹褪色。因此,做好库房的防光工作,是延长档案寿命的重要工作之一。

在库房管理中,常用的防光措施有以下几个。

第一,在库房窗子上,采用遮阳板等遮挡阳光,以减少太阳光对档案的破坏。同时,可在窗户内侧挂窗帘、安装百叶窗、在玻璃上涂刷紫外线吸收剂,以减少紫外光的进入。

第二,档案应放在柜子里、卷盒里,不要放在靠窗的阳光处。

第三,禁止在阳光下阅读文件,特别是珍贵文件。

第四,陈列文件用复制件,不用原件。

第五,当大量文件受潮而又无其他办法救急,必须放在室外吹凉时,切忌放在阳光下曝晒。

第六,库房内使用人造光源时,应使用白炽灯(普遍钨丝灯泡),不使用日光灯。因为日光灯紫外线含量比白炽灯高,并且日光灯装有整流器也对安全不利。

(四)防尘

灰尘也会对档案造成一定的损害,因而档案工作部门必须做好档案的防尘工作。为此,库房及装具必须有良好的密封性;可配备吸尘器,加密封门或过渡门,安装空气过滤器,防止灰尘和有害气体进库;搞好库房及装具卫生;加强库房周边的绿化,及时排除污染源等。

(五)防虫

档案害虫对档案的危害非常大。轻者蛀蚀成洞,重者使档案成为碎片,失去利用价值。因此,应采取有效措施,防治档案害虫。常用的防虫措施有以下几个。

第一,档案入库时要对其进行灭菌消毒,并要在库房内放置防虫药品。

第二,破坏档案害虫的生态环境,防止档案害虫的生长繁殖。比如,控制库房的温湿度,做好库房的清洁卫生工作,定期对档案库房进行消毒,定期对档案进行翻阅检查,在档案架(柜)的适当位置放置樟脑等驱虫剂等。

第三,一旦发现档案中有害虫时,若档案中只有少量害虫,可以把档案竖起来,用手轻轻拍动,使害虫掉下,消灭即可;若档案中有大量害虫,可用磷化铝片剂对库房进行熏蒸来杀虫,也可采用低温冷冻法进行杀虫。对于档案架(柜)上的害虫,可在架(柜)上放敌敌畏或灭虫灵来杀虫。

除此之外,还需要做好防水工作,档案的库房应建在地势较高、有利于防洪的位置,同时库房内及附近不能有水源;防潮工作,每天测量库房湿度,发现湿度过高时及时调整;防霉工作,定期检查档案文件,防止防霉药品,发现有霉变迹象及时通风等。

四、做好库房卫生工作

档案库房卫生工作是库房管理中一项经常性工作。库房卫生搞得好,不仅可以为档案的保存提供一个整洁的环境,同时也可以防止有害生物的产生。

(一)库房卫生工作的要求

库房卫生工作的要求,具体来说有以下几个。

第一，四壁、天花板、地面清洁无尘、光洁明亮。

第二，档案装具无土无尘。

第三，库内器具物品放置有序。

第四，库房内不得堆放与库房管理无关的杂物。

（二）库房卫生工作的开展途径

为保证库房卫生，应做到以下几点。

第一，经常打扫库房卫生，擦去墙壁、地面、天花板等处的浮土浮尘。

第二，对档案装具及全库进行定期消毒，以免害虫滋生。

第三，对于新增添的装具、将入库的档案，入库前必须进行擦洗、除尘和消毒。

第四，管理人员入库应穿工作服、换鞋。非库房管理人员禁止入库，尽量少接待和不接待库房参观。

第五，库房周围不应有污水沟、污物堆放处，否则会影响库内卫生。

五、做好库房的保卫保密工作

档案是党和国家的文化财富，其中许多是有机密性的，因此，做好库房保卫保密工作是极其重要的。在开展这项工作时，可具体从以下几方面着手。

第一，库房管理人员首先应做好防盗，必须堵塞一切可能失窃的漏洞。库房管理人员和值班人员必须恪尽职守，严防任何盗窃和破坏事件的发生。

第二，非库房管理人员未经批准，不得随便入库。进入机密库房时，应严格执行出入库房制度。

第三，珍贵的绝密档案应放入保险柜，在专门的地点保存。

第四，出入库房的档案，应进行仔细的清点和登记。

第五，要杜绝一切失密的可能，管理人员非因工作不得谈论档案内容。

六、营造良好的库房外部环境

营造良好的库房外部环境，最为关键的是有效控制库房的温湿度。

（一）控制库房温湿度的重要性

库房空气温湿度是影响档案寿命的诸因素中最重要的因素之一，因此必须加强对档案库房温湿度的控制。不适宜的温湿度，不仅直接影响档案材料的耐久性，而且还会加速其他一切不利因素对档案材料的破坏作用。如果库房温度过高，会使纸张纤维素发生水解反应，使纸张干燥发脆，强度降低，高温还会使耐热性较差的字迹记录材料（如复写、圆珠笔记录）发生油渗扩散现象，使字迹模糊不清，无法阅读。同时，高温也有利于害虫、霉菌的生长繁殖。温度过低，会使纸张中的水分结冰，影响纸张的耐久性。

库房潮湿，纸张中的纤维从空气中吸收水分，使档案纸张变潮，在其他因素的作用下，就会使纤维素水解过程加快,从而影响纸张的强度。同时,库房潮湿会使耐久性较差的纯蓝墨水、红墨水等字迹材料逐渐发生扩散甚至褪色现象。潮湿还有利于档案有害生物的生长与繁殖,会促进空气中有害气体、灰尘、光线等不利因素对档案材料的破坏作用。库房湿度过低,会使纸张中的纤维变干、变硬、变脆,纸张强度下降。

如果库房温度忽高忽低,湿度忽大忽小,同样会使纸张纤维热胀冷缩变化太快、吸潮放湿太频繁而导致纸张强度受损。可见,库房温度过高过低或忽高忽低,湿度过大过小或忽大忽小,都会影响档案材料的耐久性。因此,将档案库房温湿度控制在一定范围内,对于改善档案的保管条件,延长档案的寿命是十分重要的。

(二)控制库房温湿度的方法

当档案库房的温湿度指标超出规定的范围时,就应采取一定的措施,改变库房的温湿度,将库房的温湿度控制在适宜的范围内,常用的方法有以下两个。

1.密闭

密闭就是将库房或特定的空间范围尽可能地封闭起来,以防止库外不适宜的温湿度对库内发生影响,以达到延长档案寿命的目的。密闭是一种比较简单的控制库内温湿度的方法。具体方法有门窗密闭和档案装具密闭两种。

2.通风

通风即根据空气流动的规律,有计划地使库内外的空气进行交换,以达到调节库内空气温湿度的目的。

通风的方式有自然通风和机械通风两种。其中,自然通风是利用库房内外空气的温度差和气压差进行通风换气。库房内外温度差和气压差越大,通风效果越好。但风力过大,空气中含尘量增加,此时通风,不利于档案库房的防尘。因此,通风时库外风力以不超过三级为好。自然通风不需要动力投资,也不存在噪声问题。所以,它是一种经济有效的通风方法,但受气象条件限制,故有一定的局限性。机械通风是指借助机械力量,使库房内外空气进行交换,以达到较高、较快的通风要求。

机械通风种类很多,最简单的一种是在库房通风口上安装通风机,条件允许的单位,可安装空气调节设备进行通风。机械通风不受气象条件限制,通风速度快、效果好,但需要一定的动力,投资较高。

不论采用何种方式通风,都应注意以下两点:一是通风时,要不断注意库内外温湿度的变化,测得准确数值,作为判断能否通风的依据。如果通风已达到目的,应停止通风并密闭库房,以保持通风效果能稳定一个较长时间。二是如果利用自然条件通风,还要注意库房外的风力和风向。库房内外温差太大,风力太大或风中吹来有害气体,此时库房不宜进行通风。

七、库房的编号

拥有多间或多幢档案库房的档案室(馆),应对库房统一编号,以便于管理。档案库房编号有两种方法:一种是为所有的库房编统一的顺序号,这种方法适用于库房较少的档案室(馆);

另一种是根据库房的所在方位及库房建筑的特征进行编号,如"东一楼"、"红三楼"等。楼房内的库房自下而上分层编号,每层的房间从楼梯入口处自左至右顺序编号;平房应先分院或排,然后从左至右统一按顺序编号。

八、档案装具的排列和编号

库房中档案装具应排列有序,不同规格、不同式样的档案架、柜、箱应该分开排列,做到整齐划一。

如果是有窗库房,档案装具应与窗户呈垂直走向排列,以避免强烈光线直射;对于无窗库房,档案装具的排列也要注意有利于库房的通风。

档案装具的排放应注意最大限度地利用库房的空间,同时,也要宽度适宜,以便于档案的取放和搬运。一般情况下,档案装具之间的通道宽度应便于档案管理人员的工作与小型档案搬运工具的通行。在排放档案装具时应注意其不要紧贴墙壁。

为了便于对库房内档案的管理,所有档案装具应统一编号。一般的编号方法是:自库房门口起,从左至右、自上而下依次编档案装具的排号、柜架号—格层号(箱号),其号码采用阿拉伯数字。

九、档案的存放顺序和方式

在库房,档案是以全宗为单位进行排列的。所谓档案按照全宗进行排列,并不是说在任何情况下各种不同类型的档案都必须存放在一起。一些特殊类型的档案,如照片、影片、录音、录像档案,会计档案,以及科技档案等,应该分别保管。为了保持文件之间的历史联系,应该在案卷目录、全宗指南等检索工具中说明属于同一全宗、因类型不同而分别保存的档案的保管情况,并在全宗末尾放置全宗保管位置参见卡,指明存放地点。

入库全宗应按照档案进馆的先后顺序排列。全宗的位置确定后,就可以组织档案上架。档案上架的次序应按照档案架、柜、箱以及栏、格的编号顺序进行。

纸质档案在装具中的存放方式有竖放和平放两种。竖放时案卷的脊背朝外,管理人员可以直接看到卷脊上的档号,调卷方便。因此,目前较多的档案室(馆)采用竖放方式。平放比竖放有利于保护档案,其空间利用率也较大。但是,平放方式的缺点是不便于查看卷脊上的信息,存取也不太方便。因此,这种方式多用于保管珍贵档案,以及卷皮质地比较柔软、幅面过大、不宜竖放的档案。同时,采用平放方式应注意适当控制档案叠放的高度。

十、档案存放秩序的管理

在档案进入库房、排放于装具上之后,就开始了档案实体的保管阶段。在这个阶段中,档案存放秩序的日常管理和维护是一项基础性工作,其使用的工具和方法主要有以下几个。

(一)档案存放位置索引

档案存放位置索引是以表册或卡片的形式,记录档案在库房及装具中存放位置的一种引导性管理工具;其作用是指引档案管理人员准确无误地调取、归还案卷,以及进行其他项目的管理工作。由于档案存放位置索引能够清晰地反映各个全宗、案卷的存址,因此,它在档案室(馆)档案的迁移中具有更为突出的引导和控制作用。

档案存放位置索引分为如下两种体例。

1.指明档案存放处所的存放位置索引

这种索引是以全宗及各类档案为单位编制的,指明它们存放于哪些库房及装具中。

2.指明各档案库房保管档案情况的存放位置索引

这种索引是以档案库房和架、柜、箱为单位编制的,指明在哪些库房和装具中存放了哪些档案。

档案存放位置索引还可以制作成大型图表,张贴于办公室或库房入口的醒目之处,以方便管理人员使用。

(二)装具所存档案标识牌

装具所存档案标识牌是在每一列、每一件、每一层(格、箱)装具表面醒目处设置的标牌,以标明每一个档案架、柜、箱中所存放档案的起止档号,以便检查和调还档案。

十一、档案安全检查

(一)定期检查

定期检查一般一季度或一个月一次。对档案定期检查是档案保管工作中的重要工作之一。检查内容包括执行法规情况,库房安全设施情况,照明线路情况,有无丢失、损坏、泄密、虫蛀、鼠咬、污染情况等等。

(二)不定期检查

不定期检查主要是按档案保管要求进行不定期的全面检查或个别项目检查等。

档案安全定期检查和不定期检查中发现的各种问题,要及时予以解决。检查和落实情况要做好记录。

第五节　档案利用过程的保护

一、档案在利用过程中的维护与保护制度

(一)档案使用的登记和交接制度

档案无论因何原因被使用,我们都必须对调卷、还卷及交接行为实行严格的登记和交接手续。例如:档案出入库时、与使用者交接档案时,等等,其档案的数量必须准确,签收手续必须清楚、细致、严格。

(二)档案使用行为的管理与限制制度

档案使用行为的管理与限制制度的内容应包括档案使用行为的方式及所应防止的不良

现象。

在使用档案时,我们应制止的行为包括:不允许使用档案的人员在使用档案时吸烟、喝水、吃食物;不允许在档案上勾画、涂抹;更不允许有撕损、剪切等破坏档案的行为。档案在库房外未被使用时,不允许长时间摊放在桌子上,而应及时放入专用的柜子里锁好;不允许擅自将档案带离规定的使用场所;档案利用者之间未经允许不得私自交换阅览其他人借阅的档案;未经允许,任何人不得擅自拍照、记录、复印档案;经过批准进行的拍照、复印等行为,应以不损坏档案的理化状态为前提;无论是档案管理人员还是档案利用者,每次使用档案的数量、使用的时间长短都应有一定的限制。同时,对于损毁档案的行为要有严格的惩罚规定。

二、档案在利用过程中的维护与保护方法

(一)数量与顺序的控制

无论是档案管理机构内部使用还是外部利用档案,当所需使用的档案数量较大时,我们应按制度规定分批定量提供,并且应该要求档案使用者在使用过程中和交还档案时保持其排列秩序,以免发生错乱。

(二)对档案利用行为的现场监督与检查

凡外部利用者利用档案,档案管理部门应在利用现场配备工作人员实行监督,并随时检查利用者的利用行为,发现问题及时指出并予以纠正。有条件的档案室(馆),可配备闭路电视监控系统。

(三)档案利用方式及利用场所的限制

档案的利用以现场阅览为基本方式,经允许的拍照或复印工作原则上应由档案工作人员承担。档案利用场所应为集中式的大阅览室,一般不为利用者安排单独的阅读房间,以免发生意外。

(四)对重要档案的保护性措施

对于重要的珍贵档案,我们应实施重点保护,其保护措施有:严格限制利用;即使提供利用,一般也不提供原件,而是提供缩微品或复印件;利用中要特别注意监护,必要时可责成专人始终监护利用。对重要档案的复制也应比一般档案有更严格的限制和保护性措施。

三、档案应急抢救措施

档案应急抢救措施是单位为了保证档案在突发人为或自然灾害事故发生时获得及时救护,最大限度避免损失而编制的预案及所做的准备工作。尽管现在许多单位已经具备了现代化的档案管理条件,但是仍然需要在强化安全意识和管理措施的前提下,做好应急准备,确保各类档案,特别是重要档案的安全防护工作。2008 年 8 月,国家档案局等单位发布了《档案工作突发事件应急处置管理办法》指出:突发事件应急处置工作应贯彻统一领导、分级负责、及时反映、果断决策、合作互助的原则,应建立严格的突发事件防范和应急处置责任制,制定相关工

作预案,切实履行各自职责,保证突发事件应急处置工作有序进行。档案应急抢救措施主要包括如下内容:

(一)编制档案应急抢救预案

各单位应针对可能发生的灾害,如水灾、火险、塌方、盗窃等编制突发事件应急处置预案,其中应对档案进行抢救分级,以便在非常紧急的情况下保证单位永久保存档案的完整安全。《档案工作突发事件应急处置管理办法》提出预案的主要内容如下:

1.编制和实施预案的有关危机情况和背景。

2.应急处置工作的目标、要求和具体措施。

3.应急指挥机构的建立及其人员组成,应急处置工作队伍的数量、分工、联络方式、职能及调用方案。

4.有关协调机构、咨询机构及能够提供援助的机构、人员及其联系方式。

5.抢救档案的顺序及其具体位置,库房常用及备用钥匙、重要检索工具的位置和管理人员。

6.档案库房所在建筑供水、供电开关及档案库区、重点部位的位置等。

7.向当地党委和政府、有关主管机关和上级档案行政管理部门报告的联系方式。

8.其他预防突发事件、救灾应注意事项。

(二)落实档案应急抢救预案的各项要求

各单位应在组织、人员、设备、环境等方面提供切实的保障落实预案的各项措施,使之面对突发灾害性事件发生时,有效地发挥阻挡灾害蔓延,保护档案安全的作用。同时,必须通过宣传、培训、模拟演习等方式,强化人员的安全防范意识,并使相关人员学会紧急情况发生时的应对方法,保证预案的可行性和有效性。

首先,单位应该编制档案应急抢救预案,针对可能发生的灾害如水灾、火灾、塌方、盗窃等设计防范和抢救措施,其中应对档案进行抢救分级,以便在非常紧急的情况下保证单位永久保存档案的完整安全。

其次,单位应该落实档案应急抢救预案的要求,在组织、人员、设备、环境等方面提供切实的保障;同时,还要通过预拟演习使相关人员学会紧急情况发生时的应对方法,保证预案的可行性和有效性。

第七章　档案统计与检索

第一节　档案统计与检索工作的内涵

一、档案统计工作的内涵

(一)档案检索的含义

档案检索就是把档案内容和形式特征的各种线索,存贮于各种检索工具之中,并根据某一(或几种)特征,在特定集合中识别、选择与获取相关档案数据或文献的过程。档案检索工作的内容,一方面要对档案的内容和形式进行分析、选择和记录,并按照一定原理编排出各种检索工具;另一方面是根据需要,通过检索工具,帮助利用者了解和查找所需要的档案信息。档案检索是提供档案利用服务的先期工作,是有效提高档案管理水平的重要手段。

档案检索研究有利于优化档案检索的方式方法,推动档案检索工具和技术的改进,促进档案资源的利用和共享,提高档案管理和服务水平,进而提升档案工作乃至档案学科的影响力。

档案检索研究的主要内容有档案检索原理与技术研究,具体包括档案检索的内容和意义研究,档案检索工具的职能、种类、编制原则与方法研究,档案检索的途径与形式研究,档案检索语言研究,档案的著录与标引研究等。

国内有学者对档案检索研究论文进行文献调研,分析了我国档案检索研究在年度、作者、主题、机构及期刊等方面的情况,认为呈现研究主体多元化、合作趋势进一步加强的态势,而在绝对数量上与档案学其他领域的研究还存在着一定的差距,相关研究较为活跃的机构主要为高校和公共档案馆,并列出了部分理论性和指导性较强的专著,如张琪玉主编的《档案信息检索》和冯惠玲主编的《档案文献检索》。

相关研究中,对检索工具和技术的关注是热点和重点,如国内有的学者探讨了档案检索工具的作用、职能、种类和发展趋势;而另一学者对档案检索利用技术进行研究,探讨了文本(文书)档案、图片档案、音频档案、视频档案的查询手段,以及提高查全率和查准率的具体举措。

由于档案检索在原理与方法上大量借鉴和吸收了情报、图书检索的研究成果,因而有学者认为,我国档案检索研究存在学科生态因子劣化、学科生态位重叠和学科适合度偏低等问题,具体表现为学科队伍结构失调、学科理论水平不够、学科体系十分单薄、学科创新动力缺失、学科整合能力欠佳,并提出档案检索学科要想获得更大发展,必须着眼于学科生态位的优化,同时应全方位审视、调整与其他学科的生态位关系。

对网络的关注是今后档案检索研究的发展倾向,近两年来逐步升温,如某一学者探讨了搜索引擎与档案计算机检索系统在档案信息检索中的作用与关系;另外一名学者对网络时代档案检索研究发展进行了有益的探讨,在分析动因的基础上,从研究方法、学科体系、学科内容及研究范式等方面探究创新的内涵,并提出了具体建议。

(二)档案统计工作的对象

档案统计工作的对象涉及档案、档案管理和档案事业的所有方面,凡是档案事业领域内可进行量的描述与量化研究的现象,都可以纳入档案统计工作的范畴。

档案统计工作是一般统计方法与技术应用于档案工作的过程,它具有统计工作与档案工作的双重性质。正因如此,档案统计工作具有统计工作规范化、科学化、制度化和体系化的基本特征。

(三)档案统计工作的基本要求

档案统计工作除了要遵守一般统计工作的基本原则,比如保证工作的真实性、科学化、规范化等之外,还要符合以下几个比较专业的要求。

1.选择恰当的统计对象

一般而言,档案统计对象的选择要考虑一些因素,要对其进行统计工作的对象必须能够非常恰当地将档案工作整体情况的基本方面和关键因素反映出来。比如档案、档案相关工作人员以及档案工作机构的数量、质量、状态和变化趋势等。

2.设置合理的统计指标

在档案统计工作开展的过程中,在设置统计指标和选择统计方法的时候,要注意它们能够对档案和档案工作各个方面的情况进行非常精确的描述。比如,在档案数量的计量单位的使用上,除了可以使用传统的"卷",还可以有更灵活的选择,例如可以表达排架长度的"米",这样可以将档案的空间占有状态非常清楚地反映出来;在对档案利用情况的统计上,除了可以统计所利用档案的绝对数量,还可以对其相对数量进行统计。

(四)档案统计工作的步骤

档案统计工作的步骤可以分为以下四个阶段。

1.统计设计

统计设计在档案统计工作中属于前期的一个准备阶段,在这个阶段,主要的工作是对统计工作的总体目标、具体任务、具体进程和具体方法等进行总的规划。统计设计阶段的主要作用是对于相关的问题给予非常明确的规定,只有这样,才能够保证后续的统计工作顺利进行。

2.统计调查

在统计调查工作这个阶段,基本任务是尽可能多地获取各种原始数据,其主要采用的调查手段就是利用各种不同的调查表。统计调查有不同的类型,根据统计工作任务的不同,可以将其分为综合性调查和专门调查。

第一种是综合性调查。综合性调查是统计调查的一种基本方式,其主体是国家统计机关和专业主管机关,属于国家统计工作制度的一项主要内容。综合性统计调查的表现形式是统计报表;它是带有强制执行性质的官方文件,要求各单位和个人以原始记录为依据,按照规定的格式、统一的计算方法和期限填报。

目前,在档案工作中,各级各类档案工作机构按照统一的规定向上级报送的统计报表主要有"中央国家机关、人民团体档案工作情况表"、"档案馆基本情况表"和"档案机构、人员基本情况表",它们是档案统计工作中最基本、最经常的一种形式。

第二种是专门调查。专门调查指的是因为某一个特定需求而进行的专题性质的调查活动。相对于综合性调查而言,专门调查不管是在调查的组织者、调查的规模方面,还是在调查对象和调查方式方面都有更为多种多样的选择。

上述几种专门调查的类型具有不同的功能,在实际工作中究竟采取哪种方式,应根据统计工作的目的、具体任务以及统计对象的特点确定。

3.统计整理

统计整理就是要对经由调查统计所获得的原始数据进行诸如分类、审核和计算等处理,使其变得条理有序。统计调查的主要目的是为下一个阶段的进行提供较为规范、系统的数据。一般而言,统计整理的方法有以下两种。

第一种是统计分组。统计分组就是要对统计对象和与其有关的数据进行有效分类,然后根据已有的分类在每一个类别里按照一定的规则对里边的统计对象和数据进行处理。这样可以为下一步的统计分析提供非常可靠的数据基础。按照分组时采用标准的多少,统计分组可以分为简单分组和复合分组两种。简单分组就是只采用一个标准进行分组,复合分组就是采用两个或两个以上的标准进行分组。

第二种是统计表。在统计整理工作中,统计表不仅是一种常用的统计工具和显示形式,同时也是整理结果的一种非常直观明显的表达方式,在统计整理工作中十分重要。例如:将某省各市、县级档案馆在统计调查表中填报的馆藏档案数量及有关情况进行整理后,即可将整理结果用统计表列出。

4.统计分析

统计分析是统计工作的最后一个阶段,就是要对统计整理的结果进行详细的分析和研究然后形成统计结论的工作。统计分析的目的是要发现其中具有规律性的情况和问题,研究其原因,最终得出有用的结论。统计分析的方法多种多样,一般而言,主要使用的有对比分析、相关分析与因果分析、静态分析、动态分析、综合分析、系统分析六种。

统计分析工作全部完成之后,统计结果应该总结成统计分析报告。统计分析报告是统计工作的最终成果,要将其提交给相关的领导机构和部门,这些报告将成为领导部门进行决策、部署工作、实施领导的依据。

(五)档案统计工作的意义

档案统计工作的作用和意义主要体现在以下几个方面。

1.做好档案统计工作是档案管理的客观需要

档案管理的对象是数以百计、千计的档案,没有科学的统计工作,就不可能管好、用好档案。

2.档案统计工作是对档案室工作实行监督管理的有效方法

作为一项重要的基础性工作,档案统计工作是帮助各级档案行政管理部门对下指导,履行监督职能的工具。

3.档案统计工作是加强档案事业宏观管理的一项重要手段

国家各级档案管理部门要了解、掌握档案的形成、管理、提供利用的状况,分析档案事业的历史和现状,预测档案事业的发展趋势,制定有关档案工作的方针、政策和计划,都需要档案统计工作提供大量的、准确的、可靠的信息和数据。

总之,档案统计工作在国家档案管理中发挥着重要的作用。

二、档案检索工作

(一)档案检索的含义

档案检索是指对档案信息进行系统存储和根据需要进行查找的工作,它是开展提供利用工作的基本手段,是开发档案信息资源的必要条件。档案部门根据利用需求编制检索工具,建立检索体系,并帮助利用者查找档案的活动;它属于一项档案信息资源开发的工作,目的是为档案的提供利用创造先决条件。

(二)档案检索的原理

档案检索原理就是将特定的档案利用需求与存储在检索系统中的档案检索标识进行比较与匹配,选取两者相符或部分相符的档案信息提供利用的过程。无论手工检索还是计算检索,其基本原理都是一样的。也就是说,检索系统对所要存储的档案信息,按照档案内部特征和外部特征赋予规范化标识,然后存入系统。在检索时,将所需档案的特征标识与所存档案的特征标识进行比较和匹配,凡是标识一致和匹配的,就将具有这些标识的档案从检索系统中输出。

(三)档案检索的类型

档案检索包括许多类型,根据检索对象的不同,档案检索可以区分为三种不同的类型:

1.档案文献检索

它是档案检索的主体部分,以特定的档案文献为检索对象,包括全文检索、目录检索等。

2.档案数据检索

它是以特定的档案信息数据为检索对象,包括统计数字、图表等。

3.档案事实检索

档案事实检索以特定档案信息所记录和反映的事实为检索对象,如有关某一事件发生的时间、地点、人物和过程等。

(四)档案检索的发展阶段

档案检索的发展经历了以下五个阶段:

1.手工检索阶段。

2.脱机批处理检索阶段。

3.联机检索阶段。

4.光盘检索阶段。

5.网络检索阶段。

三、档案检索工作的内涵

(一)档案检索工作的内容

档案检索包括广义和狭义两种含义。广义的档案检索包括档案信息存贮和档案查检两个具体的过程。狭义的档案检索只限于查找所需档案的过程。作为档案工作人员,需要掌握广义的档案检索工作的内容和方法,学会编制档案检索工具、建立检索体系,并且能够熟练地利用检索工具查找档案,以获得开启档案宝库的钥匙。

1.档案信息存贮阶段的主要内容

档案信息存贮是指将档案原件中具有检索意义特征的信息,如文件作者、题名、时间、主题词等,记录在一定的载体上,进行分类或主题标识,编制成档案检索工具,建立档案检索体系的过程。它包括如下环节。

(1)档案的著录和标引:著录和标引是对档案的内容和形式特征进行分析、选择和记录,并赋予规范化的检索标识的过程;著录和标引的结果就是制作出反映档案内容、形式、分类和存址的可以用来检索的条目。

(2)组织档案检索工具:这项工作是指按照一定的规则,对著录和标引所产生的大量条目进行系统排列,使之形成某种类型的检索工具,并根据需要进行检索工具的匹配,组成手工的或计算机检索系统。

2.档案查检阶段的主要内容

档案查检是指利用检索工具和检索系统查找所需档案的过程,包括如下环节。

(1)确定查找内容:确定查找内容就是要对档案利用者的检索要求进行详细科学的分析,由此确定档案利用者所需档案的主体,进而形成清晰的查询概念,然后借助检索语言把这些概念转化成为规范的检索标识。这个过程也可以称之为制定检索策略。

(2)查找:查找就是档案人员或利用者通过各种手段把表示利用需求的检索标识或检索表达式与存贮在手工检索工具或计算机数据库中的标识进行相符性比对,将符合利用要求的条目查找出来。在手工检索中,相符性比对由人工进行;在机检过程中,则由计算机担负两者间的匹配工作。

(二)档案检索语言和符号

检索语言和符号是检索工作中存贮档案形式和内容特征信息时使用的记录工具。它们的作用是规范检索语言,简化记录的形式,并作为利用查寻的标记,使各种档案检索工具具有较高的查全率和查准率。

1.档案检索语言

档案检索语言也称为标引语言,它是根据检索的需要而编制的一种专门语言;与自然语言不同,它是一种人工语言。检索语言具有如下两个特点。

(1)单义性:单义性是检索语言与自然语言的根本区别所在。自然语言是人们日常生活与工作交往中使用的语言。由于在不同的时代和地域,人们表达事物具有不同的习惯,所以就存在一词多义和一义多词的现象,例如:"分配"一词具有经济学和行政学上不同的含义;"电脑"和"电子计算机"表示的则是同一个事物。档案检索过程中,如果使用自然语言,就会造成著录信息与查寻信息之间的匹配误差,降低检索的查全率和查准率。例如:在检索中如果对"分配"一词不加限定,查找出的文件就可能不符合特定需要,造成误检。这类问题在计算机检索中更为突出。例如:对文件标引时使用"电子计算机"一词,在查找时却使用"电脑"一词,如果不加以人工的或自动的转换,两个词就无法匹配,从而造成漏检。而检索语言正是通过各种方法对自然语言加以严格规范,达到一词一义的效果。

(2)专业性:专业性是指检索语言的词汇和编排方法符合档案信息的特点,专门用于档案的标引和查找。

2.档案检索符号

符号作为一种人工语言,在档案的整理、编目、保管、利用等工作中具有指代档案实体、固定档案排列次序、标示档案存放位置的作用。在档案检索工作中,无论是著录标引,还是组织档案检索工具,都需要利用符号的简洁、易于组合、指代性强等特点,来表达档案信息的逻辑关系和作为标识。

档案检索符号大致可以分为实体符号、容具符号和标识符号三种。实体符号包括档案馆(室)代码、档案分类号、档号、缩微号等。容具符号包括库房号、装具号等。标识符号包括著录项目标识符与著录内容标识符。这些符号相互结合,构成一个完整的检索符号系统。

(三)档案检索效率

检索效率指的是通过检索满足利用者特定要求的全面性、准确性程度;检索效率可以说是检索系统性能以及每一个检索过程质量的最基本的一个指标。我们在计算检索效率时通常采用查全率和查准率两个指标来衡量和表示。

查全率指的是检索结果对利用者要求满足的全面程度,也就是检索出来的相关档案与全部相关档案的百分比。与查全率相对应的叫作漏检率,漏检率指的是没有检索出来的相关档案和全部相关档案的百分比。

查准率指的是对利用者要求的准确程度的满足,也就是检索出来的相关档案与全部相关档案的百分比;与查准率相对应的是误检率,也就是指检索出来的不相关档案与检索出来的全部档案的百分比。

应该注意的是,查全率与查准率之间存在着一种互逆关系,即如果放宽检索范围,以求得较好的查全率,那么,查准率就会下降;反之,如果限制检索范围,以提高查准率,查全率则会下降。因此,我们在设计档案检索系统和进行检索时,应该从利用者的不同需要出发,确定适当的查全率和查准率指标。

(四)档案检索工作的意义

档案的收集、整理、保管等环节,是变分散为集中,化凌乱为系统,把档案妥善管理起来,以备长远查考利用。但是,档案在档案馆(室)是根据档案的形成规律,按其基本的整理系统排放和保管的,但是档案的利用者以及查用的角度是固定的。只有通过专门的检索工作,档案保管的一般体系和特定的查找利用之间的矛盾才能够得到妥善的解决。因此,档案检索是开发档案信息资源的必要条件,在档案工作中占据着非常重要的地位。具体而言,其意义体现在以下几个方面。

1.检索是提供利用的先期工作

档案馆(室)为提供档案利用所做的直接的准备工作,以及具体解决每个案卷或每一份文件的查找,都是通过检索来实现的。检索工作在很大程度上决定着利用者是否能够及时准确地对档案进行利用。因此,有经验的档案工作者,在开展利用工作之前,总是花费大量时间和精力,准备好各种检索手段。

2.检索是提高档案馆(室)工作水平的重要手段

每个档案馆(室)拥有丰富的藏量固然十分必要,而深入广泛地开发档案信息资源,是各项基础工作的继续和发展,是提高档案馆(室)工作水平、实现科学管理的重要手段。

3.检索形成了档案业务工作中一个独立的重要环节

档案检索也可列入利用工作的范畴。而大量地存贮档案线索,有计划地建设检索体系,专门为查找档案材料提供手段,深入研究档案内容,特别是编写大型的工具书,系统地评价档案材料等,其具体的工作内容和独特作用,是档案工作中任何一个业务环节所不能包括和代替的。而且随着档案的开放、利用工作地发展和新技术的应用,检索的内容和领域将会进一步充实和扩大,检索的技术和方法将有显著的改进和提高。今后一定时期内,我国档案检索的基本趋势,将是逐步向现代化的电子计算机检索过渡,电子计算机检索与常规的手工检索两者并存,互相补充。检索形式多样化、系列化和检索系统标准化的程度,更将日益提高。

第二节　档案的著录与标引

一、档案著录

(一)档案著录的含义和作用

档案著录是指在编制档案目录时,对档案的内容和形式特征进行分析、选择和记录的过程。内容特征是指档案的主题,表现为档案的分类号、主题词、摘要等;形式特征是指档案的标题、作者、形成时间、档号、文种、载体等。

著录是形成档案目录的基础。档案目录是按照一定的顺序排列的,指出案卷或文件的内容和形式特征以及存址,供人们查找的名目,如案卷目录、卷内文件目录等。

档案目录本身是一个档案信息线索查寻体系,它是由许多档案条目组成的。档案条目是组成档案目录的基本单元,它是对单份文件或案卷的内容和形式特征所做的一条记录。而档案条目又是由著录项目组成的,每一个著录项目都揭示了档案内容或形式方面的一个特征。

(二)档案著录规则

为了保证档案著录方法的规范,我国制定并颁布了《档案著录规则》,作为档案著录的应用标准。这个规则主要包括如下内容。

1.著录项目

著录项目是指用以揭示档案的内容和形式特征所需要的记录事项。根据《档案著录规则》,档案著录项目包括以下各项:

(1)题名与责任说明项,该项包括正题名、并列题名、副题名及说明题名文字、文件编号、责任者、附件六个单元。

(2)稿本与文种项,该项包括稿本和文种两个单元。

(3)密级与保管期限项,该项包括密级、保管期限两个单元。

(4)时间项。

(5)载体类型及形态项,该项包括载体类型、数量及单位、规格三个单元。

(6)附注与提要项,该项包括附注、提要两个单元。

(7)排检与编号项,该项包括分类号、档案馆代号、档号、缩微号、电子文档号、主题词或关键词六个单元。

在这些项目中,正题名、责任者、时间、分类号、档号、缩微号、电子文档号、主题词或关键词为必要著录项目,其余为选择著录项目。

2.标识符号

标识符号是表示不同著录项目和著录含义的标志。根据《档案著录规则》,著录项目和一些特定的著录内容使用标识符号,而不是传统的文字指示的表示方式。

指明各著录项目、单元及内容的标识符号及其位置如下所述:

(1)"—"置于下列各著录项目之前:稿本与文种项、密级与保管期限项、时间项、载体类型及形态项、附注项。

(2)"="置于并列题名之前。

(3)":"置于下列各著录单元之前:副题名及说明题名文字、文件编号、文种、保管期限、数量及单位、规格。

(4)"/"置于第一责任者之前。

(5)";"置于多个文件编号或多个责任者之间。

(6)","用于相同职责、身份省略时的责任者之间。

(7)"+"置于每一个附件之前。

(8)"[]"置于下列著录内容的两端:自拟著录内容、文件编号中的年度。

(9)"()"置于下列著录内容的两端:责任者所属机构的名称、责任者的真实姓名、责任者职责或身份、外国责任者国别及姓名原文、中国责任者的时代,以及历史档案中的朝代纪年、农历、地支代月、韵目代日转换后的公元纪年。

（10）"？"用于表示不能确定的著录内容，一般与"〔〕"号配合使用。

（11）"－"用于下列著录内容之中：日期起止、档号、电子文档号、缩微号的各层次之间。

（12）"…"用于表示节略内容。

（13）"□"用于表示每一个残缺文字和未考证出时间的每一数字。未考证出的责任者及难以计数的残缺文字用三个"□"号表示。

3.著录格式

著录格式是著录项目在条目中的排列顺序及表达方式。《档案著录规则》规定，一般使用段落符号式的条目格式，实际工作需要也可以使用表格式条目格式。

段落符号式是指将著录项目分为若干段落，每个项目之间用符号分开的著录格式。在这种格式中，每一著录项目的字数不受限制。

使用表格式条目时，其著录项目应与段落符号式条目相同，排列顺序亦可参照段落符号式条目。

采用"段落符号式"卡片著录，卡片的规格为 $12.5cm \times 7.5cm$；著录时，卡片四周均应留出 1cm 空隙。如果卡片正面未著录完，可在背面接续著录，并在正面右下角采用"（接背面）"的方式加以注明。

4.著录用文字和著录信息源

《档案著录规则》要求：著录时使用的文字必须规范化。汉字必须是规范化的简化汉字；外文与少数民族文字必须依照其书写规则。文件编号项、时间项、载体类型及形态项、排检与编号项中的数字一律使用阿拉伯数字。图形及符号应照原文著录，无法照原文著录的可改为其他形式的相应内容，并加"〔〕"号标识。

档案著录的信息来源于被著录的档案。单份文件或一组文件著录时主要依据文头、文尾；一个或一组案卷著录时，主要依据案卷封面、卷内文件目录、备考表等；被著录档案本身信息不足时，可参考其他有关档案材料。

5.著录级别

按照《档案著录规则》，档案著录级别可以是单份文件、一组文件、一个案卷或一组案卷。一般说来，档案室（馆）对价值较大或珍贵档案应主要采用文件级著录，辅之以案卷级、一组文件或一组案卷的著录。对于内容比较单一的案卷，可以采用案卷级著录；对于反映同一问题的案卷以及由内容基本相同的文件组成的案卷，可以以一组文件为单位著录；对于相同题名的若干案卷，可作为一组案卷著录。

（三）著录项目细则

1.题名与责任者说明项

题名又称标题，是表达档案中心内容、形式特征，并使其个别化以区别于其他档案的名称；责任者是指对档案内容的创造负有责任的团体或个人。

（1）正题名：是档案的主要题名，一般指单份文件文首的题目和案卷封面上的题目。

正题名照原文著录,题名中的各种符号亦不应遗漏。

单份文件无题名的,依据其内容拟写题名,并加"[]"号。

单份文件的题名不能揭示其内容时,原题名照录,并根据其内容另拟题名附后,加"[]"号。例如:"通告:[XX县人民政府关于春季封山育林的通告]"。

(2)并列题名:是指以第二种语言文字书写的与正题名对照并列的题名,必要时并列题名与正题名一并著录;并列题名前加"."号。

(3)副题名及说明题名文字:是指解释或从属正题名的另一题名。必要时照原文著录,其前加":"号。例如:"加强档案馆工作建设,为四化服务:××同志在全国档案馆工作会议上的报告"。

说明题名文字是指在题名前后对档案内容、范围、用途等的说明文字,必要时照原文著录,其前加":"号。例如:":根据录音整理,未经本人审阅"。

(4)文件编号:是文件制发过程中由制发机关或个人赋予的顺序号,包括发文字号、科技实验报告流水号、标准规范类文件的统编号、图号等。文件编号照原文字和符号著录,其前加":"号,例如:":中发[1980]1号"、":J6-021-001"。

联合发文有多个文件编号时,一般著录立档单位的文件编号。

(5)责任者:当责任者只有一个时,照原文著录,其前加"/"号,例如:"/山西省劳动局"。

当责任者有多个时,著录列居首位的责任者;立档单位本身是责任者的必须著录,其余的视需要著录。责任者之间以";"号相隔,例如:"/国家计委;财政部;商业部等"。职责或身份相同的责任者之间用","相隔,例如:"/中共北京市委办公厅,北京市人民政府办公厅"。

机关团体责任者必须著录全称或通用简称,如"中国共产党中央委员会"简称"中共中央"。不得使用非通用简称;不得著录"本省"、"本公司"、"省计委"等。历代政权机关团体责任者,其前应冠以朝代或政权名称,并加"()"号,例如:"/(民国)教育部"。

个人责任者一般只著录姓名,必要时,在姓名后著录职务,并加"()"号,例如:"/王枫(《人民日报》记者)"。

清代及其以前的个人责任者应冠以朝代名称,并在其前加"()"号,例如:"/(清)左宗棠"。

少数民族个人责任者称谓各民族有差异,应按少数民族的署名习惯著录。

外国责任者应著录各个历史时期易于识别的国别简称,其后著录统一的中文姓氏译名,必要时著录姓氏原文和名的缩写。国别、姓氏原文的缩写前均应加"()"号,例如:"(美)尼克松"。

文件个人责任者为别名、笔名时,均照原文著录,但应将其真实姓名附后,并加"()"号,例如:"/胡服(刘少奇)"。

未署责任者的文件,应著录根据其内容、形式特征考证出来的责任者,并加"[]"号;经考证仍无结果时,以三个"口"代之,著录为"口口口"。

文件责任者不完整时,应照原文著录,将考证出的完整责任者附后,并加"[]"号,例如:"/周[周恩来]"。

文件的责任者有误时,仍照原文著录,但应将考证出的真实责任者附后,并加"[]"号,例如:"/王国央[王国英]"。

考证出的责任者证据不足时,在其后加"?"号,一并著录于"[]"号内,例如:"[张治中?]"。

(6)附件:是指文件正文后的附加材料。只著录附件题名,其前冠"＋"号。文件正文后有多个附件时,应逐一著录各附件题名,各附件题名前均冠以"-i-"号。

如果附件题名具有独立检索意义,亦可另行著录条目,并在附注中说明。

2.稿本与文种项

稿本是文件的文稿、文本、版本的名称,依实际情况著录为正本、副本、草稿、定稿、手稿、草图、原图、底图、蓝图、原版、修订本、影印本等,其前加".——"号。

文种是指文件种类的名称。文种依实际情况著录为命令、决议、指示、通知、报告、批复、函、会议纪要、原始记录、说明书、协议书、鉴定书、任务书、判决书、国书、照会、诰、敕、奏折等,其前加":"号。

3.密级与保管期限项

密级是指文件的机密程度,依国家标准《文献保密等级代码与标识》(GB/T 7156—2003)划分为公开、国内、内部、秘密、机密、绝密六个级别。密级一般按文件形成时所定密级著录,公开、国内两级可不著录;对已升、降、解密的文件,应著录新定密级,其前加"——"号。

保管期限一般按案卷组成时所定保管期限著录,其前加":"号;对已更改保管期限的案卷,应著录新定保管期限。

4.时间项

时间项视不同著录对象,分为文件形成时间和文件起止时间,其前均加".～——"号。以单份文件为对象著录一个条目时,著录文件形成时间;以一组文件、一个案卷、一组案卷为对象著录一个条目时,著录文件起止时间,其中最早和最迟形成的文件时间之间用"——"号连接。

时间一律用八位数字表示:第一位至第四位数表示年,第五位至第六位数表示月,第七位至第八位数表示日,例如:"20030501"。

历史档案中的朝代纪年、农历、地支代月、韵目代日,应照原文著录,同时应将换算好的公元纪年附后,并加"()"号,例如:",——清乾隆十年九月二十六日(17451021)"。

没有形成时间的文件,应根据其内容、形式特征等考证出形成时间再著录,并加"[]"号,例如:".-[19630124]"。

文件时间不完整或部分时间字迹不清时,仍著录原文时间,原时间中缺少或字迹不清部分以"□"号补之,再将考证出的时间附后,并加"[]"号,例如:".-195□□□□[19550307]"。

著录起止日期时,无论是本年度或跨年度都要著录完整,不能省略年度,例如:",-20000901-20010831"。

5.载体类型及形态项

(1)载体类型标识:档案的载体类型分为甲骨、金石、简牍、缣帛、纸张、唱片、胶片、胶卷、磁带、磁盘、光盘等。以纸张为档案载体的一般不著录;其他载体类型据实著录,并在其前加",——"号,例如:以磁带为载体的文件著录为",～——磁带"。

（2）数量及单位：数量用阿拉伯数字著录，单位用档案物质形态的统计单位著录，如"页"、"卷"、"册"、"张"、"片"、"盒"、"米"等，其前加"："号，例如："，--5页"；"，——唱片：3张"。

（3）规格：指档案载体的尺寸及型号等，其前加"："号。例如："，-5页：16开"；"，——磁盘：4片：3.5英寸"。

6.附注项与提要项

附注项是著录各个项目中需要解释和补充的事项，依各项的顺序著录。项目以外需要解释和补充的列在其后。附注项前加"，——"号；每一条附注间均以"，～"号相隔。

提要项是对文件和案卷内容的简介和评述，应力求反映其主要内容和重要数据，一般不超过200字。

7.排检与编号项

排检与编号项是目录编排和档案室（馆）业务注记项。

（1）分类号依据《中国档案分类法》和《档案分类标引规则》的有关规定著录，置于条目左上角第一行。

（2）档案馆代码依据《编制全国档案馆名称代码实施细则》所赋予的代码著录，置于条目右上角第一行。档案馆代码在建立目录中心或报道交流时必须著录。

（3）档号是指档案室（馆）在整理或管理档案的过程中对档案的编号，通常包括全宗号、案卷目录号、案卷号、件号或页号。某些科技档案可著录有检索意义的专业号、工程号、专题号、产品型号等编号。档号著录于条目左上角第二行，与分类号齐头，各号之间用"-"号相隔，例如：21-3-57-6。

（4）电子文档号是档案室（馆）管理电子文件的一组符号代码，著录于条目第二行的中间位置。

（5）缩微号是档案缩微品的编号，著录于条目右上角第二行，与档案馆代码齐头。

（6）主题词或关键词：主题词是揭示档案内容的规范化名词或词组；关键词是揭示档案内容的未经规范的词语。主题词参照《中国档案主题词表》《文献主题标引规则》及本专业、本单位的规范化词表进行标引。

主题词或关键词著录于附注与提要项之后，另起一行齐头著录；各词之间空一格，一个词不得分为两行。

（四）档案著录的内容和意义

档案著录是档案馆（室）编制档案检索工具时对档案的内容和形式特征进行分析、选择和记录的过程。通过著录可以具体记录下每份文件或每个案卷的特征，揭示其主题内容和科学价值，并指明出处。著录的结果是编制出条目。所谓条目，就是由若干著录项目组合而成的一条记录，是依照一定的方法，对单份文件或案卷的内容和形式特征的记录。

编制检索工具，一般都经过两个步骤。第一步就是档案著录，遵循著录规则，将文件或案卷内容和形式特征目录形成一个个条目；第二步是组织目录，就是把许多条目按照一定的方法组织成一个有机体系，形成档案检索工具。

档案著录的质量决定检索工具的质量。任何检索工具要具备良好的存贮和检索的功能，都必须以目录的详细、准确、格式与标识相统一、方法一致、文字简明为条件。著录中的差错与混乱，必然降低检索工具的效能，甚至会丧失作用。

为了实行档案著录的标准化，1985年国家档案局制定了《档案著录规则》。它的内容有：著录项目、标识符号、格式、著录详简级次、著录来源、著录方法等。

二、档案标引

（一）档案标引的定义

档案标引是指在档案著录过程中，对档案的内容特征进行分析、选择、概括，赋予其规范化的检索标识。每一份（每一卷）档案都是用文字语言来记载内容、传达信息的，而且这些内容和信息都比较丰富、完善，但是在用户查找档案时，并不了解档案的全部信息，只是对试图查找的档案形成较为有限的概念，这样在档案的客观现状和用户的主观需求之间就会产生脱节现象。为了弥补这种脱节，档案检索工具应向用户提供标准化的标志以概括反映档案的内容，而用户也可以利用这种标准化的标志来查找档案。档案标引也就是将档案所用的自然语言转化为规范化的检索语言的过程，将对档案内容进行分析的结果转化为检索标识。

档案标引是档案著录工作的核心内容，通过标引环节，档案的内容特征获得检索标识，从而可以作为编制各类检索工具的基础。

（二）档案分类标引

1.档案分类标引的方法

档案分类标引，指的是给每一份文件或者每一个案卷一个分类号，这个分类号作为依据进行条目组织档案分类目录的排列的索引。具体的分类标引的方法如下。

首先，熟悉分类表，了解分类表的编制目的、使用范围、分类原则、体系和结构。

其次，对需要进行分类标引的文件或案卷的内容有一个准确的掌握，并且对其进行详细的主题分析。主题分析是通过对档案的内容特征进行分析，准确提炼和选定主题概念的过程。正确的主题分析是保证档案标引质量的重要因素。

最后，根据其具体的内容将其归纳入最合适、最科学的类别。通过对题名进行分析和浏览过正文之后将主题确定下来，查阅分类表之后，找到确切相符的类目，标出分类号。在标引之后，应进行审核，以保证档案标引的质量。

2.分类标引应遵循的基本规则

标引规则是在标引工作中运用标引语言的语法规范。制定标引规则的目的在于保证不同的标引人员遵守共同的方法进行标引，以保证标引工作的质量。为了保证档案分类标引的质量，《中国档案分类法》编辑委员会制定了《档案分类标引规则》，这个规则适用于编制分类目录、索引以及建立档案目录中心和数据库的档案分类标引工作，其中也包括基本规则的内容。

档案分类标引一定要将档案内容和其他的特征作为基本的依据，对文件和卷宗进行详细的主题分析。

分类标引必须依据档案检索专用的分类表及其使用规则,辨清类目的确切含义,绝对不能脱离类目之间的联系和类目注释的限定孤立地理解类目的含义。

分类标引必须符合专指性的要求,依据文件或案卷内容给出最合适的分类号。分类标引必须为充分发挥档案的作用创造条件,为此,应根据档案的具体内容和成分,在检索工作中提供必要数量的检索途径,确定适当的标引深度。

分类标引应保持一致性。各种文本、载体类型的同一主题档案所标引的分类号均应一致。对某些难以分类和因分类表无相应主题类目而赋予相近的类号时均应做好记录,以供审核时研究参考。

(三)档案主题标引

档案主题标引,就是通过对文件或案卷内容的主题分析,从主题词表中选择相应的主题词来标志其内容主题,存储在检索工具中,作为检索的依据。

1.档案主题标引的步骤

首先,审读文件,确定主题。在此基础上,确定主题类型与结构。

其次,对主题进行概念分析,选定主题词。在确定主题类型和结构后,从词表中选定相应的主题词标志文件或案卷主题。在选择具体的主题词时,需要注意,要对主题分析的全面性和概念分解的准确性进行深入的研究,对利用者的检索需要进行充分的考虑。从主题词表中选出能够准确表达主体概念且具有较强专指性的主题词。

再次,给出主题标志。确定好要选用的主题词之后,要对各个主题词之间的关系进行明确,并且将这些主题词著录在条目上。

最后,审校。审校就是要检查,检查对于文件和案卷的主题分析是否正确,确定的主题概念是不是恰当,选定的主题词有没有很好地对主题进行了表达等。审校在主题标引工作中是不可或缺的一个步骤。

2.档案主题标引的基本规则

主题标引应该客观地反映档案的主题,其依据应该是以档案论述的客观事物和研究对象。主题标引最忌讳的就是混杂进标引人员的臆测和喜恶。

标引档案的主题词一定是词表中的正式主题词。选词时,必须首先考虑选用最专指的主题词,不得以其上位词或下位词进行标引。在没有专指主题词的情况下,应该优先选择最为直接相关的主题词,并且对其进行组配标引。

如果出现组配标引还是没有办法满足要求的情况,可以采用最邻近的上位词或下位词进行靠词标引。一般应依据词族索引选用最直接的上位概念主题词进行标引,不能够使用越级上位主题词标引。还有另外一种办法,那就是用近义词进行靠词标引,也就是要根据范畴索引选取和主题概念最为接近的主题词进行标引。另一种是用近义词进行靠词标引,应依据范畴索引选用与主题概念含义最相近的主题词进行标引。

当上位主题词标引仍然不合适的时候,就需要采用关键词来进行标引。关键词指的是独立于主题词表之外的自然语言,关键词并没有经历过规范化处理的过程。在使用关键词进行索引的时候一般都要按照规定的手续作为后补主题词登录后才能使用,然后随着时间的流逝在他们中间选取出使用频率较高的将其转入到正式主题词中。

标引应以文件为单位进行,每份文件的标引深度,应根据文件主题的详略和重要程度而定。一般可标 3~8 个主题词。最少标引 1 个,最多不宜超过 10 个。手工检索系统应该控制词量,防止过度标引,以免造成系统负担过重,增大误检率。

第三节　检索工具的制作与使用

一、档案检索系统

(一)档案检索系统的基本概念

档案检索系统是指根据特定的档案信息利用需求而建立起来的一种有关档案信息收集、加工、存储和检索的程序化系统,其主要目的是为人们提供档案服务。

1.档案检索系统的组成要素

一个档案检索系统主要包括以下三个要素:

(1)档案信息。又称档案数据,它是档案检索系统赖以生存的最基本的要素,是系统存储和检索的对象。

(2)检索技术设备。即实现系统档案存储和检索的设备,如档案馆目录卡片、计算机相关的软件和硬件设备、通信设备等。

(3)检索语言及方法。即连接存储与检索过程的共同的标引符号,如档案分类表、档案主题词表等。

2.档案检索系统的构成

档案检索系统具有输入功能、存储功能、处理功能、输出功能及控制功能。一般来说,档案检索系统主要包括六个子系统:

(1)档案信息选择子系统。档案检索系统中的数据主要来自内容和形式不同的档案,如一次文献中的档案原件、二次文献中的档案索引、目录等。

(2)档案信息索引子系统。在分析和选择档案的内容和形式特征基础上,根据《中国档案主题词表》和《中国档案分类法》中的分类表规范,来选择规范化的档案检索标识。

(3)词表管理子系统。又称档案检索语言子系统,它的主要功能是管理维护系统中已有的词表,使它与索引等子系统相连接,并支持用户的各种词汇查询操作。

(4)检索子系统。承担接收用户提问、提问校验和进行检索等功能。

(5)用户同系统之间交互子系统。承担与用户交流,以便判定用户的档案信息需求,明确检索提问,并将其准确地表述起来等功能。

(6)匹配子系统。将档案检索标识与检索提问进行匹配和比较的子系统。

（二）档案检索系统的分类

按照档案检索的实现手段，可以把档案检索系统分为手工检索系统和计算机检索系统。

1.手工检索系统

手工检索系统指以印刷型检索工具为基础的检索系统，它可以直接进行利用，不需要依赖任何计算机或其他设备。常用的手工检索系统主要有：

（1）书本式的手工检索系统。指以书本形式存在的各种检索工具，如目录、索引、指南等。

（2）卡片式的手工检索系统。指以卡片的形式出现的检索系统，包括档案馆（室）的卡片式目录等。

2.计算机检索系统

计算机检索系统指依赖于计算机进行档案检索的系统，主要由三个部分构成，即硬件、软件和档案信息数据库。

（1）硬件。硬件是指以计算机为中心的一系列机器设备，一般包括计算机、外围设备以及与数据处理或数据传送有关的其他设备。

（2）软件。又称计算机程序，是指挥和控制计算机各部分协调工作并完成各项功能的程序和各种数据。

（3）数据库。数据库是计算机档案检索系统最重要的组成部分，它是依照某种数据模型组织起来并存放于计算机存储设备中的数据集合。

二、检索工具的制作与使用

（一）档案检索工具的种类

按照不同的标准，档案检索工具可划分为不同的种类。

按编制体例的不同，档案检索工具可划分为目录、索引、指南。目录，是指将通过档案著录标引工作编制成的条目按照一定的次序编排而成的检索工具，如分类目录、主题目录、专题目录等。索引，是指将档案的某一内容或外部特征及其出处按照一定的原则和方法排列而成的检索工具，如人名索引、地名索引、文号索引等。指南，是以文章叙述的方式综合介绍档案情况的一种检索工具，如全宗指南、专题指南、档案馆指南等。

按检索范围的不同，档案检索工具可划分为全宗范围的检索工具、档案馆范围的检索工具、专题范围的检索工具、若干档案馆范围的检索工具。

按功能的不同，档案检索工具可划分为馆藏性检索工具、查检性检索工具、介绍性检索工具。馆藏性检索工具是反映档案实体整理体系及其相互关系的检索工具，如案卷目录、全宗目录、案卷文件目录等。查检性检索工具是脱离档案实体排列顺序，从档案的某一内容或形式特征的角度来提供检索途径的检索工具，如分类目录、主题目录、专题目录、人名索引、地名索引、文号索引等。介绍性检索工具是指以文章叙述的形式介绍和报道档案内容及其有关情况的检索工具，如全宗指南、专题指南、档案馆指南等。

按载体的不同，档案检索工具可划分为卡片式检索工具、书本式检索工具、缩微式检索工具、机读式检索工具、网络检索工具。卡片式检索工具是以单张卡片为单位,每张卡片上著录一个条目,并将卡片按照一定顺序排列成查找体系的检索工具。书本式检索工具也称簿式检索工具,是将著录条目连续排列并装订成册的检索工具。缩微式检索工具是以缩微摄影方式制作的以胶片为载体的检索工具。机读式检索工具是以数码形式存储在磁性材料上,供计算机识读的检索工具。网络检索工具是档案馆在互联网上公布档案馆开放档案目录而形成的检索工具。

由于档案检索工具的种类比较多,每一种工具都能满足特定的应用需求。在实际工作中,大型的专业档案馆(室)所使用的检索工具类型比较多,而小型档案室对检索工具种类的需求比较单一。每一种检索工具都有自己的特点,在功能上既有互补性,也有重复性。因此,档案馆(室)不需要配齐所有的检索工具,而应根据自身的实际需求,充分利用档案检索工具之间的互补性建立检索体系,以高效率地构建完备的检索途径。

（二）常用检索工具的编制方法

下面说的是几种比较常见的检索工具编制方法。

1. 案卷文件目录

案卷文件目录也称为"卷内文件目录汇集"或"全引目录"。它是将一个全宗内的案卷目录和卷内文件目录汇编成的目录名册,兼有案卷目录和卷内文件目录的双重功能。案卷文件目录使馆藏性目录实现了对案卷和文件的配套检索。以"件"为单位整理与管理档案,取消"案卷"这一保管单位之后,可以直接将归档文件目录作为全引目录。编制案卷文件目录这种检索工具,只需将案卷目录和卷内文件目录依次打印,复印剪贴后装订成册,或者利用计算机编辑整合即可。可见,编制这种检索工具比较简便,直接利用归档文件目录即可;使用方法也比较简单,直接对照查找案卷或文件即可。但它也有一定的不足:当档案文件数量比较多时,目录条目相应也就比较多,保管不便,同时查阅也会比较费时。因此,这种检索工具比较适宜在小型档案室中使用。

如果档案室已经有了案卷这一保管单位,那么可以编制案卷目录。

2. 分类目录

分类目录是从机构的职能角度揭示馆藏档案内容,按照《中国档案分类法》分类表的体系组织起来的以分类号为排检依据的检索工具。其优点是将同一内容的档案信息集中在一起,便于按族性特征进行查找。分类目录打破了全宗的界限,不受档案实体整理体系的束缚,提供从档案内容入手检索档案的途径。分类目录还可以作为一种基本检索工具,派生出各种专题目录、重要文件目录等,向外报道馆藏,满足利用者的特定需求。

分类目录的基础是充分利用著录卡片,将以卷或件为著录单位的著录卡片按照一定顺序排列而形成。卡片是相互独立的,因此排列顺序比较灵活。检索者能从卡片上获得较多的信息(如摘要等),最大程度避免了频繁翻动档案原件可能造成的损毁。不过,所需卡片数量比较多,编制比较烦琐,不易管理。这种检索工具适宜在各种规模的档案馆(室)中使用,尤其适合保存有大量珍贵档案原件的机构。

目前各档案馆(室)的手工检索分类目录大多采用卡片式。下列为编制卡片式分类目录的基本步骤。

(1)填制卡片:应根据《档案著录规则》的有关规范和档案标引的有关要求在卡片上进行著录和标引;可以采用一文一卡、一卷一卡、多文(卷)一卡等多种形式。当一件(卷)档案须标引多个分类号时,应对该档案分别填写多张卡片。

(2)排列:卡片填写完毕后,需要对其进行系统排列,排列方式应以《中华人民共和国档案分类表》为准。排列时,应按分类号的顺序逐级集中卡片。具体做法:先按字母顺序排列,同一字母的卡片集中排放在一起,然后再逐级按阿拉伯数字的大小排列;类目排列顺序应与《中华人民共和国档案分类表》相一致。

在同一类目内,卡片的排列顺序可以根据档案以及利用特点采用不同的做法,但在一个档案馆(室)内应保持方法的一致性。常见的排列方法有按年度、发文级别、责任者、时间、地区、全宗等。

(3)设置导卡:将全部分类卡片排列完毕后,由于卡片的数量大,为了便于查阅,需要在卡片盒中设置导卡。导卡突出处应标明各类目的分类号和类目名称,便于检索者迅速、准确地查找到所需卡片。

(4)编制分类目录说明:分类目录说明是对本档案馆(室)分类目录的介绍,由两部分组成:第一部分是分类一览表,即将档案馆(室)分类目录中所包括的类目按分类表体系顺序列出;第二部分是类目说明,即将归类原则以及每一类中档案的内容加以概要的介绍,特别要对交叉类目以及一些经过特殊归类处理的类目进行说明,以便于使用者了解类目的含义。

3.主题目录

档案主题目录是根据档案主题法的原理,按档案主题词的字顺组织起来的目录。主题目录不受全宗和分类体系的限制,直接从事物出发按字顺查找所需档案,灵活性强,便于进行特性检索,但系统性不如分类目录。主题目录的优势在计算机检索中可以得到充分的发挥;将每份文件的主题词输入计算机后,能够以任何一个词作为检索项,查检出有关该主题词的全部文件。

主题目录的编制方法步骤:第一,根据主题法的原理,对文件进行主题分析,确定主题概念。第二,确定规范的主题词,并标明文献出处的一种目录。第三,选择标题形式。第四,确定主标题与副标题。第五,按字顺排列著录卡。第六,设置参照卡。

4.专题目录

专题目录是集中、系统地揭示档案馆(室)有关某一专门事物、专门内容档案的检索工具。专题目录多采用卡片式,其编制方法步骤为选题—选材—填制卡片—排列。其中,填制卡片一般在选材过程中结合进行。卡片的填写形式有一文一卡、一卷一卡、多文(卷)一卡。在一个专题目录中,根据档案的情况,这三种形式都可采用。填写卡片应按全宗和类别进行,不同全宗和类别的文件或案卷不能填写在一张卡片上。卡片式专题目录的排列应打破全宗的界限,按卡片著录档案的内容分类来进行。具体而言,可以采用问题、时间、地区等标准将卡片分类集中。为了便于查找，应在类、项、目之间设置导卡。

5.人名索引

人名索引是揭示档案中所涉及的人物并指明出处的检索工具。它是查找涉及人物档案的有效途径。人名索引的著录项目包括人名和档号两部分，两者对应，即可指出相关档案的所在；利用者通过索引的指示，便可查到记载某一人物的档案材料。人名索引可以按照姓氏笔画、汉语拼音字母顺序或笔形法排列。排列时，应注意区分同姓名而不同人的情况，以免发生误检或漏检。

6.地名索引

地名索引是揭示档案中所涉及的地名并指明出处的检索工具，它可以为利用者提供查询有关档案的途径。地名索引的著录项目包括地名和档号两部分，一般按照地名首字的字母顺序排列。编制地名索引时，一定要考察清楚各个地区和机关在行政区划、名称等方面的沿革、变化情况，以免出现错误。

7.文号索引

文号索引是揭示文号和档号之间对应关系的检索工具，它提供了按照文号查询档案的途径。文号索引一般采用表格的形式，通常称为"文号、档号对照表"。文号索引每页 100 格，代表 100 件发文，固定数字代表文号，如"01"代表第 1 号发文，"99"即第 99 号发文，满 100 号时即在"00"前注上"1"。101 号自第 2 页第 1 号起。这样，1～100 号在第 1 页，101～200 号在第 2 页，依次类推。文号后面的空格填写相应档案文件的档号。也有的档案室编制项目比较全面的文号目录。文号索引这种检索工具只能揭示档案的一个特征（文号），难以传达其他信息，比较适用于有规范严密文号的机关档案，如单位的档案室和地、县级档案馆，省级以上的档案馆一般不需编制文号索引。使用者必须事先知道目标档案的准确文号，否则无法查找。这一缺陷限制了它的应用。

8.全宗指南

全宗指南又称全宗介绍，是以文章叙述的形式揭示和介绍档案馆（室）收藏的某一全宗档案的内容、成分和价值的一种工具书。全宗指南的主要作用是介绍和报道某一全宗的基本情况，提供查询档案的线索。全宗指南的内容有立档单位的简要历史、全宗简要情况、全宗内档案内容和成分的介绍。为了便于利用全宗指南，可以编制人名索引、地名索引、目次、机关简称表等，作为辅助工具提供给利用者参考。

9.专题指南

专题指南又称专题介绍，是按照一定的题目，以文章叙述的形式揭示和介绍档案馆（室）收藏的有关该题目的档案内容、成分的一种工具书。

编写专题指南可以在专题目录的基础上进行，这样既便于编写，又便于利用者将两者结合起来查阅。专题指南的选题原则与专题目录相同，其基本结构包括序言、档案内容和成分的介绍、附录。

（三）检索工具的使用

掌握利用检索工具查询档案方法,才能顺利地实现检索的目的,查找到所需的档案。档案检索(查询)的一般过程,从提出档案检索需求开始,到提取档案,大致有七个步骤。

运用主题分析法,明确检索要求,即了解清楚档案利用者究竟需要什么档案,将其需求归结为明确的检索主题概念。从利用者已经掌握的线索和档案馆(室)检索系统的情况出发,选择比较有效的检索途径,并将检索主题概念转换为检索标识。将表达检索主题概念的检索标识与检索系统中的检索标识进行相符性比较。根据查出的档案线索提取档案,进行甄别、筛选或利用。

三、检索工具的使用探索——计算机网络检索

随着计算机网络技术的发展,网络办公已经成为许多单位常规办公方式。计算机强大的处理信息的功能,与网络迅速传递信息的功能相结合,使档案计算机检索已经成为现实。计算机信息检索能够跨越时空,在短时间内查阅各种电子文献数据库,还能快速地对几十年前的文献资料进行回溯检索,而且大多数检索系统数据库中的信息更新速度很快,检索者随时可以检索到所需的最新文献信息资源。

（一）档案计算机网络检索系统的结构

计算机网络检索系统由硬件——计算机(服务器、主机及外围设备)、软件和数据库——档案目录信息、著录规则和记录格式、检索语言等要素构成。

计算机检索与手工检索的原理相同,也是由存储和查检两部分组成,在计算机中通常被称为输入和输出。在计算机检索的输入阶段,要将反映档案内容和形式特征的著录项目录入计算机,存入数据库,并根据检索需要建立相应的倒排文档。在输出阶段,要根据利用者的提问,编制恰当的检索策略,形成检索表达式,并将其输入计算机,在数据库中查找后将结果输出。

（二）建立计算机检索的步骤

1.系统分析

系统分析是从整体上考虑检索系统的每一部分和建立系统的每一个步骤。其中,首要的就是明确系统应达到的目标和指标,如规模、查询途径、功能等,进行可行性分析。然后,需要进行工序分析、工作量分析、费用分析、时间分析。

2.设备选购和安装

选购设备应根据技术系统的要求,从计算机的性能、容量、联网需要、扩展性能、维护条件、费用等多方面考察。除了计算机外,还要有必要的附属设备和适合的操作工作室。

3.人员培训

人员培训包括程序设计人员、计算机操作人员、著录标引人员、数据输入人员和日常维护人员的培训等。

4.检索软件设计

档案计算机检索软件的设计应该由软件设计专业人员与档案专业人员共同负责,以保证检索应用系统具有良好的专业资料的检索功能。

5.数据准备

数据准备就是进行档案信息的采集、著录。在档案计算机检索系统的建设过程中,工作量最大的就是数据的采集和录入工作,并且其质量将直接影响检索系统的效率。

6.系统的检验和修改

系统设计过程中和设计基本完成后,应输入一定数量的数据进行检验,发现问题,及时修改。

7.系统操作管理

操作不当、计算机病毒等都会使系统受到破坏。因此,应建立正规的管理制度,设置专门人员负责管理与维护。

8.系统评价

在档案计算机检索系统建成并运行一个阶段后,应对该系统的功能、质量情况进行评价,以便发现问题、进行改进。

(三)建立计算机检索系统的基本方法

建立计算机检索系统的实质是将档案著录信息输入计算机档案管理软件的检索模块之中。不同的软件具体操作方式可能存在差异,但是都包括一些通用的检索项。其基本操作方法步骤包括以下两项。

1.安装档案管理软件

根据软件产品的说明书和要求,将管理系统安装到计算机单机或计算机网络中,并对其进行基本的初始化设置,如设置管理员的用户名和密码。

2.录入档案信息

根据档案著录与标引的结果,将全部档案文件的相关信息输入管理系统之中,这是实现检索功能的前提。

打开归档文件录入窗口,在该窗口中填入各项信息。带有＊的项目为必填项。填完后,单击“保存”将信息存储,然后可自动进行下一份档案文件的录入。

全部档案信息录入完毕后,管理系统会显示所有档案文件的目录信息。

这里以查找关于安全生产工作制度的档案文件为例,说明计算机检索工具使用的基本方法。

第一,启动检索功能。根据软件菜单栏或功能栏的提示,点击相应的命令或按钮,启动档案检索功能。

第二,输入检索条件。在检索窗口的查询条件输入区中输入查询条件。可以输入多个条件,也可以只输入一个条件。如在“年度”中输入“2010”,在“机构(问题)”中输入“办公室”,在“主题词”中输入“安全工作”。

第三,开始查询并显示结果。输入检索条件后,单击查询按钮,即可显示所有符合该条件的档案文件。在该窗口中,显示了档案文件所在的档案盒编号,用户可依此找到目标档案。

第八章　档案利用与编研

第一节　档案利用与编研工作的内涵

一、档案的利用

(一)档案利用的含义

档案利用工作,是档案馆(室)通过各种方式向利用者提供档案、介绍档案情况、发挥档案作用为社会服务的工作。档案利用,可以体现档案工作的根本目的,在整个档案管理活动中占主导地位,既有赖于收集、整理等基础工作的健全,又是对这些环节管理活动成效的检验,利用工作是档案工作变被动为主动的关键,是宣传档案工作、提高档案工作信誉的重要工具。而对用户和社会大众而言,档案利用是满足其多样需求的基本途径。

研究档案利用,一方面有利于更好地指导档案服务和提供利用工作,有利于档案价值的实现,能促进和推动档案管理其他环节的工作开展,进而提高档案工作的效率和效益;另一方面能扩大档案管理理论研究的广度和深度,改善档案管理理论研究的思路和方法,是提升档案管理理论研究地位和影响的有力手段。

档案利用研究的内容主要有档案利用与服务理念研究,提供利用的方式研究,档案用户研究、评价指标和体系研究等。随着社会对档案需求的日益增多,需求层次和水平的日益提升,对档案利用的研究也越发深入和丰富。

首先是中外比较研究。国内某一学者对中西方档案利用理论的发展进行了比较研究,认为双方的共性在于:早期对利用者范围的限制抑制了利用理论的萌生,史学家对档案利用理论发展作出重大贡献,档案利用理论超越整理理论发展成为档案学核心理论。同时也存在形成背景、研究者身份、开放与保密等观点上的差异等。另一学者则从服务态度和利用意识、法律和制度、馆藏和档案机构、档案的开放、档案利用方式等五方面,梳理了近年来中美档案学者对美国档案利用工作的研究成果。

其次是用户研究。有学者认为在档案利用过程中,主体的利用行为是以利用机制的客观存在为前提的,并探讨了机制及其对主体利用活动的影响;某一博士论文则从社会整体利益和利用者的行为共性出发,对档案利用的规律性目的性进行理论探索,寻求和论证档案利用合理化的实践方案,并提出了数维度上的充分利用、质量维度上的有效利用、时间维度上的及时与长远利用、间维度上的协调均衡利用等方面的策略。

再次是技术与标准研究。有人探讨了基于分级存储提升数字化案信息利用效果的解决方案；霍振礼等对档案利用评价指标进行了探讨研究，为档案利用效果的复杂性和隐含性决定了利用指标的多方位性，并在剖析了个档案利用率公式的基础上，提出了馆藏动用率、档案利用投入产出比、利拒绝率等其他评价指标及利用指标的选择。

在本体研究方面，有学者提出应该建立档案利用学，认为这是社会与档案作发展的需要，也是加强档案学建设的需要，并认为良好的学术研究环境和泛的国际学术交流构成了档案利用学的历史机遇期。

档案利用的另一"代名词"就是档案服务，虽然有人认为二者在理念上有所区别，其实质就是一个问题的两个方面，只是前者是从利用者的角度出发的，后者则是基于提供者的视角。关于档案服务的研究同样十分丰富，并呈逐步攀升的趋势。如有人在分析现代档案用户行为的基础上，力图构建档案资源个性化服务模式，以最大限度地实现档案资源的经济价值和社会价值；有学者的博士论文就是研究我国档案公共服务政策；而有学者的博士论文则依据权利义务理论、信息权利理论、权利救济理论、信息不对称理论等，对公民利用档案权利的理论基础及实现条件进行了论述。

社会化是档案利用与服务研究新的热点，国内某学者在其博士论文中，对我国档案服务的历史形态、内在逻辑、生存环境进行梳理分析，在借鉴发达国家档案服务社会化的理论与实践基础上，探讨了我国档案服务社会化的基本原则、实现路径和运行机制；也有人运用文献计量学方法，对我国的档案服务社会化研究成果进行统计，对相关研究的期刊文献量及文献主题分布情况进行分析，得出相关档案服务社会化的基本理论研究偏多、高校档案服务社会化研究相对繁荣、加强了档案服务社会化应用层次的研究、注重档案服务社会化理论的创新研究、关注档案服务社会化发展趋势和社会化途径研究、涉及对国外档案服务社会化研究的关注与吸收等结论。

（二）档案提供利用工作的内容形式

与其他类型的档案馆相比，高校档案馆所处的环境完全不同，而且高校档案本身由于其内容和收集周期的差异，导致高校档案利用呈现出自己独特的特点：

1.社会性不强

高校档案是高校教学科研、管理等活动的历史记录，其内容决定了它不可能有广泛的社会需求，而且现实工作也表明，高校档案的利用主体主要是高校内部各单位、个人以及少量的毕业生等，甚至某一部门形成的档案最大的利用主体就是本部门本身，高校档案利用率不高说到底也是这一特点的一种表现。

2.时效性很强

高校档案的收集周期是以年度为单位的，而且收集进馆的档案大部分是对本校单位、教职工和学生开放的。由于高校档案的利用主体主要是学校内部的单位和个人，因此，高校档案的时效性就更加明显。而其他档案馆保存的档案，按规定一般是自形成之日起满三十年才能向社会开放，相比较而言时效性就显得差一些。

3.周期性明显

从类别上看,高校档案中教学档案的数量最多、利用频率也是最高的,这与学校以教学工作为中心是相一致的。与此相对应,高校档案的利用在实践中呈现出明显的周期性就不足为奇了。具体而言周期性一年可遇两次,一次是 5、6 月份,一方面这一时期是毕业生求职、出国留学等需要办理有关手续的高峰期,另一方面,准备审材料的教职员工也需要查阅档案材料;另一次是 11、12 月份,这是报考研究生的时间,许多毕业生为了继续深造报考研究生时,需要提供在校学习成绩证明,这也需要查阅档案。

4.波动性强

高校档案利用与高校政策及建设紧密相关,如高校校园建设、本科评估等,会使高校基建档案、教学档案、行政档案等的需求量陡然增加,相应的利用数量也会突然增大,因此从纵向比较来看,各年份的利用波动也非常大。

(三)档案提供利用工作的内容

档案馆(室)所开展的档案提供利用工作既包括前台服务,也包括后台的组织与准备,主要包括如下内容:

1.档案馆(室)工作人员了解和熟悉馆藏档案的数量、内容、成分、价值等基本情况,掌握各种检索工具的使用方法。

2.档案馆(室)工作人员调查分析和预测社会对档案的需求,把握档案利用需求的趋势。

3.策划、组织和建立多种提供档案的渠道,积极向档案用户提供各种形式和内容的档案信息及相关资料。

4.利用各种方式向档案用户介绍和报道馆藏,开展档案咨询服务工作。

5.建立档案利用服务反馈机制,及时了解和掌握利用情况,以及用户的意见和建议。

(四)档案提供利用工作的形式

目前档案提供利用工作的形式主要有以下几种:

1.向利用者提供档案原件,包括档案阅览室阅读档案、借出原件利用等方式。

2.向利用者提供档案复制品,包括制作档案副本、摘录,编辑出版档案文献汇编,在报刊、广播、电视和网络等传播媒体上公布档案,制作档案缩微品及音像档案副本等方式。

3.向利用者提供档案信息加工成品,包括制发档案证明、编写发行档案参考资料和编纂档案史料书籍等方式。

(五)档案提供利用工作的基础条件

档案提供利用工作是档案馆(室)接待各类用户将档案信息输送到用户手中的过程。要顺利实现这个过程,使档案馆(室)具有一定的对外服务的功能,需要具备以下基本条件。

1.完善的档案管理的基础性工作

档案工作的八项业务环节中,收集、整理鉴定、保管检索等是提供利用的基础性工作,档案馆(室)只有建立和完善了这些基础性环节,才能为档案提供利用工作准备充足、有序、优良的档案信息资源。完善这些基础性工作主要包括:丰富馆藏;通过整理和检索工作使档案信息条理化、系统化;通过档案价值鉴定达到档案质量优化;修复破损或字迹褪色的档案,并对珍贵档案采取复制、缩微、刻录光盘等方式替代原件;通过建立检索系统,方便用户的查询等。可见,档案馆(室)要想大力开展提供利用工作,首先要在完善基础性管理工作上下功夫。后台准备得越充分,则前台服务得越顺利。

2.全方位的档案提供利用的立体化渠道

档案提供利用工作实质上是一个档案信息交换、传播的活动。它应该利用现代信息传播的原理以及信息网络技术,为自己构筑一个档案信息服务的立体化渠道。

档案信息服务的立体化渠道应该包括:对档案馆(室)已有的纸质文件和音像文件的直接利用渠道、档案馆(室)的平面或立体的展示渠道、新闻与广告传媒渠道、出版发行渠道、网络信息传播渠道等。通过利用多方位、立体化的传播渠道,将档案信息最有效地推到档案利用者中去,充分发挥其作用,也使档案提供利用工作更具灵活性和适应性。

3.适用的利用服务的硬件设施

档案馆(室)的提供利用工作需要一定的场地和设施,为此,档案部门要根据自身的职能、规模和客观条件,进行利用服务的硬件建设,包括设置固定的档案阅览场所,配备必要的阅览、复制及计算机网络设备,以及其他必备的利用服务设施。

4.健全的利用服务的规章制度

为了保证在档案提供利用工作中档案和档案信息的安全,明确档案服务人员与档案用户的责任、权利和义务,规范利用程序与手续,档案馆(室)在开展利用服务之前应制定周密的档案利用服务和利用管理的规章制度。它们应该包括档案利用服务人员的职责、借阅(归还)档案的手续、档案利用管理、复制档案或开具档案证明、阅览室和展厅及相关设备管理等方面的内容。通过这些制度,一方面可保证档案利用服务的质量,另一方面可维护利用过程中档案的安全。

二、档案编研工作

档案编研工作,是指档案馆(室)以所藏档案为基础,根据用户的利用需求对档案信息进行研究和加工,编辑各种类型的档案的活动。

(一)档案编研工作的内容

档案编研工作的具体内容有以下几个方面。

1.编辑档案史料和现行文件汇编。这项工作也被称为档案文献编纂。该项工作的成果具有原始性、系统性和易读性等特点,工作成果备受读者青睐。

2.编辑档案文摘汇编。这是对档案原文的缩编,相当于档案二次文献,具有灵活、简便、及时的特点。

3.编写档案参考资料。它以综合加工编写的作品提供利用。

4.编史修志。我国历来的档案工作中,都有从事历史研究这一任务。古代的档案工作者往往同时也是历史学者,编纂朝代历史和编修地方志是常有的事。

(二)档案信息编研的类型

档案信息编研的范围很广,内容也很丰富,形式更是多种多样。人们按照各种各样的方法和标准将编研工作划分为不同的类型,这里只介绍一种。即按照对档案信息进行加工的性质和层次对编研工作的分类。

按照对档案信息加工的性质和层次,档案信息编研工作可分为抄纂、编述、著作三类。目前,许多人按照对档案信息加工的层次把档案信息开发分为一次档案信息编辑、二次档案信息编写、三次档案信息编写和混合型档案信息编写。

虽然随着计算机和信息技术的不断发展,档案信息编研的方式和手段已经摆脱了传统的手工方式,但无论编研活动怎样利用现代化技术和设备进行档案信息加工,都不能改变编研活动的抄纂、编辑和研究的本质。我们认为,按照对档案信息加工的性质和层次,把档案信息编研工作可分为抄纂、编述、著作三类,仍然是比较科学的分类方法。

1.抄纂

抄纂指人们通常所说的档案文献编纂工作,即按照一定的专题,对档案信息进行收集、筛选、转录、校勘、标点、标目、编辑和评价并以书册形式或在传媒上发表,向读者提供真实、准确、可靠的档案信息原文。许多档案馆的档案史料编辑公布活动,各机关、企业档案室的档案文件信息编辑工作都属于抄纂的范围。

抄纂"完全成于辑录",属于原文编纂,因此强调高度忠实于档案文献的原文原意,而绝不能妄加改动。尽管在抄纂过程中可以视情况对档案原文采取全录、节录、摘录等不同的辑录形式,也可以对原文进行不同程度的加工,分别印成白文本、校点本或评注本,但都必须严格遵守存真、求是、慎改、标注的八字原则。

抄纂是档案信息编研工作的基本类型,对于大中型综合档案馆来说,更是其编研工作的重点任务。

2.编述

编述就是在许多可以凭借的档案信息资料的基础上,加以提炼制作,用新的义例,改变成另一种形式的书籍。它仍然属于整理旧有文献工作,其作品内容不是经过作者创造,而是从档案信息中提取出来的,但是经过了细密的剪裁、加工、提炼,使旧有的信息发生了质的变化,从而以整齐划一的文体和崭新的面貌出现,成为更符合使用需要的东西。

编述区别于抄纂最突出的特点就是在行文时必须由编者用当代汉语将所采用的旧文献普遍翻译一次,使之成为通俗易懂的作品。编述活动仍然要遵循"述而不作"的原则,以客观地介绍、转译、综述旧文献及其所记录的史实为主,不能多发议论,不能把自己的观点寓于客观叙述之中。

就编研形式而言,编写档案文献报道性材料和编写档案文献撰述型材料部属于编述范围。

3.著作

著作与抄纂和编述相比,是科学研究性最强,难度最大,要求最高的一项工作。尽管如此,它仍然是编研工作的重要类型之一,档案馆(室)尤其是大中型综合性档案馆应该持续开展著作类编研活动,主要内容就是编史修志。

所谓编史是指开展与馆藏档案有关的历史研究,撰写有关论文和专著。这种编史是和历史学的研究工作有区别的,它以馆藏档案为基本史料,以考证研究为主要任务。

所谓修志是指参加编修地方志。"档案是方志之骨",编修地方志是一项复杂的工程。任何一部志书都离不开档案部门的支持和参与。参加编修地方志也是档案工作者义不容辞的责任和义务。

(三)档案编研工作的重要意义

档案编研工作对整个档案工作具有十分重要的意义。其具体反映在以下几个方面。

1.有利于更好地为社会提供档案利用

档案编研工作是主动地、系统地、广泛地提供档案利用的一个有效方式。因为档案工作人员把具有研究价值和实用价值的档案信息编辑、加工后,推荐、分发给有关人员使用或公开出版,是一种主动服务方式;而将特定题目的档案文件或档案信息集中、系统化,可以在很大程度上使利用者的查找时间和精力得以节省。此外,档案编研成果更利于传播,使馆外利用、异地利用成为可能。这些都说明,档案编研工作有利于更好地为社会提供档案利用。

2.有利于提高档案馆(室)的工作水平

首先,开展档案编研工作,档案馆(室)一般都会先进行档案的收集与整理等工作。这些基础工作往往又能够对档案馆(室)的整个工作起到全面检验的作用。其次,档案编研工作对档案工作人员的要求较高,其需要具备较高的知识水平、研究能力以及专业素养,因此不断开展编研工作又能够促进档案工作人员工作水平的提高。最后,档案编研工作能够向社会各界和本机关提供系统的档案信息服务,这有助于档案馆(室)扩大档案工作的影响,获得更多的社会支持。

3.有利于保护档案原件和流传档案史料

开展档案馆(室)的编研工作,编写参考资料和汇编档案史料,能够大大地减少这些资料和史料的损坏和流失,有利于档案原件较为长久地保留下来。将档案文件汇编出版,更是相当于为有关档案制作了大量副本,分存于各处。可见,档案编研工作有利于保护档案原件和流传档案史料。

(四)档案信息编研的基本原则

对于档案信息编研活动,"研"是整个编研活动的中心,整个档案信息编研过程,实质上就是对档案信息研究的过程,档案信息编研成果就是对档案信息研究的成果。因此,档案信息编研活动属于著作行为范畴。它决定了档案信息编研活动必须遵循科学性的原则。另一方面,档案信息编研成果为中国特色社会主义事业发展服务的功能又决定了其带有明显的政治倾向,必须坚持政治性的原则。因此,科学性和政治性是档案信息编研的基本原则,必须坚持科学性和政治性的统一。

1.档案信息编研的科学性原则

在档案信息编研活动中坚持科学性原则基本要求就是实事求是,即忠于档案原文以存真,对档案信息科学加工以求是。

（1）忠于档案原文以存真：档案的原始信息内容即原文原意，是决定档案信息价值的客观物质基础，一经形成，就绝不允许做任意改动。在编研过程中坚持"忠于原文以存真"的原则，就是要忠于原文原意之真，不可妄行增删改易。我们通常所说的"保持历史文献原貌"就是这个意思。

忠于档案原文以存真，是编研工作的首要原则。只有依据这样的原则做出的档案信息编研成果，才能成为利用者的重要参考和凭证，以及作为利学研究的基础和条件。

在编研活动中，"存真原则"根据编研材料类型不同其体现也略有不同。档案文献信息的编纂强调忠于原文，而编写各种参考资料，则要求忠于史实、忠于原貌、尊重历史。

（2）对档案信息科学加工以求是：由于社会和自然的各种原因，档案在形成、保存和流传过程中，往往会出现各种失真、失序、失辨的现象以及一些不便阅读之处。对此，编者有义务通过认真研究加以改进即进行必要的加工。如转录、校勘、标点、标目、编排、综述、翻译和注释等技术性的处理，以保持档案信息的可据性和可读性。科学的加工与存真并不相悖，科学的加工是为了纠正档案信息中的种种弊端和谬误，更准确地体现档案文献作者的原意，更有效地恢复其本来面目，这就是"求是"。"存真"必须"求是"，"求是"是为了正确"存真"，"存真"和"求是"两者是统一的。

此外，在编研过程中全面体现科学加工以求是的原则，还应该遵守以下两条准则，即标注准则和慎改准则：

第一，标注准则。凡经编者加工改动之处，必须以符号或文字加以标示说明，必要时还应交代加工改动的原因和依据，不可径直改动。为此，使用符号将加工之处一一标示出来，或者在校勘记、注释、按语和凡例中加以说明，就显得十分必要。经过标注，把忠于原文与坚持必要的加工有机结合在一起，使得原文与加工改动之处"泾渭分明"，同时具有取信和方便读者的双重效果。

第二，"多闻厥疑"，慎重下笔，凡改无确据或可改可不改者，不可强改。也就是我们在对档案信息编研活动中遇到疑似传疑情况而又找不到根据难以做出抉择时要维持档案文献的原状，留待读者去做进一步研究。切忌想当然轻易下笔，强加改动。大量事实证明，很多看来是想当然的却未必然，凭臆妄改只会错上加错。《公羊传解诂》在论到孔子对《春秋》中有"昭公十二年""齐高堰帅师纳北燕伯于阳"中的"伯于阳"三字明知是"公子阳生"之误但却没有进行纠正时曰："此夫子欲为后人法，不欲令人妄臆错。"至今对我们仍有借鉴意义。

2.档案信息编研的政治性原则

档案信息编研的政治性原则主要体现在以下几个方面：

（1）坚持社会主义方向的原则：就是档案信息编研工作必须坚持以"三个代表"重要思想为指导，努力维护和体现最广大人民的根本利益。编研的选题、选材及其最终成果都应当有利于中国特色社会主义物质文明、政治文明、精神文明的建设。当编研题目和材料涉及党和国家重要政策、国际关系、外交事务、国家利益等重要事务时，要区分利害，考虑影响，保持政治警惕，树立大局观念。同时要坚持历史唯物主义和辩证唯物主义对编研活动的正确指导,使编研成果具有较高的政治理论水平。

(2)遵守授权、审批、时限、保密的原则:档案信息公布权是控制档案公布活动实施权限的法律规定,是档案所有权的组成部分。《中华人民共和国档案法》第二十二条规定:"属于国家所有的档案,由国家授权的档案馆或者有关机关公布,未经档案馆或者有关机关同意,任何组织和个人无权公布。"

档案馆和有关机关在档案信息编研立项时也须经主管领导的批准,编研成果也要经过主管领导的审查。对于涉及党和国家重大政策及外交、外事、边界、民族关系等问题的重要档案信息编研成果的出版,必须经过有关部门的审查和批准。

档案信息公布的范围,按照档案法及其实施办法的规定,应与国家规定的属于开放范围的档案信息相一致。

作为档案信息的编研者在从事编研工作时还应注意遵守有关保密法规,公开出版和公布的档案信息及其编研成果不应涉及有关保密事项。

此外,在知识产权保护日益重要的今天,进行档案信息编研成果的公布、出版和传递活动,也要注意处理好档案馆与档案原作者公布权归属的关系,处理好档案室与所属单位的关系,与有关作者的关系,不得因违反有关规定擅自出版和传递而造成侵权损害。

3.档案信息编研的效益性原则

服务是档案信息管理的根本目的。档案信息编研的最终目的就是使利用者需求满足最大化,从而取得档案管理良好的社会效益。随着人们对信息包括档案信息的需求日益增长,档案信息编研工作的效益性应该坚持以下原则:

第一,质量是档案信息编研成果的生命,必须坚持档案信息编研工作质量第一的原则。不能因为社会需求的急速增长而放松和忽视对编研成果质量的要求。

第二,在档案信息编研社会效益和经济效益发生矛盾时,不能片面为了商业利益而忽视社会效益,经济利益必须服从于社会效益。即保证档案信息的开发利用必须有利于坚持先进文化前进方向的要求。

第三,档案信息编研工作要讲求实效。编研的立项、编辑形式和计划都要从档案信息和客观需要的实际状况出发,统揽全局,突出重点,区分轻重缓急,合理布局,学会运用社会主义文化市场的调控机制做好档案信息成果的出版、发行和传递。

(五)档案编研工作的程序

1.熟悉馆藏档案,确定编研课题

在档案编研工作开始之前,编研人员首先要做的就是熟悉本馆的馆藏档案。在此基础上,就可以开始档案编研工作的第一步——确定编研课题。确定一个好的编研课题是搞好编研的关键。在定题时,应当以实际需要为前提,以馆藏档案为依据,通过调查和分析做出结论。定题的方式通常有以下几种:

(1)根据需求预测定题。预测,就是在客观现实的基础上,运用科学的方法,对事物的发展做出展望和判断,使编研材料的提供与社会需求相一致。

(2)围绕党和政府的中心工作定题。地方党委、政府在一段时期内都会有突出的中心工作。在馆藏档案中,有许多内容是与中心工作相关的真实记录,档案部门可以根据党和政策开展的中心工作,开发馆藏档案信息,提供编研材料。

(3)根据档案利用查阅人多量大的需求情况定题。凡利用率高的档案,就是档案编研定题的目标,通过编研,把那些经常利用的而分散在各个全宗、各个案卷的档案,汇编成系统的专题史料,以满足社会利用的需要。

(4)根据最具有地方特色的馆藏档案定题。档案馆应尽可能发挥馆藏档案优势,积极开发具有地方特色的档案信息。这些地方特色的档案史料,不仅从长远看具有总结经验的价值,而且可以配合地方文化建设,直接产生经济效益。

2.收集相关资料筛选组织

确定了编研课题之后,编研人员就可以着手档案材料的选材、加工、编排及查考性材料与评定性材料的编写。首先是围绕题目,广泛收集和积累材料,占有丰富的文件材料,力求全面、准确、完整、系统。其范围越广泛越好,内容越完整、越系统越好。其次是组织材料,将材料进行梳理、筛检、编排,形成系统。

3.整理成果形成产品

编研工作的最终目的是将编研成果以图书等文献的形式呈现出来,供需要的人或组织来利用。编研成果一般要求"齐、清、定"。"齐"是指书稿的内容和有关部门对公布与出版部分档案材料的审批手续齐全。"清"是指稿面字迹清楚、图稿清晰准确。"定"是指送交的书稿无论内容还是规格都已最后确定。

在整理成果形成产品的过程中,编研人员要注意以下几点。

(1)进一步审定书稿的内容。书稿完成后要进行审核,主要审查书稿的内容是否合理、真实、有序。引用的档案材料有无错误或漏字等现象,以确保编研质量。

(2)进一步审核编研成果的辅助材料。辅助材料有三种:评述性材料,如注释、按语、序言等;查考性材料,如年表、插图、备考和凡例等;检索性材料,包括汇编目录和各种索引。

(3)统一编写规范。资料收集与编辑格式、转录的要求、标题的拟写、编者说明的拟写、封面目录的必要项目与格式等,都可以做出统一的规定。

(4)充分发挥网络作用。在当前社会背景下,互联网已普及开来。所以,网络档案编研必将成为新时期档案编研工作的趋势。所以,档案编研工作要注意充分发挥网络作用。目前,各级各类档案网站的建设为网络编研工作的开展提供了物质保证,同时也对档案编研工作提出了更高的要求。

第二节　档案利用方式

档案馆(室)提供档案为社会主义事业服务,是通过各种各样方式进行的,以下几种方式最为常见。

一、阅览室提供阅览服务

阅览室是档案馆(室)集中接待利用者,让其查阅档案信息,并为其提供咨询服务的基本场所。因此,通过阅览室为利用者提供阅览服务是一种很普遍的档案利用服务方式。

(一)阅览室提供阅览服务的优点

档案是历史记录的原始材料,一般多是单份、孤本或稀本,有的内容具有一定的机密性。此外,档案馆(室)收藏的档案,又不能也不必要全部复制多份广为传递,而应主要采用馆(室)内阅览的方式。建立阅览室接待利用的方式,有很多的优点,主要表现为:有专门设施,有专人监护和咨询,既便于档案的保护和保密,又能为利用者提供较好的阅览条件;可以减少档案流转环节,降低磨损程度,有利于延长档案寿命;可以提高档案的周转率和利用率,避免因一人借出馆外而妨碍多人利用之弊;便于了解和研究利用档案的情况,从而改进和提高利用工作。

(二)阅览室的设置

阅览室的设置应当既有利于为阅览者提供便利,又有利于工作人员的管理工作。一般来说,档案阅览室的设置包括地址、环境、配置和制度等几个方面。

第一,地址。要考虑方便管理和方便利用两方面因素,一般设在档案室附近,相对独立和安静。如果档案室用房比较紧张,也可以在档案管理办公室内设立相对独立的区域,不可将档案库房兼作阅览室。

第二,环境。要求空间比较宽敞,采光明亮,安静清洁,可放置一些绿色植物,保持空气清新。

第三,配置。阅览室应设有服务台、阅览桌椅、布告栏、检索工具等设备,还应附设为利用者服务的图书资料室,备有与馆藏有关的和通用的历史、政治、经济出版物,报刊资料,词典、文摘、索引、书目、年鉴、手册和指南之类的工具书。

第四,制度。阅览室必须悬挂阅览室服务人员和利用者共同遵守的规章制度,如《阅览室接待范围》《阅读档案须知》等。

近年来,随着办公设备现代化的普及以及各种非纸质档案资料的大量出现,可以开辟电子阅览室,室内配备计算机、录音机、阅读器等设备,以方便利用者。

(三)档案借阅的相关规定

阅览室须制定阅览制度,作为服务人员和研究人员共同遵守的行动规范,阅览室工作人员要负责宣传与监督它的实施,如规定档案借阅范围和办法以及其他有关的规则。

为了保护档案和保密,利用者不能借阅与其利用范围无关的档案。对于残旧、脆化等易损档案和特别珍贵的档案最好提供复制本,一般不出借原件。尚未经过整理的零散文件,一般不予借阅。出于特殊情况,需要和可能借阅时,须逐件登记。利用者必须爱护档案,不得在文件上做任何记号和涂改。利用者不得将档案带出阅览室外,阅毕的档案应及时归还,认真清点。如发现污损、涂改、遗失及其他异常情况,须立即采取措施,予以妥善处理。

为了总结经验改进阅览室的工作,阅览室应建立利用登记和统计分析制度。通过对利用者类型、利用档案成分、利用效果、利用者意见的研究,取得阅览服务的信息反馈。定期汇总分析上述情况,可以了解利用者的意见和动向,掌握利用工作的某些规律性,以便不断调整和改进阅览室工作以至整个档案利用工作。

二、外借

档案大多数情况下是不借出档案馆(室)使用的,但有时候为照顾党、政领导工作之便,或某些机关必须用档案原件作证等特殊需要,也可以暂时借出馆(室)外使用。不过,对于那些特别珍贵与残破的和脆化的常规文件、古稀文本,以及照片、影片、录像带、录音带等原件,不能借出馆外。

(一)档案外借的流程

1.审核借阅申请单

须外借档案者必须向档案管理人员提供经领导批准的借阅申请,如是本组织有关人员借阅档案,应填写档案借阅单,经分管领导批准后办理借阅手续。如是外单位人员借阅档案,应持查(借)阅档案介绍信,经其所在组织领导及本组织管档领导批准后办理借阅手续。不论内部人员借阅,还是外部人员借阅,档案管理人员均须对其提供的借阅单或介绍信认真审核,符合要求才给其办理外借手续。表 8-1 是一份档案借阅单,可供参考。

表 8-1　档案借阅单

第 01 号

借阅人	×××	联系电话	12345678
借阅时间	年×月×日	归还时间	年×月×日
批准人	×××	经办人	×××
案卷或文件题名	档案(案卷)编号	保管期限(年)	份数(页数)
2008 年度销售工作总结	×××××	30	1 份 8 页
2009 年度销售工作总结	×××××	30	1 份 11 页
2010 年度销售工作总结	×××××	30	1 份 15 页

借阅目的:

撰写××项目申报书参考

借阅须知:

(1)自借出日起 5 天内归还,最多不得超过一个星期。

(2)不得拆散案卷,抽取卷内文件,不得在案卷上涂改、填注、加字、做记号。

(3)不碍损坏、污染案卷。

　　说明:一式两份,档案归还后,一份退给借阅人,一份档案室留存备查。

2.填写档案借出登记表

档案借阅单经审核后,方可办理档案外借手续。此时,借阅人须填写档案借出登记表,审核各项内容无误,并与借阅人清点所借档案,让其在"借阅人"栏签字,经办人在相应位置签字,并叮嘱借阅人 5 天内将档案归还。

3.设置代卷卡

档案被借出后,在被借阅案卷的位置上,应设置醒目的档案代卷卡,本任务处理见表 8-2,标明借阅卷号、借阅时间、借阅组织和借阅人姓名、归还时间等,便于检查和催还借出的档案。

表 8-2　档案代卷卡

全宗号	
目录号	
案卷号	
借阅者	
借阅时间	
归还时间	
备注	

4.归档检查

借出的档案在归还时,阅览室工作人员要认真清点数量是否与借出时一致,仔细检查档案状况,看是否有毁损情况,如完好则及时办理借阅注销手续,将借阅单退给借阅人,将借出档案归还原位,撤出代卷卡。如有毁损,应及时请示领导,予以补救与处理。

(二)档案外借的注意事项

1.档案外借必须在严格的规章制度下进行,尤其是要经过一定的批准手续,否则不予外借。

2.借出使用的时间一定要有限制,时间不可过长。同时,外借档案的数量也应得到必要的控制。

3.借阅范围要明确。未经领导批准,借阅者不得随意扩大阅读范围或转借他人,以保护档案的完整与安全。

4.档案馆(室)工作人员对档案的借出情况要随时掌握,使用期限快到的档案,应及时督促借阅者按时归还。借出档案被归还的时候,要细致检查案卷的数量和卷内文件情况。

三、制发复制本

随着科学技术的不断更新,以及社会对档案利用需要的不断增长,档案部门开始制发档案的复制本供人们使用。所以,制发复制本现已成为非常流行的一种档案利用服务方式。档案复制本一般被分为副本和摘录两种。副本就是反映档案原件所有组成部分的复制本;摘录就是只选取档案某些部分的复制本。手抄、打字、复印、扫描、摄影等都是常用的复制方法。

(一)制发复制本的优点

制发档案复制本提供利用的优点:第一,利用者不用到档案馆(室)就可获得所需要的档案材料,这样既能够为用户提供大大的便利,又能够在同一时间内满足更多用户的需要,使档案更充分地发挥作用;第二,档案复制本代替档案原件供人们使用,档案原件就可以得到很好的保护和流传了。

(二)制发复制本的流程

1.审核档案复制申请单

利用者要想复制档案,必须先填写复制档案申请单,说明复制的用途、档案名称、复制份数和规格、复制形式和方法等,报请有关部门或领导批准。档案管理人员要认真审核,符合要求才能准予复制,并将申请单归档备查。

2.进行复制

根据实际情况采用抄录、复印、扫描、激光照排、翻拍、晒印蓝图等手段复制档案。

3.进行核对

将复制件与原件仔细校对,确认无误后在复制件的空白处或背面注明档案馆(室)名称、原件编号,并加盖公章以示负责。

4.做好登记

严格按照程序做好登记,填写档案复制登记表。属于用后须退回处理的复印件,要按时追回并依规章制度进行销毁。

(三)制发复制本的注意事项

1.应注意提高复制技术水平,尽量满足不同的复制利用要求。

2.在制发范围和批准权限等方面应妥善处理。

3.档案复制本必须和档案原件仔细校对,并在文件余白或背后注明档案馆(室)的名称,档案原件的编号。必要时加盖公章,以示对复制本的负责。

四、制发档案证明

档案证明是档案馆(室)根据机关(如公安、检察、司法机关)、团体或个人的询问和申请,为了核查某种事实在本馆(室)保存的档案中有无记载和如何记载而编写的书面证明材料。档案馆(室)制发档案证明,是满足机关、团体和公民利用档案来说明一定事实的一种手段,因此也是一种重要的档案利用服务方式。

(一)制发档案证明的流程

1.利用者提出申请

档案证明服务必须先由利用者提出申请才能制发。申请要写明申请出具证明的理由、所要证明的事项及其时间、地点等情况。档案管理人员要对利用者提出的申请进行认真的审查,并查看其个人身份证明。

2.查找材料

经审查,利用者提供的申请手续完备、符合要求,管理人员就可以根据申请内容查阅有关档案材料,作好出具证明的准备。

3.编写证明

查到相关档案材料后,根据档案正本或可靠的抄本来编写证明。证明材料要写清申请者姓名、证明事项、依据出处及编发证明的档案机构名称、编发证明的日期等,以便于对申请书的审查以及证明材料的查找与编写。证明材料写好后,必须与原始材料进行认真的核对。

4.审批发出

证明材料办理完毕后,必要时还要将证明材料送领导审批,最后加盖公章后通过适当方式发给申请者。

(二)制发档案证明的注意事项

1.档案证明必须根据机关、团体或个人的申请才能制发。

2.档案证明应根据档案正本或可靠的抄本来编写。如果没有正本或可靠抄本,可根据草案、草稿来编写,并在证明上加以说明,如未经签署、记录草稿或试行草案等。

3.不论根据什么材料编写,都要在档案证明上注明材料出处和根据。

4.档案证明的文字要求确切明了,内容范围要限定,不能超出申请证明的问题而列入其他材料。

五、参考咨询

档案的参考咨询,是指档案工作人员对利用者在利用档案的过程中遇到的疑惑进行解答,并指导其更好地利用档案信息资源的一种服务方式。积极开展档案的参考咨询服务,能够帮助利用者解决问题,并有效地宣传档案及档案工作。

(一)参考咨询的流程

1.接受咨询问题

接受咨询时,首先要审明咨询的目的、内容、范围和要求的深度和广度,以便确定检索途径和咨询方式。特别要结合审题,明确本馆(室)有无咨询依据材料和承担咨询的条件。尚未明确的,应向提出咨询的机关、个人进一步问清,以避免无效劳动或答不切询。对利用者在借阅档案过程中提出的问题,如果问题较为简单,则立即回答,或借助于检索工具和有关材料,短时间内予以解决;如果问题比较复杂和困难,则记录下来研究后再予答复。须注意的是,不是所提问题都要处理、解答。如果利用者所咨询的问题已超出业务范围,或是涉及党和国家机密的,或是属于家庭与个人方面不宜公开的问题等,应说明情况,谢绝解答。

2.查找档案材料

根据利用者提出的咨询问题,档案工作人员要进行深入的分析与研究,明确需要查找的范围,然后选择合适的检索工具与检索方法,最后查找出有关的档案材料,获取到能够帮助利用者解答问题的信息。

3.答复咨询问题

档案工作人员在获取到相关的信息后,就可以据此向利用者提供答案。答复的方式要根据具体的情况来确定,可以直接提供答案,可以提供档案复制本,也可以介绍有关查找线索让利用者自己来查阅。需要注意,提供档案材料时一定要注明档案材料的出处,包括作者、文种、形成时间、档号(全宗号、目录号、案卷号、页号)。如果对于某一事实,档案中有不同的记载,要全部提供给利用者,由他们自己来分析判断,工作人员不需要给出自己的意见。

4.建立咨询档案

在参考咨询过程中,档案工作人员应当有意识地建立咨询档案,以方便后续的工作。尤其是重要的有长远参考价值的,或者可能重复出现与解答不了的咨询问题,应作完整的记载。

(二)参考咨询的注意事项

1.接待咨询要求热情认真,解答翔实。无论利用者当面或电话咨询,凡不能即席解答的,或让利用者稍候,或另约时间等,都应从便于利用者考虑,使之省时省事而又获得满意的结果。

2.明确咨询问题。档案工作人员在提供咨询时应知道询问者所提出的问题是什么,目的是什么,所涉及的内容和范围是什么。

3.提高查阅档案材料的效率。档案工作人员应熟练使用各种检索手段,以便快速查找到目标档案,缩短咨询者的等待时间。

4.解答咨询问题要明确,避免随意扩大信息范围。

六、展览

档案展览是指根据某种需要,采用平面或立体的手法,以一定的主题系统展示和陈列一些档案原件或复制件的一种档案利用服务方式。档案展览会可以由一个档案馆(室)单独举办,也可几个档案馆(室)联合举办,或有关单位联合举办。可经常性地长期陈列展出,也可以临时展出。展览陈列的地点和方式,可根据需要和条件,或固定展出,或巡回展出。

(一)展览的优点

档案展览在实际工作中发挥着不可替代的作用,主要是因为其具有诸多的优点,具体如下:

1.档案展览会本身就是提供档案信息的现场,利用者可以从中得到较为集中和系统的材料,甚至发现从未见过和难以找到的珍贵材料和线索。

2.能在一定范围内组织较多的观众参观,服务面比较广泛。

3.档案展览能够带来良好的社会效益。经过选择和组织展出的典型材料,能以档案的原始性、真实性和形象鲜明见长,给观众留下深刻的印象,起到生动的宣传教育作用。

4.档案展览能够促进档案馆(室)的各项工作。因为展览需要档案工作部门与人员精心筹备,需要对馆藏档案进行深入开发,设计出富有吸引力和感染力的展览形式。

(二)档案展览的流程

1.确定展览主题

在档案的展览过程中,主题的确定是非常关键的一环。它关系着档案展览的有效组织与实施。所以首先要明确举办展览的目的,确定题目以及展出档案的内容和范围,也就是要确定举办一个什么类型的档案展览会。展览的内容,是根据举办的目的和档案馆(室)所保存的档案的情况决定的。

2.设计展览方案

为了保证展览内容的思想性和科学性,最好事先拟出详细的展出计划和展出档案的提纲,提请有关领导批准后据以实施。

3.精选展览材料

档案展览会内容的思想性、科学性和展出的效果如何,首先取决于展出档案的内容和种类。所以,必须围绕主题精心选择最有价值和最有意义的材料,特别是选择能正确反映历史事件、揭示事物本质的档案材料。同时,一定要深入地研究和分析形成档案的历史环境、事件始末。只有以历史唯物主义的观点,在深入研究材料的基础上,选出的档案才更具有展览价值。

4.展出设计

为了加强展出效果,还应进行周密的展出设计,并根据整体方案对选出的档案进行分类排列。一般的分类排列方法是先按专题分开,每个专题内再按事件和时间顺序排列,既要照顾到一个专题内档案的集中和系统性,又要照顾到各个专题间的相互联系,使人看了既感到材料丰富、全面,又觉得主题明显,中心突出和完整地反映了历史事实的过程。对一些最贵重的档案,可陈列在引人注意的地方。为了使观众能一目了然,在每一部分或专题之前,可以写明标题提要介绍等。档案内容的重点,在不涂写档案的原则下,加上鲜明的标记。

5.档案展出

档案展出时,必须注意档案的保护和保密工作。展出的档案一般都用复制品,展出原件时应采取透明装置等保护措施,以防止档案的遗失和损坏。展出机密性的档案,须经领导批准和规定参观者的范围。在展览过程中应注意配合进行讲解工作,负责解答观众提出的有关问题,并适当地进行必要的宣传。

6.善后处理

展览结束后,展品若是原件,经检查确保完好后归还原处;若是复制品,拆除后也应妥善保存。展板可根据需要保存或拆除。当然,及时做出总结也是很重要的任务,尤其是要分析展览效果与影响,以便为以后提供借鉴。

第三节　现行档案文件及档案文摘的汇编

一、现行档案文件汇编

(一)现行档案文件汇编的种类

常见的现行文件汇编主要有法规文件汇编、重要文件汇编、发文汇编、会议文件汇编、公报和政报以及其他专题文件汇编。

1.法规文件汇编

法规文件是指党和国家各级权力机关及其所属业务主管部门颁发的强制推行的、用以规定各种行为规范的文件,如法律、法令、规定、决定等。法规文件汇编有综合性汇集和专题性汇集之分。综合性汇集是将某一级别政府机关颁布的各种法规文件加以汇集,如《中华人民共和国法规汇编》《中华人民共和国政策法令选编》等;专题性汇集是将某一专业领域的法规文件加以汇集,如《中国人民解放军军事规章汇编》《国家林业法令汇编》等。法规文件汇编一般应由有权制定法规的机关进行编辑出版,具有权威性、准确性和资料性等特点。

2.重要文件汇编

重要文件通常是指有关方针政策方面的规定性、指导性文件,将这些文件汇编成册即为重要文件汇编。重要文件汇编的收录范围可以是上级机关文件,也可以是本机关形成的文件,汇编完成以后可供本机关使用,也可印发给下属单位,供查阅执行。重要文件汇编在编前应当确定选材的范围和标准,以避免实际选材中的盲目性。重要文件汇编的内容大多是综合性的,编制时须分门别类后按发文时间顺序排列。

3.发文汇编

发文机关将本机关的发文定期(通常按年度)集中成册,即为发文汇编。一个机关的发文内容不同,保管期限不同,立卷归档后往往分散在不同的案卷之中。编辑发文汇编时应将本机关一定时期的发文收集齐全。发文汇编的特点是材料集中,时间针对性强,利用发文汇编可以代替查阅档案原件。

4.会议文件汇编

会议文件汇编,即把会议中产生的有一定参考利用价值的文件汇集成册。会议文件汇编不需要收录一次会议的全部文件,要选择在社会或机关发展中有重大影响,能够反映会议基本情况、具有查考价值的文件加以汇编。例如,各级党组织的代表大会,各级人民政府的人民代表大会,工会、共青团、妇联等社会团体的会员代表大会,学术团体的重要学术会议等,都可以编制会议文件汇编。

编制会议文件汇编时,不可将不同性质会议产生的文件混编成一册。对于不同用途的会议文件汇编可采用不同的方式进行。

5.公报和政报

党和政府的领导机关定期将重要文件汇集起来公开发行,可采用公报、政报等形式,如国务院定期出版《国务院公报》、教育部印发的《教育部政报》等。公报、政报是一种主动广泛公布文件、上情下达的有效形式,可供各方面查阅。公报、政报的选材范围主要是有关方针政策的规定性、指导性文件,如重要指示、行政法规、规章制度、重要文件及领导人重要讲话等。一般以正式下发的文件为主,选用领导讲话时要确保内容的准确无误。

6.其他专题文件汇编

档案馆(室)还可根据需要编辑各种专题文件汇编,如规章制度汇编、工作规范汇编、调查研究文件汇编、学术文件汇编、范例类文件汇编、专门业务文件汇编、成果材料汇编等。专题汇编是将集中反映同一问题的一组文件汇集而成的一种一次加工的编研材料。专题文件汇编在选材上要专、要精,不要把其他问题的文件混杂其中,要注意选择正式下发的、现实有效的文件,调研、学术、范例、成果类汇编则要注意选择具有较高参考价值、学术价值的文件。专题汇编内文件可根据内容特点分类或按时间顺序排列。

上述几种现行文件汇编,应尽量使用原件的"重份"文件进行汇集。要用全文,不要节录。在文件汇编的正文之前,应编写编辑说明和目录,在编辑说明中简要介绍该汇编的编辑目的、收录文件范围、编排体例等事项。现行文件汇编有内部使用和公开印发两种发布形式,可根据文件特点和实际需要加以选择。

(二)现行档案文件汇编应注意的问题

1.材料收集要注意完整

各级党委和政府及有关部门形成的文件,大部分需要基层单位贯彻执行,因此,文件汇编的材料是否齐全、完整,将影响到汇编使用的效果。为了保证收集材料的完整性,应严格按照收文或发文登记簿逐一进行收集,不得有遗漏。

2.材料整理标准应注意规范

文件汇编应按照一定的规范和要求进行。第一,按照一定的秩序(作者—年度、年度—作者)排列文件,且排列方法应注意前后保持一致。第二,编制目录与页号。对文件汇编要逐页编号并逐件编写目录。第三,装订成册。一般情况下,一年的文件可装订成一册,如果一年内文件数量较多,可订数册,每册厚度一般在 2cm 左右。文件汇编的封面要求统一,整齐美观。第四,封面上应标示文件汇编的名称和年度。

二、档案文摘汇编

(一)档案文摘汇编的特点

档案文摘汇编具有以下几个特点。第一,篇幅短小,字数一般在 200~400 字,是对原文内容的精确概括。第二,信息量大,要求言简意赅地集中揭示出文献资料所反映的主要内容,利用者可在短时间内获得大量信息。第三,忠实于原始资料。文摘必须是对原始资料主要内容的准确概括。第四,引导利用。简明扼要的文摘方便使用者了解原文的主要内容,引导使用者查找选择自己需要的原始档案。第五,快速灵活。文摘的出版形式灵活多样,可汇集成册,也可以在刊物上刊载,能及时反映各种文件中的最新信息。

(二)档案文摘的编写

1.档案文摘编写步骤

档案文摘撰写工作,既可以由原文作者自行撰写,也可以由档案机关工作人员撰写。撰写档案文摘大体有以下步骤。

(1)精读原文,熟悉内容,对文献有充分的理解和认识。

(2)准确把握文献的主要内容,摘录要点。

(3)客观表述文献的重要内容,撰写文摘。

(4)审核修改。

2.档案文摘构成

当档案文摘作为著录条目的一个项目时,可直接撰写正文;独立使用的档案文摘要有统一的格式,一般由下列项目组成。

(1)文摘号,即文摘在汇编中的顺序号,表示排列顺序,便于检索。

(2)文摘题名,即一份文摘的标题,概括揭示摘录文件的内容,可使用原文件标题。

(3)原文作者,即档案文件的作者。

(4)原文出处,即档案文件的存址,可填写档案机构名称及档案号。

(5)文摘员,即编写档案文摘的人员,填写该项意在表示负责。

(6)正文,是对档案文献原文内容的概括介绍。撰写正文应注意要忠实于原文,客观、如实地叙述文件的主要内容,避免带有个人偏见或编写人员的主观意见;文字要简练、准确,使用规范的书面语和专业术语。

(三)档案文摘汇编的形式

比较常见的档案文摘汇编形式有以下三种。

1.学术论文文摘汇编,如一些大专院校将保存归档的硕士研究生和博士研究生学位论文的全部或部分学术价值较高的文摘汇集成册,供利用者查阅。

2.科技成果文摘汇编,是一种开展科技信息交流、宣传推广科技成果的有效方式。科研单位、企业、大专院校都可以编印科技成果文摘汇编。例如,中国航天工业总公司档案馆编印过两册《成果汇编》,整理选编了公司各系统1000多项科技成果文摘。

3.专题档案文摘汇编,专题档案文摘汇编是根据社会各方面的需要,选择某一领域方面的问题编写档案文摘汇编公布使用。例如,福建省档案馆从1992年起编印《档案资料摘编》,结合社会发展形势定期发表专题档案文献汇编;结合全国开展的救助失学儿童的"希望工程",选编了民国时期有关兴学、办学的档案文摘;结合股份制的兴起,选编了民国初期创办股份制企业的档案文摘,选材时效性强,编写精练、及时,很受利用者欢迎。

第九章 人事档案的管理

第一节 人事档案管理的内涵

一、人事档案概述

（一）人事档案的含义与性质

1.人事档案的界定与含义

关于人事档案的界定，学者们虽然存在不同的表述，但对人事档案核心问题的把握是基本相同的。学者们关于人事档案的界定主要反映了人事档案的形成主体、大致内容、作用及其属概念。结合当代人事档案发展的时代特征以及学者们的观点，我们认为，人事档案是在组织人事管理活动中形成的，经组织审查或认可的，记录、反映个人经历和德能勤绩的，以个人为单位立卷归档保存的文字、音像等形式的档案。简言之，人事档案是记录和反映个人德能勤绩等综合情况的，经组织认可归档保存的档案。

根据上述界定，人事档案主要有以下几个含义：

（1）人事档案的属概念：人事档案的属概念是档案，也就是说档案是人事档案的上位概念，人事档案是档案中的一种专门档案。认为它的属概念是材料，是历史记录都不够准确。

（2）人事档案的本质：人事档案的本质是人员经历和德能勤绩等原貌，而不是其他方面。

（3）人事档案的记录材料：人事档案的记录材料即载体形式包括文字、声音、图像、照片等，由此形成了不同载体类型的人事档案。

2.人事档案的性质

性质是事物的本质，人事档案的性质就是指人事档案的本质。根据人事档案的界定，人事档案是国家档案的重要组成部分，具有一般档案的共性——原始记录性。但人事档案又具有个性，主要表现在集合性、认可性、专门性、真实性、机密性、现实性、动态性、权威性等方面。

（1）集合性：人事档案是以个人为单位、按照一定原则和方法组成的专卷或专册，集中反映了一个人在不同时期或不同单位的经历、政治状况、业务状况等全貌。卷内的每一份材料，都必须反映该人员的情况，不得夹杂或混入别人的材料，也不能将该人的材料肢解割裂，分散在不同的部门保管，以保证该个人档案的完整性。如果将一个人不同时期或不同问题的材料分散存放在不同单位或不同个人的档案里，肢解或分解了该人的档案材料，一旦组织上或单位需要系统了解这个人的情况，就如大海捞针，不仅工作量大，效率低，而且很难查全，甚至会漏掉重要的材料，以致影响对该人员的使用。因此，人事档案应是集合性的材料，应能集中反映某个人的历史全貌。

（2）认可性：人事档案材料不是杂乱无章的堆积，也不是任意放进去或编造的个人材料，而是经组织、人事部门认可的个人材料。人事工作的中心任务就是用人，要用人就应做到知人善任，因此组织、人事部门经常采取各种形式了解人员的经历、表现、才能、成果等情况，需要个人填写履历表、鉴定、小结、成果表、考核材料等，所有这些材料，必须得到组织认可，不能随意填写和私自放入个人档案中。个人的学历、文凭等都应经过组织认定、盖有公章，而不能是伪造的。在市场经济条件下，有些人为了谋取个人私利，骗取钱财，伪造假文凭、假档案的事时有发生，但这绝不是科学意义上的真实的人事档案。

（3）专门性：人事档案是一种专门性的档案。专门档案是指某些专门领域产生形成的有固定名称形式以及特殊载体的档案的总称。人事档案是组织、人事工作专门领域形成的档案，其内容具有专门性，自成体系，人事档案反映人事管理方面的情况。人事档案具有专门的形式和特定名称种类，如关于人事方面的各种登记表格、考核材料等。

（4）真实性：人事档案的真实性有着特殊的含义，是指文件形成的真实性、内容上的准确性，凡归档的材料必须实事求是、真实可靠。这是人事档案之所以能真实客观地反映个人本来面貌的根本原因。真实性是人事档案的生命，是人事档案发挥作用的基础和赖以存在的前提。人事档案的真实性与一般档案的真实性有一些差别。一般档案从总体上来说是原始记录、是较真实可靠的，但并不等于档案内容是真实的或正确的。即使有些档案内容不真实或不正确，它还是表达了形成者的意图，留下当事人行为的痕迹，反映了当时的情况，仍不失其为原始记录被保存下来。不能因为内容虚假和诬蔑不实的材料，就全部剔除并予以销毁，人为地造成历史上某一阶段或侧面的史料的空白。

人事档案内容的真实性直接关系到人事档案的使用价值，直接关系到组织部门对人才的评价、培养和使用，也涉及贯彻落实党的干部路线，还关系到个人的切身利益和政治前途。可以说，人事档案能为组织部门了解、选拔、任用干部和挑选使用人才提供依据，事关重大。人事档案的真实性，具体表现在凡归档的材料必须真实可靠，实事求是，完全符合该人的实际情况。常言道：

"文如其人。"档案界则提倡"档如其人"，这就是说，人事档案所记载的情况就应当是这个人真实情况的准确反映。由于人事档案是考察人、使用人的重要依据，要做到知人善任，选贤任能，用其所长，除了直接考察了解其现实表现以外，还要了解该人的历史情况，考察其过去有什么经历，有什么专长，有哪些德能勤绩，这些均要依靠人事档案。如果人事档案不真实不可靠，组织管理部门怎么能凭它来正确地使用人呢？那就等于给组织管理部门提供了不真实、不准确的情况，就可能造成埋没人或错用人的严重后果。

我们还应当看到，人事档案材料一旦不真实，不仅误事，而且可能害人。如果人事档案里留下了诬蔑不实的材料，就等于给人留下了隐患。"文化大革命"中，许多冤假错案就是由人事档案中的诬蔑性记录引起的，致使大批的干部和群众蒙受不白之冤，有的含恨死去。党的十一届三中全会以后，各级党组织拨乱反正，落实党的政策，平反冤假错案，并在全国范围内清理了人事档案中诬蔑不实的材料，维护了人事档案的真实性，从而调动了广大干部群众的积极性。我们应当认真地从中吸取经验教训，坚决维护人事档案的真实性，切不可掉以轻心。

（5）现实性：人事档案是由组织、人事、劳资等部门在培养、选拔和使用人才的工作活动中形成的已经处理完毕的具有保存价值的文件材料转化而来的，这些材料虽然已经完成审阅批办等文书处理程序，但它所涉及的当事人，绝大部分还在不同的岗位上工作、生产和学习，要求人事档案必须反映人员的现实面貌。特别是市场经济条件下更注重人才的现实表现，人事部门在工作活动中为了考察和了解这些人员，须经常查阅有关人事材料，是现实人事管理活动的重要依据，因而具有很强的现实效用。

（6）动态性：人事档案的建立并不意味着人事材料归档的完成和收集工作的结束，也不是一成不变的。它是根据形势的发展和各个历史阶段对每个人才实际表现的记载不断补充内容的过程，处于不断增加的过程中，因此人事档案始终处于"动态"之中。

人事档案管理无论是从检索工具的编制还是档案实体的整理以及人事档案信息的管理，都以其"动"而区别于其他门类的档案。一方面，人事档案涉及的个人大多数仍在各领域各单位从事社会实践活动，继续谱写自己的历史，这就决定了人事档案须随个人的成长不断增加新的内容，以满足人事工作的需要；另一方面，人事档案涉及的人员是不断流动的，调动、晋升、免职等情况经常发生，随之而来的是当事人工作单位和主管其人事档案的单位的变动。因此，人事档案一般是随人员的流动经常转递和流动，变换工作单位和管理部门。具体来说它的动态管理特征表现在以下四个方面：

第一，递增性。人事档案最显著的特征是卷内档案材料呈递增趋势。一个人从家庭或学校走上工作岗位后，他的档案材料数量与其工作年限成正比。例如，转正定级、职务任免、工资晋升、入团入党、考察奖惩、职称评聘等，其材料与日俱增。

第二，转移性。"档随人走"，是人事档案的又一动态管理特征，逢人员调动、军队干部转业、学生毕业分配等，其档案都随人员转移到新工作单位。当代的流动人员档案管理，则往往集中在某个人才交流中心，即使是人员在流动，其档案也可以放在人才交流中心，这是人事档案管理的新办法。

第三，波动性。一般而言，文书档案的卷内文件材料装订后，其信息不再变动。而人事档案的卷内信息除了拥有递增性特征外，还体现为信息的历史波动性。例如，体现在职务和工资的升降方面：有的干部任职以后又免、撤、改职，免、撤、改职后又复原职；有的干部晋升工资后，因某种原因又降了工资；体现在工作单位的变动方面：有的人员调离原工作单位后又调回，调回原单位后又调去别的单位，等等，诸如此类，都使卷内信息呈波动性或可变动性。

第四，可剔除性。人事档案材料的动态管理特征还表现在可剔除性。一般档案材料自形成之后，不管内容是否与现实相符、是否有错误信息，都不能剔除，可以反映历史上各项工作和事情的发展原貌。但人事档案上面的内容过去是对的，现在看来是错的就应该纠正，应根据党和国家的方针政策，将那些历史上形成的已经失实和丧失价值的档案材料进行鉴定，经组织部门认定后及时剔除。

(7)机密性：人事档案中记载了个人的自然情况（姓名、别名、出生地、出生年月、家庭成员）、个人健康、婚姻状况、工资收入、政治面貌、业务成果、职务职称、奖惩情况、专业特长等各方面情况，其中有些涉及个人隐私，与其有关的重大事件、工作失误等内容，在相当时期内是保密的，不能对外开放，以确保个人权益和国家利益不受侵犯。人事档案及人事档案信息一般只能由组织人事部门掌握，并建立严格的保密制度，不得随意公开与扩散，特别是领导干部、著名科学家、知名人士，其人事档案内容的机密性更强。

(8)权威性：正因为人事档案具有认可性、真实性等特性，因此人事档案内容具有较大的权威性，反映一个人面貌的材料，只有从人事档案上查阅才是最可靠最权威的。特别是干部档案材料都是严格按照中央组织部颁发的《干部人事档案材料收集归档规定》的范围和要求建立的，须经组织人事部门审查认可、审查机关盖章，也需要本人签名盖章后才能归入人事档案中，不能随意填写和私自放材料到人事档案中，因而，干部人事档案材料一般都比较真实可靠，具有较大的权威性。

关于人事档案的性质，也有一些不同的表述。王英玮认为："人事档案与普通管理性档案（文书档案）相比有诸多共性特征，如原始性、记录性、回溯性、知识性和信息性、部分档案内容的机密性、凭证性和参考性、定向积累性、有机联系性。人事档案和其他专门档案一样，也具有专业性、现实性、独立性、规范性、准确性。人事档案自身独特的性质主要表现为形成目的的特殊性、档随人走的动态性、记录内容的隐私性。"邓绍兴认为，人事档案具有现实性、真实性、动态性、保密性、专业性、权威性。何朋春则将人事档案的性质归纳为信息性、凭证性、政治性、真实性、机密性。这些不同的表述有助于我们深刻人事档案的性质，从而为人事档案管理工作提供有益的帮助。

（二）人事档案的主要类型

人事档案是一种专门档案，属于国家档案资源的重要组成部分。就其本身而言，又可以从不同角度细分为不同的类型。自中华人民共和国成立以来，我国的人事档案主要分为干部档案、工人档案、学生档案、军人档案四大类型。这种划分方法以个人的身份为依据，在计划经济时期一直占主流地位。随着政治体制与经济体制的改革，尤其是国家公务员制度和人才市场的建立，人员成分多元化，人事档案类型也越来越复杂，传统的分类方式暴露出一些弊端。因此，结合社会主义市场经济条件下多元化的人员成分进行合理分类，是非常必要的问题。

1.对传统人事档案类型之分析

我国传统人事档案中的干部档案，是按干部管理权限分属组织、人事、行政办公室等部门管理；工人档案属劳资部门管理；学生档案由学生工作部门管理；军人档案由军队人事部门管理。这几类档案中，干部档案是主体和核心，很受重视，其他类档案均是参照干部档案管理方式进行。这种管理体系在相当长一个时期内，对人事档案管理起到了一定作用。但是，随着我国社会主义市场经济体制的建立及国家人事制度的改革，传统的人事档案分类体系已不适应现代社会发展需要，许多弊端显现出来，主要表现在：

（1）概念含混，使用面过宽，范围不明确：过去，无论是机关，还是工厂、农村、学校、医院及科研单位，都普遍使用"干部"一词，凡是大专以上的毕业生，不管其从事何种工作，都统称为"干部"。只要成了干部，这个人便被划入财政供养的范畴，在工资、住房、医疗、养老、退休金等方面都有了终身的铁饭碗，有了一切生活保障，干部成了一个社会阶层身份或特权的象征。据统计，我国目前财政供养人员，即广义的国家干部，包括行政机关、党政机关和社会团体及财政拨款的事业单位工作人员，其数量总共为 4000 多万人。①由于"干部"一词的广泛使用，如此庞大的干部队伍反映到人事档案管理上，使得人事档案几乎等同于干部档案。因此干部档案的范围非常广泛，也备受重视。然而，我国推行人事制度改革和建立国家公务员制度后，干部的这种界限有了一定区别，干部应是现代法治国家行政者的概念，可能被行政官员和公务员等名称取代，"干部"一词也许会成为历史名词，许多人的身份和称呼会改变，如教师就是教师、医生就是医生、记者就是记者、演员就是演员、运动员就是运动员、编辑就是编辑，用不着在其前面冠以干部的名词和身份，他们的档案称为"专业技术人员档案"更合适。同时，国家实行干部分流转岗之后，中央及各级地方政府机关的人数分流一半，其档案亦不能完全按照过去干部档案的要求去管理。只重视干部档案而忽视其他人事档案的做法应得到改进。

（2）企业干部与工人档案分属不同管理体系，既浪费人力物力，也不便于管理和利用：以前，企业干部档案和企业工人档案是实行分开管理，工人档案由劳资部门管理，干部档案由组织、人事部门管理。随着现代企业人事制度的改革，普遍实行全员劳动合同制，形成不拘一格选拔人才的用人机制和能上能下的干部制度；企业工资打破了干部与工人的界限，统一采用"企业技能工资制"或"岗位技能工资制"；专业技术职称评审不完全按职工身份来定。这些变化使得企业干部与企业工人的身份界限日趋淡化，干部与工人的岗位可以互换。这些变化反映到企业人事档案管理中，使得干部、工人竞争上岗材料、聘用材料、专业技术评审材料、工资测评材料都成为干部和工人个人经历的记录，区分不出或不必再区分干部档案和工人档案，也不须人为地将干部档案和工人档案按等级制实行分开管理，可以用一个中性名词如员工人事档案或职工档案来取代，无论其职位高低，都是企业的一员，都可被平等地称为"员工"或"职工"，所有员工的档案都应根据企业机构及人事制度改革的需要，实行统一集中管理。这样既有利于企业机构深化改革，又有利于人事档案工作水平和效率的提高。所有员工的档案实行集中统一管理，节省人力物力，可以有条件配备专人及专用库房设备，便于对人事档案工作实行规范化、现代化管理。

（3）传统人事档案分类体系过于简单，不能涵盖和囊括所有人事档案内容：干部档案、工人档案、学生档案都属于人事档案范围，但人事档案不仅仅只有这几类档案，除此之外，教师、医务人员、科技人员、新闻工作者、文艺工作者、运动员、军人、农民、个体人员、流动人员等人员的档案，也是我国人事档案的重要组成部分，应给予相应的位置，并根据其特点重视其管理与利用，而不应完全纳入一般干部档案管理系统。

（4）传统人事档案具体分类标准较单一，不能全面真实反映各类人物历史与现状：过去只有对干部档案的具体分类标准，一般分为履历材料、自传及属于自传性质的材料、鉴定材料、考核材料、政审材料、入党入团材料、奖励材料、处分材料、反映职务职称工资情况的材料、其他材料等十大类。干部档案的这种微观分类体系,对干部档案管理是很实用的,可以反映干部历史与现实的政绩情况,其他类人事档案也可参照。但其他类型人事档案管理往往照搬干部档案分类标准,注重个人政治历史、社会关系、组织鉴定、政审等材料的归档,形成了重政绩轻业绩、重历史轻现实的现象,如关于个人业绩、贡献、近期科研学术成果、教学科研评估等材料不太重视。因此,不少人事档案中不能客观全面地记录和反映一个人的全貌,仅是只言片语或过去政治历史的反映,这种不齐全完整和不真实的人事档案,往往与现实之间有较大反差,甚至对个人的聘用、继续深造、晋升专业技术职务资格、人事调动等方面也有负面影响。

2.人事档案分类体系的原则与标准

现代人事档案分类体系可从宏观和微观两个角度来认识。宏观上分类主要是指整个国家人事档案信息的大体分类体系以及管理渠道,微观分类体系是指根据人事档案所含内容和成分的异同,由人事档案文件组合成不同类别并构成的一个有机整体。

(1)建立人事档案分类体系的原则:无论是宏观管理体系还是微观管理体系的分类方法,其原则和宗旨是相同的,都要遵循科学性、逻辑性、统一性、伸缩性、实用性等原则。"科学性"是按照科学分类要求的排斥性,使上下位之间具有隶属关系,使同位类之间互相排斥,而不是互相包容,分类科学与否直接影响其他工作环节。如果分类不够严谨,有些问题模棱两可,互相包容、交叉,势必造成分类混乱,管理不便。"逻辑性"是划分后的下位类之和等于其上位类之和,类下划分的子类应互相排斥。"统一性"是在同一类系统内,依次划分等级的前后一致性,不能同时并列采用两种以上分类标准。"伸缩性"是指分类方案中可以增加或减少类目,以适应客观情况的变化。"实用性"是指在实际工作中能被使用,切实可行,适应各单位人事制度改革要求。

(2)建立人事档案分类体系的标准:人事档案是档案的一大门类,但就人事档案本身而言,它又可以从不同角度分为不同的类型。目前,主要从以下角度和标准对人事档案信息进行宏观上的划分:

第一,按工作单位的性质,可分为党政军机关人事档案、企业单位人事档案、事业单位人事档案、集体单位人事档案、流动人员人事档案。继续细分,党政军机关可分为党委机关、政府机关和军事机关;企业单位可分为工业企业、农业企业、商业企业,亦可分为国有企业、外资企业、合资企业、民营企业;事业单位可分为学校、医院、新闻单位、研究所、文艺单位、体育机构等。

第二,按职责和专业,可分为国家公务员档案(含比照公务员管理的单位、人民团体工作人员)、专业技术人员档案(包括工程技术人员、农业技术人员、科学研究人员、卫生技术人员、教学人员、会计人员、统计人员、编辑与记者播音人员、翻译人员、体育教练人员、经济人员、图书档案资料人员、工艺美术人员、文艺人员等十四类专业技术人员)、职工档案、学生档案等。

第三,按人员管理的权限,可分为中央管理人员档案、省(市、自治区)部管人员档案、市(地、州、盟)厅(局)管人员档案、县管人员档案、乡(镇)管人员档案、厂管人员档案等。

第四,按职务级别和专业技术职称,可分为高级人员档案(高级干部、高级职称等)、中级人员档案、初级(一般)人员档案。

第五,按人员政治面貌,可分为中共党员档案、共青团员档案、非党团人员档案或民主人士档案、无党派人士档案。

第六,按是否在岗的情况,可分为在岗人员档案、待岗人员档案、下(离)岗人员档案、离退休人员档案等。

第七,按照工作单位的稳定性与流动性,可分为工作单位固定人员档案和社会流动人员档案。

第八,按载体形式,可分为纸质人事档案、磁质人事档案、光介质人事档案或电子化或数字化人事档案等。

另外,按影响程度可以分为名人档案(著名政治活动家、著名科学家、著名演员、著名运动员)、一般人员档案。还可以从另外一些角度,按不同标准进行分类,常用的、实际意义较大的主要是以上这些。

总之,掌握这些分类方法,可以了解各种人事档案的特点,对于做好人事档案工作是很有必要的。因为虽然各类人事档案具有共性,都是人事管理方面的内容,是个人自然状况、社会经历和现实表现的记录,但由于工作性质的不同,因而其具体内容和要求是有差异的,应根据各类人事档案特点进行归类,组成各具特色的分类体系。同时,分类管理人事档案,有利于建立个人信用体系。因为对于各级领导和国家公务员的档案,由各级组织、人事部门按管理权限建立并管理,具有很大的权威性及信任度。对于进入公共信用体系的流动人员档案,由政府指定或认定的县级以上政府机构所属的人才交流机构建立并管理,一般是可信的档案材料。对于科技人员、一般员工的档案由用人单位建立并管理,也具有很大的可信度。这部分档案大多以本单位职工的考核、使用、薪酬、奖惩等为主要内容,不需要转递,也不进入社会,由原单位自行保存若干年后销毁。

上述类型中,国家公务员档案、科技人员档案、职工档案、学生档案、流动人员档案各有特点,且使用频繁。

二、人事档案工作

人事档案工作,是运用科学的原则与方法管理人事档案,为组织、人事及其他工作提供人事档案信息服务的工作。

(一)人事档案工作的内容

人事档案工作具体包括人事档案实体管理、人事档案信息管理、人事档案业务指导等方面的内容。

1.人事档案实体管理工作

人事档案实体管理工作是管理记录有人事档案信息的档案原件本身,它是相对于人事档案信息管理工作而言的。人事档案实体包括载体与内容信息两个方面,其中,载体是指记录人事档案内容的纸质、磁质、光盘等物质材料,内容信息包括这些载体上记录的档案信息。人事档案实体管理工作就是指对上述档案的收集与补充、鉴别与鉴定、整理与保管、变动登记与转递、提供利用服务等。

2.人事档案信息管理工作

人事档案信息管理工作是指管理人事档案原件实体上记录的信息。显然，随着各种人事档案管理信息系统的开发与应用，人事档案信息便脱离了人事档案原件而存在，并以此为依据对个人的基本情况、培训情况、证照情况、学习培训情况等进行综合管理。随着现代信息管理理论与信息技术的发展，人事档案工作中也越来越多地需要对人事档案实行信息化管理，对人事档案实体上的各类信息可以根据不同需要进行重新组织，便于从不同角度进行检索利用，这已成为人事档案工作的重要内容之一。

3.人事档案工作业务指导与研究

人事档案业务指导工作是指上级组织、人事档案部门根据党和国家管理人事档案工作的方针政策、法规、制度和办法，对下级组织、人事档案部门的工作提出任务和具体要求，对下属单位的人事档案工作进行监督、检查、督促，发现问题，及时解决问题，处理人事工作与其他工作的关系，推进人事档案工作发展。

人事档案业务研究工作是指组织、人事部门根据社会发展和人事制度改革的进程，对人事档案工作面临的新情况、新问题，进行深入研究，提出解决方案的工作。人事档案工作中的矛盾，管理体制改革，如何实现人事档案现代化管理，如何开发与利用人事档案信息资源，如何使人事档案管理工作逐步走向科学化、规范化、法治化道路等问题都是人事档案工作中亟待研究的问题。而且这些问题与矛盾是需要长期研究的，旧的问题与矛盾解决了，新的问题与矛盾又会产生，人事档案工作就是在这种矛盾运动中不断得到发展。

4.人事档案规章制度建设

人事档案规章制度建设，是指根据《中华人民共和国档案法》及其他法律法规的精神，建立、健全适合本单位人事档案工作发展的规章制度，包括管理人员工作制度，人事档案材料收集归档制度，人事档案整理、转递、统计制度，人事档案安全保密与销毁制度，人事档案开发利用与借阅制度等。

5.人事档案人员教育与培训工作

人事档案人员教育与培训工作，是对从事档案管理人员进行各种形式的培训，包括全面教育、上岗培训、在职培训等，以帮助人事档案从业人员提高人事档案业务水平和服务质量的重要工作。

（二）人事档案工作的性质

弄清人事档案工作的性质是做好人事档案工作的基础。归纳起来，人事档案工作主要具有专业性、依附性、政治性、保密性、管理性、服务性等性质。

1.专业性

人事档案属于一种专门档案，以特殊的文件形式、单一的人员内容等特征区别于其他门类档案。人事档案工作就是管理这一专门档案，是一项专业性较强的工作，它有专门的业务理论知识,独立的体系和客观规律,必须遵循人事档案的运动规律和一定的科学原则进行,有专门的法规和方法,有独特的范围、任务和程序,有专门的管理人员,在理论上、实践上、组织上,都自成体系而独立存在,没有任何工作可以代替它。

2.依附性

人事档案工作虽具有一定的独立性,但同时又依附于组织、人事工作和档案工作,这种依附性是双重的。因为人事档案工作是为适应组织、人事工作的需要而产生、存在和发展的。人事工作中产生的大量人事档案必须进行收集、整理和管理,以适应组织、人事工作的需要,这就形成人事档案工作,并构成人事档案工作的内容和范围。人事档案工作是从属于组织、人事工作的,是组织、人事工作的重要组成部分,因此人事档案工作应与组织人事工作政策、法规相结合,与组织人事工作同步一致。同时,人事档案工作又是档案工作的重要内容之一,因为人事档案与其他档案一样,同属档案范畴,是国家档案资源的组成部分,明确人事档案工作与档案工作之间的关系,对于做好人事档案工作,具有重要意义。

3.政治性

人事档案工作的政治性,首先表现在它与党的方针、政策、政治路线有着密切的联系,人事工作是为党和国家政治路线和经济建设服务的。党的政治路线是通过组织路线、人事工作来实现的,人事档案工作做得好坏,直接关系到组织、人事工作的开展,影响到组织、人事政策的贯彻落实,影响到干部路线、人才选拔使用等工作的开展。人事档案工作的政治性,还表现在人事档案工作本身是一项政策性很强的工作,人事档案是了解人使用人的重要依据,人事档案的收集、鉴别、取舍、清理和利用等工作,都涉及党和国家关于知识分子的政策,关于人才的改革,关于干部看法与使用的问题,直接关系到人的工作与生活,如果人事档案工作做得好,充分体现与落实党的政治、组织路线和人才政策,就能充分调动人的积极性;反之,则会挫伤人们的积极性,影响党和国家政治路线改革的贯彻执行。

4.管理性

人事档案工作有着独特的管理对象,即人事档案。人事档案工作的任务就是集中统一地管理人事档案,为组织、人事、劳动等工作服务。管理人事档案是其最核心的工作,从事该项工作活动中,必须正确认识与把握这一性质。应充分认识到人事档案工作不是随意的无规可循的简单劳动,也不仅仅是收收发发、取取放放、装装订订的纯事务性工作,而是需要采用一套科学理论、原则与方法进行的工作,它的收集、整理、鉴别、保管、利用等工作环节都涉及科学理论与管理方法,如怎样及时完整的收集与系统整理,如何正确鉴别人事档案内容,保管方法的适用,利用原则的制定等,都需要充分掌握一些科学管理知识,才能做好。

5.服务性

人事档案工作的服务性是人事档案赖以生存和发展的基础,是人事档案工作的出发点和根本目的,人事档案工作的服务性表现在它是为党和国家人事工作及其他工作服务的,它是通过提供档案材料为制定政策,发布命令,录用选拔人才等工作服务的。充分认识人事档案工作的服务性,树立正确的服务思想、明确服务方向、提高服务质量、端正服务态度,是做好人事档案工作的基本条件。

6.保密性

人事档案的保密性是由人事档案的机密性决定的,正因为人事档案中有些属机密内容,所以人事档案工作就具有保密的性质,从事此项工作应坚持保密原则、遵守保密制度,保证人事档案机密的绝对安全。同时,对人事档案机密性应正确认识,它有一定的时空性,即在一定的时间或一定的范围内是需要保密的,但它不是一成不变的,也不是绝对的,它是可以解密的。因此,我们不能对此采取绝对化的态度,而是要正确地、适当地保密,一方面要认识到人事档案工作具有保密性,对需要保密的人事档案一定要保密;另一方面,要正确处理保密与解密,保密与利用之间的辩证关系,到了保密期限或不需要保密的人事档案应积极提供利用。

综上所述,人事档案工作具有多重性质,在实际工作中应了解和正确掌握这些性质,处理好各种性质之间的关系,认真做好人事档案管理工作。

(三)人事档案管理工作的原则

人事档案管理原则是在人事档案工作实践中逐步形成起来的。根据《中华人民共和国档案法》《干部档案工作条例》《企业职工档案管理工作规定》的精神,可以将我国人事档案管理工作的原则归结为:集中统一、分级管理,维护人事档案真实、完整与安全,便于组织、人事工作及其他工作利用。在市场经济条件下,人事档案管理还是应坚持这些原则,只是在具体内涵上有所差异。

1.集中统一、分级负责管理人事档案

集中统一、分级负责管理人事档案既是人事档案的管理原则,也是人事档案的管理体制。

"集中统一"是指人事档案必须集中由组织、人事、劳动部门统一管理,具体业务工作由直属的人事档案部门负责,其他任何部门或个人不得私自保存人事档案,严禁任何个人保存他人的人事档案材料,违反者要受到追究。《干部档案工作条例》指出:干部档案管理实行集中统一和分级负责的管理体制。《干部档案工作条例》第 30 条还明确规定:严禁任何个人私自保存他人的档案。对利用档案材料营私舞弊的,应视情节轻重,予以严肃处理。对违反《中华人民共和国档案法》、《中华人民共和国保密法》的,要依法处理。这就明确规定了公共部门人事档案材料的所有权属于国家,并由国家授权由组织、人事、劳动部门统一管理。这一管理原则,便于加强对人事档案工作的领导,促进这些单位的领导人把人事档案工作纳入议事日程。

"分级管理"是指全国人事档案工作,由各级组织人事部门根据其管理权限负责某一级人员的人事档案材料,并对人事档案工作进行指导、检查与监督。一般来讲,工人档案由所在单位的劳动(人力资源)部门管理,学生档案由所在学校的教务或学生工作部门管理,干部档案是按干部管理权限由各级组织、人事部门分级管理,即管哪级干部,就管哪一级干部档案,使人员管理与档案管理的范围一致。这种管人与管档案相统一的管理体制,使人事档案工作与人事工作的关系非常密切,有利于各级组织、人事部门对人事工作的领导,也可以为人事档案的管理与利用提供组织保障。

在市场经济条件下,应注意级别不要分得太细。一旦级别分级过细,过分强调管人与管档

完全一致,势必导致分散多头管理、管档单位与兼职人员过多等问题,因而实行适度分级即可。由于党政机构与企事业单位及其他机构的工作性质、职能任务不同,其人事档案的管理级别应区别对待。首先,党政机构人事档案管理应适度分级。由于我国传统上把人才人为地分成中央、部委、市属、部门和民营等几大块管理,所以我国人事档案所在机构和人事档案形成者历来存在级别之差,且分得过细。从人事档案所在行政机构的级别上说,有中央级、省级、市级、县级、乡镇级等;从党政机构人事档案形成者的行政级别来说,有一般科员级、副科级、正科级、副处级、正处级、副厅级、正厅级、副省级、正省级、副部级、正部级等。由于各级别的人事档案形成者所处的地位与身份不同,从事的工作性质不同,对国家所作贡献有大小之分,其档案的保存价值、保密范围也必然存在一定差异,因此,过去人事档案管理所分的级别很细,不同级别由不同机构保存,这对于重要人物档案的保管和保密具有有利的一面,但分得过细,则不便保管和利用。特别是社会主义市场经济条件下,民主化程度提高、透明度增强、各类人员级别变化较大,各类人员工作单位和工作性质不像计划经济时期那样稳定,而是具有较大的灵活性,可以进行合理流动和自由择业,政府机构人员也面临着分流、下岗的问题,现有近一半的机关干部将被精简,被精简下来的机关干部将向企业集团、监督机构、中介组织、个体企业等领域分流,一些国家公务员可能转化为企业干部或职工,一些普通干部也有可能被提拔为官员。因此,人事档案管理的级别不宜像过去那样实行过细过严的等级体制,而采取适度分级较为合理。如省级党政机构的人事档案分为两个级别即可,副厅级以上官员的人事档案由省委组织部档案机构管理,副厅级以下官员及国家公务员由人事档案部门管理。市县级党政机构更不宜分级过细。

其次,企事业单位人事档案管理可以不分级。对于企业事业单位的人事档案来说,可以不分级别,由各单位人事档案部门、人力资源部或综合性档案机构集中统一管理。因为这类机构的人员中从事党政领导工作的人数较少,大多从事科研、教学、生产、开发等工作,了解、使用这类人员主要看业绩和贡献,各种级别的人事档案内容大体相同,其保密程度不存在大的差别,不需要像党政机关分级别分别保管,完全可以由所在单位人事部门或综合性档案机构统一管理,这样可以防止一个单位的人事档案分散在几个部门保管或一个人的档案分别由不同部门保管。同时,此类机构的"干部本位"观念将逐渐淡薄,如国有企业同行政级别逐渐脱钩,企业、厂长经理实行自我推荐民主选举,企业干部处于动态之中,企业干部级别变动频繁,企业干部级别不像党政机构官员和国家公务员相对稳定,企业干部级别有时很难确定,所以企业的人事档案没有必要实行严格的等级管理。高校的校长、书记及有关领导也大多是专业人才、专家,校长一职并不是终身制,不当校长后仍从事自己的专业教学与科研活动。至于普通教师虽然有讲师、副教授、教授等各种等级,但每个人处于变化之中,现在是讲师,一段时间后可能是副教授、教授,而且这些职称在聘任制下也不是终身制,因此,更没有必要分级别管理其人事档案。

2.维护人事档案真实完整与安全

维护人事档案真实、完整与安全,既是人事档案管理中须坚持的基本原则之一,又是对人事档案管理工作最基本的要求。

所谓"真实"，是指人事档案管理中不允许不实和虚假人事材料转入人事档案。应注意鉴别挑选真实内容的人事档案材料，这是能否发挥人事档案作用的前提，假如人事档案材料不真实，是不能用来作为凭证的；否则，会给工作和有关人员带来损失。人事档案材料形成于不同的历史时期，它的产生与一定的历史条件相联系，不可避免地带有时代色彩。特别是在历次政治运动中形成的人事档案材料，确实具有某些局限性，有些内容现在看来是不妥甚至是错误的。为了确保人事档案的真实性，从 1980 年以来，根据中央组织部的有关规定，在全国范围内，对每个干部的档案进行了认真的复查、鉴别和审核，将那些在历史上形成的已经失实的干部档案材料和丧失利用价值的干部档案材料，经过清理鉴别，及时剔除出去了。例如，在"文化大革命"运动中形成的干部审查材料，已归入干部档案的，凡属于诬蔑不实、无限上纲的材料，必须剔除销毁。干部违心写的与事实不符的检查交代材料，应退还给本人。只有经过复查做出的组织结论、与结论有关的证明材料和确实能反映干部实际情况又有保存价值的材料，才归入干部档案，以维护干部档案的真实性，使干部档案准确可靠，符合本人的实际情况，体现党的实事求是的思想路线。

所谓"完整"，是指保证人事档案材料在数量上和内容上的完整无缺。数量上的完整，是要求人事档案材料齐全，凡是一个人的档案材料应该收集集中保存在一起，不能残缺和短少，才能反映一个人的历史和现实面貌；内容上的完整，是要求随时将新的人事档案材料补充进去，一个人的档案材料中应能反映各个时期的情况，不能留下空白。从干部管理制度看，更改干部档案各类材料内容都属于干部审查工作范围，也是干部档案鉴别工作的重要内容，要求必须真实、准确、材料完整、手续齐备，这是一项十分严肃的工作。无论是干部本人还是组织部门都必须尊重历史，根据干部档案产生的时间、历史背景，客观分析其所起的历史作用，以确定干部档案的可靠程度。值得注意的是，近年来，在落实中央组织部制定的有关干部政策工作中，特别是在关于干部待遇、干部选拔方面出现了一些问题。从干部档案管理角度来看，有些干部在申请更改干部档案有关材料时，年龄越改越小，参加工作时间越改越早，学历越改越高，甚至有人要求更改各类政审结果……因而给干部管理和干部档案管理造成一定的难度。尤其在部分履历情况基本相似的干部中引起不良影响，表现为在待遇上攀比，在职务、职级、职称晋升上计较，甚至发展为个人之间相互不信任。实际工作中，有的单位由于档案转递制度不健全，一个人的档案材料分散在不同的地方，支离破碎，无法看到一个人的全貌。有的由于长期不补充新材料，致使人事档案内容老化、陈旧，不能反映现实面貌。

所谓"安全"，是指人事档案实体安全与信息内容的安全。实体安全就是要妥善保管，力求避免人身档案材料遭受不应有的损坏，如丢失、破损、调换、涂改等。人事档案材料是一定的物质载体，以一定的物质形式存在，由于受自然和人为因素的影响，永远不遭受损坏是不可能的，因此，人事档案工作者应尽一切可能最大限度地延长档案寿命。信息内容安全，就是要建立健全人事档案的保管制度和保密制度，从内容上保证人事档案不失密、不泄密，不对相对人的个人隐私和权益造成损害。

总之,维护人事档案的真实、完整、准确与安全是互相联系、相互依存的统一体,是组织部门和每个干部的共同责任。真实准确是人事档案能否正确发挥作用的前提,离开了真实准确,维护人事档案的完整与安全就失去了意义。真实准确又必须以完整和安全为基础,仅有单份材料的准确,仍无法完整反映一个人的全貌。如果只考虑到人事档案的现实效用而热衷于更改人事档案有关内容,却忽视维护其真实、完整与准确,这不仅违反了历史实际和客观实际,背离了党的实事求是的思想路线,而且会给人事档案管理工作带来一定的难度,也会对个人的培养和使用起一定的副作用,因而是不可取的。

应该指出,党和国家对组织、人事工作历来十分重视,为了确保人事档案的真实性,中央组织部做出了一系列规定,从制度上保证人事档案的真实性。中央组织部明确规定:凡是归入干部档案的材料,必须是经过组织程序、由组织审查认可的真实材料。这些归档材料一般是和干部本人见面的,内容准确、实事求是、手续完备,符合归档要求。因此,只有既维护了人事档案的真实准确,又保证了人事档案的完整与安全,才能发挥人事档案应有的作用。

3.便于人事工作和其他工作利用

人事档案工作的目的是提供利用,这也是衡量和检验人事档案工作的重要标准。必须将这一原则贯穿到人事档案工作的各个环节中去,成为制定方针措施和安排部署工作的依据和指南。在收集、鉴别、整理等方面都要考虑这一原则,现在更应结合人事政策、制度及改革进程,积极主动为人事工作和其他工作服务。

现代社会,除上述三项基本原则之外,还应坚持人、档统一和适度分离的原则。

人、档统一是指个人的管理单位和人事档案的管理单位必须一致,这样做有利于个人的有关材料及时收集、整理归档,也便于档案的利用,这就要求人事调动或管理权限变更时,档案应及时转递,做到人档一致。这种"档随人走"的做法一直被视为中外人事档案管理的一大差异及我国人事档案管理上的一大优势,是人事档案的相对集中与传统人事档案管理原则与体制的核心特征——人员的超稳定相连的必然结果,这一原则在过去是唯一的,是必须坚持的。

现代社会,人才市场的建立,辞职、辞退等一系列新的人事制度的实施,使工作人员与工作单位之间的关系由原有的超稳定状态逐步向具有一定程度的自由度方向发展。同时,市场经济在追求效益的前提下,对人才的使用越来越强调其现实业绩与能力,客观上要求改变传统的人事档案管理体制,建立与新的人事管理制度相适应的人事档案管理体制,在统一制度指导下,人事档案也应进行改革,大部分人事档案仍然需要坚持"档随人走"这一原则,而在特定条件下也可以分离,但一定要适度。我们可以借助现代管理手段而非档案保管处所来实现对人的全面了解与把握。例如,借助计算机技术和网络通信技术将分管于不同处所的某人的人事档案在信息的查询与利用实现集中,这样既可满足人事工作对人事档案的需求,同时又可解决现代社会条件下人们对保管人事档案实体的要求。

上述原则,是一个辩证统一的有机整体,是完成人事档案工作各项任务的基本保证。它决定和制约着人事档案工作的各个环节,决定和制约着人事档案的一切具体原则、要求和方法。

第二节　人事档案工作管理体制与模式

一、人事档案工作管理体制

从广义上说,人事档案工作的管理体制是指党和国家管理人事档案工作的组织体系与制度。主要包括:其一,人事档案管理的领导体制。这是增强人事档案工作发展宏观调控能力和对人事档案管理导向作用保障。根据我国国情和人事档案的特殊性,对这种专门档案的管理,应由中央组织部、人事部和国家档案局联合组成领导机构。具体讲应是建立以组织部门为主导、人事部门为主体,档案部门为指导的领导体制,共同商定我国人事档案管理工作方针政策等重大事宜,对我国人事档案管理工作从宏观上予以指导。其二,人事档案管理的专门机构。主要是为了确保相对集中统一地管理人事档案。《干部档案工作条例》明确要求干部档案管理实行集中统一和分级负责的管理体制。干部档案按照干部管理权限由组织、人事部门管理。企业职工档案根据《企业职工档案管理工作规定》的精神,由劳动主管部门领导与指导,实行分级管理。学生档案由学生工作部门管理。军队系统的档案由军队政治部干部部门管理。

从狭义上说,人事档案管理工作的管理体制是指各单位人事档案管理工作的组织体系与制度,主要分为集中型和分散型两种。

(一)集中型管理体制

集中型人事档案管理体制是指各单位人事档案集中由本单位组织、人事部门管理。

中央、省级各机关,都应有专门的组织、人事档案部门,实行相对集中管理本单位人事档案。对于高校和大型企业来说,无论其职位高低,无论从事何种工作,其所有在职员工的人事档案应由该机构人事档案机构或综合性档案机构统一集中管理,而不应分散在各科室部门,离退休人员档案应由该机构档案馆统一管理,因为人事档案的归宿与其他档案一样,其最后的归宿完全可以进入永久性保管档案的机构,只是在利用范围、时间、内容等方面比其他档案要求更严、保密程度高一些。

县及县级以下机构的人事档案应按行政区域集中统一管理,凡属该行政区域内工作的任何人员、无论职位、年龄、专业、工作单位等情况有什么不同,但其人事档案均由一个档案机构管理,如一个县所有单位的人事档案完全可以由这个县人事局或县档案馆统一管理,不必分散在县直各机关保管。这样既可节省人力、物力,提高人员素质,防止部门单位之间互相推诿扯皮,而且可以方便利用者利用档案,提高利用效率,也有利于实现人事档案标准化、现代化管理。对于县级以下基层单位的人事档案,更不必由各单位自行管理。如区级机关的所有人事档案,应由区档案馆或人事局统一管理。因为区级机关及基层单位人员住地集中、数量不多,各单位自行管理浪费人财物,管理条件得不到保障。加之,随着机构精简,人员变动频繁,更不宜每个单位自行管理。人事档案过去分两块,组织部管领导干部,人事局管一般干部,现在人事档案统一归于组织部合署办公的人事局管理,已经取得了一定成效,代表着人事档案管理的方向。有条件的县(市)可以建立干部人事档案管理中心,有利于配足干部人事档案管理人员,有利于加强对干部人事档案的管理和对干部人事档案工作的研究,有利于根据不同行业、不同地域、不同职级固定干部人事档案管理人员,实行专人统一管理,有利于提高干部人事档案管理质量和使用效率,更好地为党的干部人事工作和人事决策工作服务,为经济建设服务。

对于中小型企业的人事档案,更应该实行集中统一管理。这里是指应集中在该行政区域人事档案管理中心或该企业所属管理部门,而不是中小型企业机构单独集中管理。因为在"抓大放小"搞活大型国有企业的过程中,必然有许多中小企业被收购、兼并,即使能够独立存在,也普遍存在缺乏专用档案装具、库房和人员的问题。实行较大范围的集中,可以减轻中小企业负担,使企业人事档案有条件得到科学化和现代化管理,避免或减少因中小企业条件简陋造成人事档案损毁或者丢失等事件发生。

(二)分散型管理体制

分散型人事档案管理体制是指各单位人事档案分别由组织、人事、行政、劳动、学生工作处、科研处等机构管理。

目前,我国人事档案实行分散型管理体制主要有三种情况:一是县级以下机构的人事档案归多头管理,隶属混乱,参加主管人事档案的部门有组织、人事、劳动、民政等,兼管人事档案的部门有教育、医疗卫生甚至每一个部门。二是有些高校人事档案实行分散管理,分别存放于组织、人事、劳资、办公室、科研处、教务处等部门。三是人事档案管理与档案业务指导机构关系疏远,处于分离状态,各级档案机构对其他专门档案具有业务指导作用,而对人事档案管理缺乏业务指导,管理人事档案的人员很少甚至根本不参与档案部门的业务活动。

上述三种情况与社会主义市场经济体制条件下人事政策、人事制度改革要求是不相适应的。第一,为适应以公平竞争为主要特征的社会主义市场经济体制发展的需要,国家正在精简机构,实行干部分流,不可能也不必要将人事档案分散各部门,由很多人来从事这项工作,而是需要相对集中,选派少而精的人员管理。而人事档案分散于各个部门,每个部门都需要人从事人事档案管理工作,这样看起来数量较大,而真正精通档案业务,专门从事人事档案管理的人很少,致使人员素质低下,管理水平落后,造成人力物力浪费。第二,每一个部门都管人事档案,很难保证必要的库房设施和保护条件,大多存放于普通办公用房,致使不少人事档案丢失、霉烂,更难对其实行标准化、现代化管理。第三,人事档案属多头管理,易造成职责不清,互相推诿扯皮现象发生。第四,不便于查找利用,因为分散多头的管理体制人为地破坏了人事档案及相关内容的有机联系,致使人事档案孤立分散和不完整,很难及时全面地为人才市场和人事部门提供人事档案信息,甚至造成人才选拔的失误。

二、人事档案管理模式

在计划经济体制下,我国人事档案工作只有封闭式这一种管理模式。随着社会主义市场经济体制的建立与发展,国家人事制度的改革,国家公务员制度的推行,流动人员的大量产生,使得开放式这种新管理模式应运而生。所以,现在我国人事档案管理中主要有机构内部封闭式和社会化开放式两种管理模式。

(一)封闭式管理模式

封闭式人事档案管理模式是指人事档案由单位内部设置的人事档案室(处、科)按照干部管理权限集中统一管理。主要是领导或组织上使用,一般不对外使用。目前,我国党、政、军机关,企事业单位在岗和离退休的国家干部、教师、科研人员等人事档案大多实行这种管理模式。这种模式具有一定的特点与长处。其特点长处主要表现在:

第一,有利于本单位人事档案的收集和管理。本单位内部人事机构对本机构人员、工作内容非常熟悉与了解,人事档案来源单一,仅限于本机构人员,因此在收集工作中可以较全面系统地收集。又由于本单位工作内容大体相同,因此,对其人事档案的分类、排列、鉴定可采用比较一致的标准,便于管理。

第二,便于本单位领导及时使用其人事档案。由于本单位保管人事档案,领导需要了解人员经历、成果等状况时,很快就能从本单位人事档案机构查阅到,不必跑路,也不费时费力。

第三,有利于人事档案的保密。因为人事档案材料是组织上在考察了解和使用人的过程中产生、形成的,它记载着有关知情人为组织提供的情况,这些材料上记载的内容,由组织上统一掌握和使用,对人事档案的保密具有较大作用。

封闭式管理模式也有一定缺点:利用服务面较小,档案信息资源开发与发挥作用受一定的局限,比较封闭和内向。

(二)开放式管理模式

现代市场经济社会越来越成为一个开放的世界。1999年5月17日,中国政府上网工程主网站正式开通,许多省级、县级地方政府也都相继上网,这不仅有利于降低办公费用,提高政府的工作效率和透明度,减少腐败,而且公民能公开查阅行政机关的有关电子文件,也能积极参与决策。在欧洲、美洲等一些国家,近年来颁布的一系列法令也是朝这个方向努力的,透明化与公民参与决策之间存在着密切关系。只有透明化,只有得到充分信息,才可能真正参与决策。世纪风迎面而来,人事档案管理正以一种更积极、更开放的姿态去面对,人事档案开放式管理模式正是在这种环境下建立与发展起来的。

1.开放式管理模式的概念及其含义

开放式人事档案管理模式是指人事档案不是由本机构管理,而是由人才交流中心和社会上的有关机构管理。其含义有以下四点:

第一,人事档案管理机构、管理与服务对象的社会性。市场经济的建立,产生了许多经济组织形式,这对人才的吸纳、流动与旧的人事制度发生了巨大的碰撞,新型的人事管理制度如人事代理制度应运而生,使人事管理变成了一种社会化的活动,因此,作为人事管理重要组成部分的人事档案工作,也必然具有这种社会化的性质。从管理机构来说,不像计划经济时代仅有各单位内部人事档案管理机构,只收集管理本单位人事档案,市场经济条件下已建立具有较强社会性的人事档案管理机构,如各省市人才市场建立的人事档案管理机构,这种机构不是管理本单位人事档案的机构,而是面向社会,其管理对象包括该社区范围内所有流动人员人事档案,其服务对象更具有社会性,可以为整个社会提供人事档案服务。

第二,人事档案来源的广泛性和内容的复杂性。人事档案管理机构、管理对象和服务对象的社会性,决定了人事档案来源的广泛性和内容结构的复杂性。在传统的人事档案管理中,人事档案的收集、处理和提供利用往往由各单位内部人事机构行使,该机构人事档案来源单一,仅限于本机构人员,内容也较简单;而社会化的人事档案管理机构,其来源要广泛得多,可以来自该社区范围内各类人员,由于每类人员身份不同,集中起来显得人员复杂,其档案内容也是丰富多样。

第三,利用者对人事档案需求的多样性。市场经济的发展离不开人才,无论是外资、合资、国有企业招聘新的管理人才、技术人才、选拔合格或优秀人才,还是考核、任免、招聘国家公务员以及大中专毕业生社会就业,都不会忽略人事档案的利用。利用者类型、利用者用途的多样性,导致对人事档案内容、载体、传递方式等方面的多样性,也使得人事档案不可能局限于单位组织部门使用的狭窄范围,不仅组织上需要,许多个人也需要,那些与个人生活和切身利益密切相关的人事档案,经常会被组织和个人查阅利用。但人们的要求不完全一样,呈现出多种多样的需求。

第四,人事档案管理与服务方式的开放性。市场经济的建立,减弱了人事档案政治化、神秘化的程度;与此同时,信息技术和因特网的飞速发展,改变了人事档案管理和服务方式,可以采用现代化管理手段与方式管理人事档案,还可以将不属于个人隐私内容的人事档案上网,采用网络化管理和服务的方式,使人事档案管理部门与外界的人才信息交流,由单一的途径变为开放式的交流模式。

2.人事档案开放式管理模式的意义

在中国,人事档案与户籍对人才的流动具有极大的制约作用。如果某人想调到更适宜于发挥自己专长特点的地方和单位工作,原单位领导不同意调走,其人事档案和户口就不能转走,那么,即便是这个人调走了,但在工作、家庭、婚姻、住房等方面都会遇到很多麻烦。如果建立人事档案社会化开放式管理模式,个人是社会人而不只是单位人,个人的人事档案由社会化的人才机构集中统一管理,与户籍制度、人事代理制度协调运行,那么许多问题都会迎刃而解。可见,社会主义市场经济条件下,建立一种社会化和开放式人事档案管理模式是非常必要的。

建立这种模式不仅是必要性的,而且是可行的,中外的典型实例可以说明。例如,早在1997年,美国著名的3M公司在广州设有分公司,就将大约有7000人的人事档案寄托在中国南方人才市场;我国联想集团广州分公司也有不少人的人事档案寄托在中国南方人才市场。南方人才市场于1997年就上了因特网,在这个网址里,可以搜寻25000条人事档案信息,已经向1500个单位提供人才信息网络的终端,还开发了人才测评软件系统,为7000多人进行了评估。现在这些人才市场又有了很大发展。还有些省市的人才市场对人事档案的管理也是采用社会化开放式模式,取得了一些成绩。这些都说明我国人事档案实行社会化开放式管理既是必要的,也是可行的,尽管在现阶段主要适用于流动人员人事档案管理,但今后在更大范围内,对更多类别的人事档案管理也是适用的。我们期待着这种管理模式的拓展,以更好地服务于社会。

第三节　人事档案一般管理办法

尽管人事档案类型多样,但各类人事档案都有共同之处,由此形成了人事档案管理的一般方法。例如,从档案管理的环节上看,各类人事档案都包含收集、鉴定、整理、管理、保管、提供利用等基本环节,这是人事档案管理方法的共性。

一、人事档案的收集

(一)人事档案收集的概念与地位

所谓人事档案收集工作,就是指人事档案管理部门通过各种渠道,将分散在有关部门所管人员已经形成的符合归档范围的人事档案材料收集起来,汇集成人事档案案卷的工作。

人事档案收集是人事档案部门取得和积累档案的一种手段,在人事档案工作中具有重要的地位与作用。

1.它是人事档案工作的基础

人事档案收集工作可以提供实际的管理对象,只有将人事档案材料完整齐全地收集起来,才能为科学地整理和鉴选等各项业务工作的开展准备了物质条件,打下坚实的基础。如果没有收集工作,人事档案工作将成为无源之水、无米之炊;如果收集工作不扎实,收集到的档案材料残缺不全,或者只收集到一些零散杂乱、价值不大的人事档案材料,人事档案整理和鉴别将会遇到无法克服的困难。可以说,收集工作的质量,制约着各项业务工作的开展和管理水平的提高。

2.它是实现人事档案集中统一管理的基本途径

由于人事档案来源的分散性和形成的零星性,而使用档案又要求相对集中,特别是一个人的材料必须集中一处,不应分散在不同地方,其分散性与集中使用就成为人事档案工作的矛盾之一,必须通过收集来解决这个矛盾。所以说,它是实现人事档案集中统一管理的基本途径。

3.它是人事档案发挥作用的前提

人事档案材料收集得齐全完整、内容充实,能全面真实地反映一个人的历史与现实全貌,做到"档如其人"、"档即其人",才能使其发挥应有的作用,才能帮助组织人事部门更好地了解人和正确地使用人,才能使贤者在职、能者在位;否则会产生"无档可查"或"查了不能解决问题"的现象,影响对人才的正确评价与使用,甚至导致错用人或埋没人。

(二)人事档案材料的收集范围

人事档案材料的收集必须有明确的范围。每个人在社会实践活动中形成的材料是多方面的,有的属于文书档案范围,有的属于专业档案范围,有的属于人事档案范围。根据各类档案的特点与属性,准确划分各自的收集范围,可以避免错收、漏收,是做好收集工作的先决条件。根据干部人事档案材料收集归档规定的精神,主要涉及以下范围。

1.从内容上来看

从内容上看,各类人事档案需要收集的基本材料包括:

(1)履历、自传或鉴定材料:各种履历表、登记表、本人或组织写的个人经历材料、本人写的自传以及各种鉴定表。

(2)政审材料:审查结论、复审结论、甄别平反结论或决定、通知、批复、组织批注意见、带结论性的调查报告、证明材料、本人交代和本人对组织结论签署的意见和对有关问题的主要申诉材料。

(3)纪检案件材料:处分决定、批复、通知、调查报告、复查、甄别、平反决定、本人决定、本人检讨、申诉、本人对处分决定签署的意见的复制件或打印件。

(4)职务任免、调级、出国人员审查材料、任免呈报表、调动登记表、调级审批表、出国人员审查表。

(5)入党入团材料:入党志愿书、入团志愿书、入党申请书、入团申请书(包括自传材料)、转正申请书、入党入团时组织上关于其本人历史和表现以及家庭主要成员、社会关系情况的调查材料。

(6)司法案件材料:判决书复制件及撤销判决的通知书。

(7)晋升技术职称、学位、学衔审批表以及工资、待遇、业务成绩资料:晋升技术职称、学位、学衔审批表、技术人员登记表、考试成绩表、业务自传、技术业务的个人小结以及组织评定意见、创造发明和技术革新的评价材料、考核登记表、重要论文篇目和著作书目。

(8)奖励材料:授予先进模范称号的决定、通知、批复、授勋审批表、事迹材料。

(9)考核及考察材料:组织正式的考核、考察材料、考核登记表。

(10)招聘、录用、调动、任免、转业、退(离)休、辞职(退)材料:这些活动中形成的各种表格、退休、离休审批表和有关工龄、参加革命工作时间的调查审批材料,本人申请材料。

此外,还有其他材料,包括出国(境)材料、各种代表会议代表登记表等材料、毕业生体检表、新录用人员体检表、个人写的思想、工作、学习总结、检查、近期的体检表、残疾登记表、死亡报告表、悼词等。

2.从载体形式上来看

随着多种载体的共存互补,人事档案载体类型越来越多。从现有的载体看,主要包括:

(1)纸质人事档案载体,即以纸张为载体记录个人信息的档案,这是目前各级各类人事档案管理机构收集和整理的主体。

(2)非纸质人事档案载体,包括记录人事档案或者人事档案信息的光盘(光盘塔)、磁盘、数据磁带等。这类载体主要记录如下两种类型的人事档案:

电子人事文件(档案),即以数字形式记录个人信息的档案。我国人事管理工作信息化的发展以及相关的人事管理信息系统建立之后,生成了不少的电子文件材料,这些材料的数量越来越大。同时,原有移交纸质人事档案也在向移交纸质档案和电子文件的"双轨制"形式过渡,由此,人事档案管理工作必须对电子文件材料进行收集。电子文件的产生和运动规律有其特殊性,其生成归档、保存和维护等一系列活动,与纸质档案有较大的差别,因而必须在新的管理理论指导下做好其收集工作,尤其是应根据《电子文件归档与管理规范》(GB/T 18894—2002)及相关法规的规定,进行合理有效的管理。

声像人事档案,即以声音、形象形式等记录个人信息的档案,具有形意结合、形象逼真,能观其行、闻其声、知其情的特点,既能弥补纸质档案材料上静态了解人才的传统方式的不足,又对更直观、更动态、更全面地了解人才起到一定的作用。

(三)收集人事档案材料的要求与方法

1.收集人事档案材料的要求

(1)保质保量。人事档案材料的归档范围,要有利于反映人的信息,要有利于领导的选才。

(2)客观公正。人事档案材料收集过程中必须以客观真实、变化发展、全面的思想为指导,符合事实、公正客观、准确无误,以达到信息的真正价值。

(3)主动及时。档案管理人员要明确自己的职责,主动联系,全面地、及时地收集人员的德、能、勤、绩等各方面现实表现的材料,鉴定、清理、充实档案的内容。归档时,注意到材料的准确性、可靠性和典型性。并将新的变化随时记入卡片,为查阅提供迅速、方便的服务,起到"开发人才的参谋部"作用。

(4)安全保密。人事档案材料收集过程中,要注意人事档案材料物质安全和信息内容安全,不丢失损坏,不失密泄密。人事档案材料丢失后很难补救,会造成相对人或某一事件上档案材料的空白,档案发挥作用会受到影响。人事档案信息内容泄密,既违反保守国家机密的原则,又可能侵犯个人的隐私权,对组织和相对人造成不应有的损害。

2.收集人事档案材料的方法

(1)针对性收集。掌握人事档案材料形成的源流和规律,把握收集工作的主动权,有针对性地收集有价值的人事档案材料。

(2)跟踪性收集。跟踪每一个干部或人才的活动及变化情况进行收集。

(3)经常性收集。人事档案的收集工作不是一劳永逸的,也不是突击性的活动,而是贯穿于人事档案工作始终的一项经常性的工作。应了解人事档案材料的形成时间与范围,指导形成单位与个人注重平时的经常性收集,始终保持收集渠道的畅通,促使他们主动做好人事档案材料的积累和归档工作。

(4)集中性收集。一是以时间为界限,实行按月、季、年终为集中收集时间。二是根据各个时期组织、人事部门的中心工作,及时有效地集中收集人事档案材料,例如,党代会、人民代表大会、政协会议换届、调整领导班子、考核干部、工作调整等活动结束时,就是集中收集人事档案的最佳时机。

(5)内部收集。对本单位组织、人事、劳动工作中形成的人事档案材料的收集。

(6)外部收集。对外单位形成的人事档案材料的收集。主要通过设置联络员、召开联席会议等方式收集。上述方法一般需要结合使用。例如,针对性与跟踪性相结合、经常性与集中性相结合、内部收集与外部收集相结合。

尤其需要提出的是,随着信息技术的普遍使用,利用网络收集电子人事档案和人事档案信息已经成为人事档案管理一个需要关注的方面。这不仅可以节约大量的人力,而且有助于人事档案信息的整理和提供利用。

(四)人事档案的收集制度

人事档案材料的收集,是一项贯彻始终的经常性工作,不能单纯依靠突击工作,应当建立起必要的收集工作制度。主要包括:

1.归档(移交)制度

归档制度,是关于将办理完毕的人事档案材料归档移交到人事档案机构或档案专管人员保存的规定。其内容包括归档范围、归档时间、归档要求。归档范围与要求在前面已经讲过,这里主要讲归档时间。根据《干部人事档案材料收集归档规定》的精神,归档时间规定为:形成干部人事档案材料的部门,在形成材料的一个月内,按要求将材料送交主管干部人事档案的部门归档。各单位与部门在日常工作活动中形成的,属于人事档案管辖范围的材料,都应当及时地移交给人事档案部门,以使人事档案能够及时地、源源不断地得到补充。例如,对各级单位的党、团组织、人事与业务部门,应当本着档案工作中分工管理的精神,对现已保管的档案进行检查,发现属于人事档案范围的文件材料,应及时移交给人事档案部门;对于各单位的保卫部门,应当在员工的政治问题得到妥善解决之后,将结论、决定及相关重要材料送交人事档案部门归档;纪律检查和行政监察部门应当将有关人员的奖惩决定及重要材料送人事档案一份以备案。

2.转递制度

主要指对于调动工作离开原单位人员档案转到新单位的规定。原单位的人事档案部门,应及时将本单位调入其他单位工作人员的人事档案材料,转递至新单位的人事档案部门,以防丢失和散乱。

3.清理制度

人事档案部门根据所管档案的情况,定期对人事档案进行清理核对,将所缺材料逐一登记下来,有计划、有步骤地进行收集。

4.催要制度

人事档案部门在日常工作中不能坐等有关部门主动送材料,也不能送多少就收多少,应当经常与有关单位进行联系,主动催促并索要应当归档的人事档案材料。如果有关单位迟迟不交,人事档案部门应当及时发函、打电话或者派人登门索要,一定要注意做到口勤、脚勤、手勤,以防漏下某些材料。

5.及时登记制度

为了避免在收集工作中人事档案材料的遗失和散落,人事档案部门一定要做好档案材料的收集登记制度。就目前情况看,主要存在两种登记制度:一种为收文登记,即将收到的材料在收文登记簿上逐份登记;二是移交清单,由送交单位填写,作为转送或接收的底账,以便检查核对。

6.检查制度

根据所管辖人事档案的数量状况,人事档案管理部门应在每季度、半年或一年对人事档案进行一次检查核对,将那些不符合归档要求的材料,立即退回形成机关或部门重新制作或补办手续;剔出不属人事档案归档范围的材料退回原单位处理。另外,根据人事档案之间的有机联系,如果发现缺少的材料,应当填写补充材料登记表,以便补齐收全。

7.随时补充材料制度

组织、人事及劳资部门为了了解员工各方面的情况,及时补充人事档案的内容,应当根据工作需要和档案材料的短缺情况,不定期地统一布置填写履历表、登记表、自我鉴定、体检表等,以便随时补充人事档案材料,使组织上能比较完整地掌握一个人的情况。在利用信息系统时候,需要将收集到的材料及时补充到系统中,及时更新系统信息,或者一旦系统收到重要的人事档案时,也需要将该电子档案制成纸质硬拷贝保存。这是一个双向的过程,其根本目的是在当前的"双套制"下,系统的信息管理与实体档案管理基本保持同步。

(五)人事档案材料收集与补充的重点

目前新形势下的人事工作需要的是人事档案内容新颖、能够全面地反映个人的现实状况,尤其需要反映业务水平、技术专长、兴趣、工作业绩以及个人气质等方面的材料,而当前的人事档案收集工作恰恰不能满足这种需求。要改变这种状况,人事档案部门应当确定当前收集工作的重点,例如应重点收集反映业务水平和技术专长、发明创造、科研成果的鉴定、评价、论著目录等材料,反映重大贡献或成就、工作成绩的考察和考核等材料,反映学历和专业培训的材料,反映"文革"中表现的结论性材料,出国、任免、调动等方面情况的材料等,都应算作收集的重点。在业绩方面,除了现在已归档的外语水平、科技成果,评审职称形成的业务自传材料,还可建立现实表现专册。专册包括专业人员每年的自我小结和组织上的全面考核,包括工作实绩、科技开发、思想修养等,这样便于在选拔优秀人才时,也注重工作业绩的考核,对人具有现实性的了解。兴趣爱好体现了人的知识的广度和深度。将兴趣融入工作中,可以充分发挥自己的能量。组织部门注意观察和记录人的兴趣爱好,可以全面地考察、认识干部,用人之所长。同时,人与人之间气质的合理配置对事业的发展也有较大影响。现代科学研究认为,人的气质有不同的类别,而不同的岗位需要具有不同气质的人员。了解人的气质有利于人才合理配置。当然,这项工作的收集要有个逐步形成的过程,经过一段时间的接触,多方摸底,才能了解人的气质特点。

二、人事档案的鉴定

(一)人事档案鉴定的概念与作用

1.概念

人事档案的鉴定是指依照一定的原则与规定,对收集起来的人事档案材料进行真伪的鉴别和价值的鉴定,再根据它们的真伪和价值进行取舍,将具有保存价值的材料归入档案、确定保存期限,把不应当归档的材料剔出销毁或转送其他部门予以处理的一项业务工作。收集的材料,必须经过认真的鉴别。属于归档的材料应真实,完整齐全,文字清楚,对象明确,手续完备。须经组织审查盖章或本人签字的,盖章签字后才能归入人事档案。不属于归档范围的材料不得擅自归档。

2.人事档案鉴定工作的作用

(1)人事档案材料的鉴定工作是归档前的最后一次审核。这项工作决定着人事档案文件材料的命运,关系到人事档案质量的优劣和能否正确地发挥作用,是保证人事档案完整、精练、真实、实用的重要手段。

(2)人事档案材料的鉴定工作是人事档案管理工作的首要环节。对于收集起来的杂而乱的人事档案材料进行清理和鉴别,确定和进行取舍,是人事档案系统整理工作的基础和前提。假如略去这一环节,不该归档的没有清理出去,该归档的又没有收进来,就会直接影响后面的诸环节,甚至造成整个工作的全部返工。

(3)人事档案材料的鉴定工作对其他各项业务工作具有积极的促进作用。鉴定工作与其他环节工作有着紧密的联系,通过鉴别工作,可以促使档案人员重视人事档案材料的质量,能发现哪些档案材料不齐全,以便及时收集,同时还可以提高收集工作在来源上的质量,不至于把一些不必要的、没有价值的材料都收集起来。再例如,鉴别工作的质量高低,直接关系到人事档案保管工作,通过鉴别,把那些不需要归档的材料从档案中剔除出去,减少档案的份数,可以节约馆库面积,有利于保管工作。此外,鉴别工作还可以促进人事档案利用工作的开展。鉴别工作中取舍恰当、合理,就能保证人事档案的真实性和精练性,否则一旦该归档的材料销毁了,就不可复得了,会给党的事业造成不必要的损失。

(4)人事档案材料的鉴定工作是正确贯彻人事政策的一项措施。通过鉴别,将已装入人事档案中的虚假不实材料剔除出去,可以为落实人事政策提供依据、消除隐患,保证党的组织人事路线、方针政策的贯彻执行。

(5)人事档案材料的鉴定工作有利于应对突然事变。突然事变是指战争、水灾、火灾、地震等天灾人祸,往往突发性强,难以预料。如果能对人事档案价值进行区分鉴别,遇到突发事变后,就有利于重要价值档案的抢救与保护,减少不必要的损失;反之,如果不对人事档案进行鉴定,不区分有无价值、不区分价值大小,遇到突然事变后就会束手无策,不能及时抢救珍贵和重要价值的人事档案,造成"玉石俱毁"。

(6)人事档案材料的鉴定工作有利于确定人事档案的保存期限,提高人事档案的质量和利用率,满足社会长远需要。因为人事档案不仅对现在有用,而且对今后还有查考利用价值,通过鉴定,使真正有价值的人事档案保存下来,可以造福子孙后代,让未来的研究者不必花更多的时间和精力去鉴别、挑选、考证有关人物的材料,可以为后人查询历史人物和历史事件提供依据和参考。

(二)人事档案鉴定工作的内容

从总的方面来看人事档案鉴定的内容,主要包括对收集起来的人事档案材料进行真伪的鉴别,将具有保存价值的材料归入档案;制定人事档案价值的鉴定标准,确定人事档案的保管期限;挑出有价值的档案继续保存,剔除无须保存的档案经过批准后销毁;为进行上述一系列工作所做的组织安排。

从具体方面来看人事档案鉴定的内容,可分为两大部分,即人事档案真伪的鉴别内容与人事档案价值鉴定的内容。

1.人事档案真伪的鉴别内容

人事档案鉴别工作应当本着"取之有据,弃之有理"的原则来进行,即凡是确定有关材料应当归档就要符合有关规定;凡是确定要剔出处理某些材料,要有正当的理由,尤其是剔出应当销毁的材料,一定要非常谨慎;要严格按照有关政策和规定办事,不该归档的材料,一份也不能归档;应该归档的材料,一份也不能销毁。人事档案鉴别工作的内容范围大致包括以下几个方面:

(1)判断材料是否属于本人:鉴别这个问题的主要方法是辨认姓名的异同。下列三种情况比较容易混淆:

①同姓同名。这是最容易混淆也最难发现的一种情况。对这种情况的辨认方法是逐份地核对同姓同名的材料,尤其是核对材料上的籍贯、年龄、家庭出身、本人成分、入党时间、参加工作时间、工资级别等情况是否相同、主要经历是否一致。为了达到互相印证的目的,要尽可能地多核对一些项目,使鉴别结论有可靠的依据和基础。

②同姓异名或异姓同名。这是收集人事档案材料时造成的。鉴别时要特别留心材料上的姓名,对那些姓名有某些相同之字的材料,更要提高警惕。如果在鉴别材料时只注意看内容,而不大注意看姓名,就很容易让那些同姓异名或异姓同名的材料蒙混过去。

③一人多名。有的人在不同时期有不同的名字,例如儿童时期有乳名,上学时有学名,还有的人有字号、笔名、化名、别名等,如果不认真辨认,就很容易使一个人的档案材料身首异地。辨别这种情况的方法有三种:第一,核对后期材料姓名栏内曾用名,是否有与前期原名相同的名字;第二,清查档案内是否有更改姓名的报告和审批材料;第三,将不同姓名的材料内容进行核对,看看每份材料的年龄、籍贯、经历等情况是否相同。

(2)辨认材料的内容和作用

①看内容。即审核材料的内容是否与该人员的问题有关,例如政审材料中所反映的内容与该人员的结论是否有内在联系,是不是结论的依据。

②看用途。例如对于证明材料,要详细审查,看此材料用于证明谁的问题,也就是被证明人是谁,如果被证明人不是该人员,那么这份材料一般也就不是该人员的。该人员所写的证明他人问题的材料,由于它的用途不是证明该人员的,所以不该归入该人员档案中。

(3)判断材料是否属于人事档案:一个人的档案材料包括人事档案内容的材料及非人事档案内容的材料两大部分。在非人事档案材料之中,有的是属于文书、业务考绩、案件等档案内容的材料,有的属于本人保存的材料,有的是应转送有关部门处理的材料,鉴别工作的任务就是将人事档案材料与非人事档案材料严格区分开来,择其前者归档,并将那些非人事档案内容的材料另加处理。常见的人事材料主要是前面讲的一些内容,在此不再赘述。

（4）判断材料是否真实、准确：做人事档案工作必须讲究实事求是，来不得半点虚假和含糊其词，由此要求人事档案材料所记述的内容必须真实而且准确，不能前后矛盾，模棱两可。在鉴别工作中一旦发现内容不属实、观点不明确、言词不达意或词义含混的情况，应立即退回原单位重新改正。

（5）判断材料有无重复：要保持人事档案的精练，重份材料或内容重复的材料必须剔除。鉴别的时候，无论是正本还是副本，只须保留一份，多余的可以剔出。例如有的人在入党之前写了许多份入党申请书，鉴别时可以只选取其中内容最完整、手续最齐全、字迹最清楚的归入本人档案的正本和副本中。近年来，各级组织人事部门非常重视个人出生日期的鉴别工作，中组部出台了《关于认真做好干部出生日期管理工作的通知》（组通字〔2006〕41 号），要求各级组织人事部门认真做好干部出生日期的管理工作，认真核对干部的出生日期，这也是鉴定工作的一个很重要的方面。

2.人事档案价值鉴定的内容

（1）确定材料是否有保存价值。归档的材料要能反映个人的政治思想、业务能力、工作成绩、专长爱好等方面的情况。

（2）剔除无价值的人事档案材料。对于一些没有价值或价值不大的材料以及似是而非、模棱两可、不能说明问题、没有定论、起不了说明作用的旁证材料，不要归档，尤其对内容不真实、不准确，甚至诬蔑陷害等材料更不能归入。

（3）判定人事档案价值。根据一定的原则与标准确定什么样的档案需要保存多长时间，如短期、长期、永久，或者定期、永久。

（三）人事档案价值鉴定的方法

人事档案价值鉴定的方法主要以下几种：

1.内容鉴定法

人事档案内容是决定人事档案价值最重要、最核心的要素，也是最重要的方法。因为利用者对档案最普遍、最大量的利用需求，反映在对档案内容的要求上，即人事档案中记载了人们活动的事实、历程、数据、经验、结论等，所以，人事档案内容是人事档案鉴定最重要的方法。在对人事档案价值进行鉴定时，必须分析人事档案内容的重要性与信息量的丰富程度、真实性、独特性、典型性等因素。

2.来源鉴定法

人事档案来源是指人事档案的相对人和形成机构。由于相对人和形成机构在社会生活和国家政务活动中所处的地位、职务、职称等方面的不同，对国家和社会的贡献不同，因而其人事档案的价值也有大小之分和重要程度的区别，所以人事档案来源可以作为其价值鉴定的方法之一。主要从以下几个方面分析：

（1）看成就或贡献。凡是对党和国家或某一地区及某一学科研究做出了贡献的人员，包括发明创造者、新学科的创始人、领导人、某运动的首倡者，发表过重要论文和著作、作品者，以及具有一技之长的人，或者某一著名建筑工程的设计者等作出了各种贡献的人员，死亡之后，他们的档案应当由原管理单位保存若干年以后移交本机关档案部门,随同到期的其他档案移交给同级档案馆长久保存。

(2)看知名度。一个人在国内外、省(市)内外、县(市)内外享有较大的声誉和知名度,其人事档案的价值较大,人事档案管理部门应当对在社会上有一定威望的著名政治家、社会活动家、企业家、民主党派人士、作家、诗人、艺术家、专家、学者、各方面的英雄模范人物及其他社会名流的档案材料重点进行保管。这类人员死亡以后,在原单位保存若干年以后移交本机关档案部门,随同到期的其他档案移交给同级档案馆长久保存。

(3)看影响力。影响力指的是在某一地区有重大影响的人员的影响能力。例如各个方面的领袖人物、轰动一时的新闻人物、重大事件或案件的主要涉及者、重要讨论的发起者等,这些人的档案材料在其死亡后由原单位保存若干年以后移交本机关档案部门,随同到期的其他档案向同级档案馆移交并永久保存。

(4)看职务级别。也就是看该人在生前担任过何种职务。一般来说,职务较高的,其人事档案材料的保存价值就较大,保管期限就长一些。例如,《干部档案工作条例》规定,中央和国务院管理干部死亡后,其干部档案由原管理单位保存5年后,移交中央档案馆永久保存。

(5)看技术职称、学位和学衔。技术职称、学位和学衔是一个人在学术界的地位和专业上的造诣的突出表现。中国科学院院士、中国工程院院士、教授、研究员、高级工程师等,都在某一学术或工程技术领域中做出了一定成就,他们的人事档案材料对生前从事的科学研究、参与的社会实践、发明创造等方面,有准确而又具体的记载,能提供较多的信息,具有历史研究和现实查考意义,档案的价值较大,其人事档案由原单位档案室保存若干年以后,移交档案馆保存。

上述五个方面的来源,不是孤立的,而是互有联系的,在鉴定档案价值时应综合分析研究、准确判断。

3.时间鉴定法

时间鉴定法,是指根据人事档案形成时间作为鉴定依据。一般来讲,形成时间越久的人事档案,其保存价值越大。这主要是由于年代越久的档案,留存下来的很少、很珍贵,"物以稀为贵",所以需要重点保存,这也符合德国档案学家迈斯奈尔"高龄案卷应当受到重视"的鉴定标准。

此外,还有主体鉴定法、效益鉴定法等。主体鉴定法是指在人事档案价值鉴定中,用主体需求程度与要求去评价。由于社会生活的丰富多彩,主体对人事档案的需求比较复杂。一方面,不同学历层次、不同文化素质、不同经历、不同年龄、不同历史条件下的人员,对人事档案会产生不同的要求,因而对人事档案价值的认识也是不同的。另一方面,即使同一主体,在不同时间、不同地点、不同条件下对人事档案的需求也是不同的,那么,对档案价值的认识也是有差异的。因此,在人事档案鉴定工作中也会根据主体的认知程度判断档案价值。效益鉴定法是指根据人事档案发挥的社会效益与经济效益判定档案价值。这两种方法带有很强的主观性,只能作为参考。

（四）人事档案保管期限

1.人事档案保管期限概念及档次

人事档案的价值不是一成不变的，具有一定的时效性。档案的时效性，决定了人事档案的保管期限。人事档案期限可分为永久、长期、短期三种，也可以分为永久与定期两种。

2.人事档案保管期限表

人事档案保管期限表是以表册形式列举档案的来源、内容和形式，并指明其保管期限的一种指导性文件。人事档案保管期限表的作用表现在三个方面：①是人事档案鉴定的依据和标准；②可以避免个人认识上的局限性与片面性，保证人事档案鉴定工作的质量和提高鉴定工作的效率；③能够有效地防止任意销毁人事档案的现象发生。

（五）对不在归档范围内材料的处理

对不归档材料的处理主要有下列 4 种方法：

1.转

凡是经过鉴别，并不属于本人的材料，或者根本不在归档之列的材料，必须剔出，转给有关单位保存或处理。

2.退

对于近期形成的某些档案材料，手续不够完备，或者内容还需要查对核实的，需要提出具体的意见，退回有关单位，等到原单位修改补充后再行交回。如果材料应退回去的，必须经过领导批准退回本人，并办理相应的手续。

3.留

凡是不属于人事档案的范围，但很有保存价值的有关参考资料，经过整理以后，应由组织或人事部门作为业务资料保存。

4.毁

经人事档案部门鉴别后，确实没有保存价值的材料，应当按照有关规定作销毁处理。销毁的材料应当仔细检查，逐份登记，写清销毁理由，经主管领导批准后，才能销毁。

（六）人事档案材料的审核

人事档案材料的审核，是指对已归档和整理过的档案，进行认真细致的审查核定，以确保人事档案材料完整齐全、内容真实可靠、信息准确无误的工作。

1.审核的主要内容

主要审核档案材料中是否齐全完整，是否有缺失、遗漏，有无涂改伪造情况；审核档案材料是否手续完备，填写是否规范；审核档案材料中有无错装、混装的现象，审核档案材料归档整理是否符合要求。

2.审核要求

力求保证人事档案材料齐全完整、真实可靠；对档案中缺少的主要材料应逐一登记、补充收集归档；对人事档案材料中内容不真实的情况，应根据有关政策规定予以确认，确保档案中的信息真实可靠；对人事档案材料中前后不一致的材料，应进行更正。

（七）人事档案的销毁

人事档案的销毁，是指对无保存价值的人事档案材料的销毁，是鉴定工作的必然结果。销毁档案，必须有严格的制度，非依规定的批准手续，不得随意销毁。凡是决定销毁的档案，必须详细登记造册，作为领导审核批准以及日后查考档案销毁情况的依据。

三、人事档案的整理

人事档案的整理工作，就是依据一定的原则、方法和程序，对收集起来经过鉴别的人事材料，以个人为单位进行归类、排列、组合、编号、登记，使之条理化、系统化和组成有序体系的过程。

（一）人事档案整理工作的内容与范围

1.人事档案整理工作的内容

人事档案整理工作的内容主要包括：分类、分本分册、复制、排列、编号、登记目录、技术加工、装订。

2.人事档案整理工作的范围

主要包括以下两个方面：

（1）对新建档案的系统整理。主要指对那些新吸收的人员的档案材料的整理，这部分档案材料原来没有系统整理，或者没有进行有规则的整理，材料零乱、庞杂，整理起来工作量大，比较复杂，而且随着各行业各单位新老人员的交替，这部分档案的整理工作将是连续不断的，因此必须从思想上提高对这一工作的重视程度，将其列入议事日程，及时地做好新吸收人员的人事档案的整理工作，以适应人事工作的需要。

（2）对已整理档案的重新调整。由于人事档案具有动态性的特征，始终处于动态变化之中，因而对于每一个已经整理好的人事档案来说，其整理工作不是一劳永逸的，已整理好的人事档案有时需要增加或剔除一定数量的材料，这就有必要重新整理这部分档案材料，这种整理实际上是一种调整。对于那些零散材料的归档，只须随时补充，不必重新登记目录，只在原有目录上补登即可。

此外，有时根据社会的发展要求，还须对人事档案进行普遍整理。例如，为了落实党的干部政策，需要对过去形成的人事档案进行普遍的整理，清除历次政治运动中不真实的人事档案材料。

（二）人事档案整理工作的基本要求

整理人事档案时，必须按照因"人"立卷、分"类"整理。具体整理过程中，需要做到：

1.分类准确，编排有序，目录清楚

不同类型的人事档案具有不同的整理要求，但不论是何种人事档案，都需要在科学分类的基础上进行准确整理和编排；同时，随着时间的推移，新的人事档案材料不断加入，这就需要在原有的整理的基础上进行再整理，直到符合当事人最新的、最客观的记录。

2.整理设备齐全,安全可靠

整理人事档案,事先要备齐卷皮、目录纸、衬纸、切纸刀、打孔机、缝纫机等必需的物品和设备;同时,整理人事档案的工作人员,必须努力学习党的干部工作方针、政策和档案工作的专门知识,熟悉整理人事档案的有关规定,掌握整理工作的基本方法和技能,认真负责做好整理工作,使人事档案工作做到安全可靠。

（三）人事档案的正本和副本

1.概念及其差别

根据人事档案管理和利用需要,一个人的全部人事档案材料可分别建立正本和副本。正本和副本都是人事档案材料的内容,但是两者存在不少差别:一是管理范围不同。正本是由全面反映一个人的历史和现实情况的材料构成的;副本是正本的浓缩,是一个人的部分材料,由正本中的部分材料构成,为重份材料或复制件。二是管理单位不同。正本由主管部门保管,副本由主管部门或协管部门保管。军队干部兼任地方职务的,其档案正本由军队保管;地方干部兼任军队职务的,其档案正本由地方保管。正本与副本的建档对象不同,正本是所有员工都必须建立的,副本一般来说是县级及县级以上领导干部等双重管理干部,由于主管与协管单位管人的需要,才建立副本,供协管单位使用,对于一般员工,只需要建立正本即可。三是价值不同。正本是相对人的全部原件材料,具有较高的保存价值,其中双重管理的领导干部的档案,一般都要长久保存。副本是正本主要材料的复制件,一般在相对人死亡后,副本材料经过批准可以销毁,正本则须移交档案馆永久保存。

2.意义

人事档案分建正本和副本,对人事档案管理与利用具有重要的意义。

(1)有利于干部人事档案材料的分级管理。我国现行的人事管理制度,特别是对领导干部的管理,实行的是主管和协管的双重管理体制,即上级主管和本级协管。干部档案为了与干部工作相适应,必须实行分级管理的体制。双重管理人员的干部档案建立正本与副本,正本由上级组织、人事部门保管,副本由本级组织、人事部门保管。可以说,人事档案正本副本制度的建立,不仅有利于干部分级管理,而且可以解决干部主管和协管部门日常利用干部档案的矛盾。

(2)有利于人事档案的保护。对于领导干部,建立正本和副本的"两套制"档案,分别保存在不同的地方,若遇战争、天灾人祸等不可预测的事变,档案不可能全部毁灭,一套损毁了,还有另一套被保存下来继续提供利用。

(3)有利于提供利用。建立正本和副本,可以同时满足主管和协管单位利用档案的要求,大大方便了利用者。可以根据情况提供正本或副本,如果只需要查阅副本时,人事档案人员可以只提供副本,这样既便于保密,又提高了利用效率。

(4)有利于延长档案的寿命。建立正本和副本两套制后,在提供利用时,可尽量使用副本,以减少正本的查阅频率,减少磨损、延长寿命。

（四）人事档案的分类

目前,各类人事档案实体分类体系基本稳定,基本根据《干部档案工作条例》、《干部档案整理工作细则》以及《企业职工档案管理工作规定》的内容分类。本书有关章节专门作了论述,此处从总的方面简要介绍。人事档案一般分为正本和副本,再对正本和副本进行分类。

1.人事档案正本的分类

主要分为 10 类。

第一类,履历材料。履历表(书)、简历表,干部、职工、教师、医务人员、军人、学生等各类人员登记表、个人简历材料,更改姓名的材料。

第二类,自传材料。个人自传及属于自传性质的材料。

第三类,鉴定、考核、考察材料。以鉴定为主要内容的各类人员登记表,组织正式出具的鉴定性的干部表现情况材料;作为干部任免、调动依据的正式考察综合材料;考核登记表、干部考核和民主评议的综合材料。

第四类,学历、学位、学绩培训和评聘专业技术职务材料。报考高等学校学生登记表、审查表,毕业登记证,学习(培训结业)成绩表,学历证明材料,选拔留学生审查登记表;专业技术职务任职资格申报表,专业技术职务考绩材料,聘任专业技术职务的审批表,套改和晋升专业技术职务(职称)审批表;干部的创造发明、科研成果、著作及有重大影响的论文(如获奖或在全国性报刊上发表的)等目录。

第五类,政治历史情况的审查材料。包括甄别、复查材料和依据材料,有关党籍、参加工作时间等问题的审查材料。

第六类,参加中国共产党、共青团及民主党派的有关材料。

第七类,奖励材料。包括科学技术和业务奖励、英雄模范先进事迹材料,各种先进人物登记表、先进模范事迹、嘉奖、通报表扬等材料。

第八类,处分材料(包括甄别、复查材料,免于处分的处理意见),干部违犯党纪、政纪、国法的材料,查证核实报告上级批复,本人对处分的意见和检查材料,通报批评材料等。

第九类,录用、任免、聘用、专业、工资、待遇、出国、退(离)休、退职材料及各种代表会代表登记表等材料。

第十类,其他可供组织上参考的材料。人员死亡后,组织上写的悼词,非正常死亡的调查处理材料,最后处理意见,可集中放在第十类里面。

2.人事档案副本的分类

人事档案副本由正本中以下类别主要材料的重复件或复制件构成:

第一类的近期履历材料。

第三类的主要鉴定、干部考核材料。

第四类的学历、学位、评聘专业技术职务的材料。

第五类的政治历史情况的审查结论(包括甄别、复查结论)材料。

第七类的奖励材料。

第八类的处分决定(包括甄别复查结论)材料。

第九类的任免呈报表和工资、待遇的审批材料。

其他类别多余的重要材料,也可归入副本。

(五)人事档案的归类

人事档案材料分为十大类之后,应当把每份材料归入相应的类中去。归类的方法主要有两种:

1.按文件材料的名称归类

凡是文件材料上有准确名称的,就可以按名称归入所属的类别中。例如,履历表、简历表归入第一类,自传归入第二类,鉴定表归入第三类。

2.按内容归类

对于只看名称而无法确定类目归属的材料,应当根据其内容归入相应的类别。如果材料内容涉及几个类目时,就应当根据主要内容归入相应类目。

(六)人事档案材料的排列与编目

1.人事档案材料的排列

在人事档案归类后,每类中的档案材料应当按一定的顺序排列起来,排列的原则是依据人事档案在了解人、使用人的过程中相互之间固有的联系,必须保持材料本身的系统性、连贯性,以便于使用和不断补充新的档案材料。人事档案的排列顺序有三种:

(1)按问题结合重要程度排列。将该类档案材料按其内容所反映的不同问题分开,同一问题的有关材料,再按重要程度排列。例如,对于入党、入团材料,先按入党、入团的不同问题分开,入党的材料按入党志愿书、组织转正意见、组织员谈话登记表、入党申请书、入党调查材料这一顺序排列。

(2)按时间顺序排列。依照人事档案形成时间的先后顺序,从远到近,依次排列。采用这种方法,可以比较详细地了解事物的来龙去脉,掌握员工的成长和发展变化情况,同时也有利于新材料的继续补充。运用这种方法排列的有履历类、自传类、鉴定考核类和其他类。

(3)按问题结合时间顺序排列。先将这类材料按其内容反映的不同问题分开,再将同一问题的有关材料按时间顺序排列。这种方法适用于反映职务、工资等方面的材料。排列时先分为职务、职称、出国、工资、离退休、退职等问题,每一问题内按材料形成时间由远到近排列。

2.人事档案的编目

人事档案的编目,是指填写人事档案案卷封面,保管单位内的人事档案目录、件、页号等。

人事档案目录具有重要作用,可以固定案卷内各类档案的分类体系和类内每份材料的排列顺序及其位置,避免次序混乱,巩固整理工作成果。编目是帮助利用者及时准确查阅所需材料的工具,是人事档案材料登记和统计的基本形式,是人事档案管理和控制工具,有助于人事档案的完整与安全。

人事档案卷内目录一般应设置类号、文件题名(材料名称)、材料形成时间、份数、页数、备注等著录项目。

（七）人事档案的复制与技术加工

1.人事档案材料的复制

人事档案材料的复制，就是采用复印、摄影、缩微摄影、临摹等方法，制成与档案材料原件内容与外形相一致的复制件的技术。复制的主要作用：一是为了方便利用；二是为了保护档案原件，使其能长期或永久保存，延长档案材料的寿命。

人事档案材料的复制，应该符合一定的要求，忠实于人事档案原件，字迹清晰，手续完备。

人事档案材料的复制范围，主要指建立副本所需的材料，如圆珠笔、铅笔、复写纸书写的材料、字迹不清的材料、利用较频繁的材料。

2.人事档案材料的技术加工

人事档案材料的技术加工，就是为便于装订、保管和利用，延长档案寿命，对于纸张不规则、破损、卷角、折皱的材料，在不损伤档案历史原貌的情况下，对其外形进行一些技术性的处理。

人事档案材料的技术加工的方法，包括档案修裱、档案修复、加边、折叠与剪裁。

3.人事档案材料的装订

人事档案材料的装订，是指将零散的档案材料加工成册。经过装订，能巩固整理工作中分类、排列、技术加工、登记目录等工序的成果。

4.验收

验收是对装订后的人事档案按照一定的标准，全面系统地检验是否合格的一项工作。其方法包括自验、互验、最后验收。

四、人事档案的统计

人事档案的统计是指通过特定的人事档案项目的数量统计，为人事管理部门提供科学参考。利用信息系统，尤其是网络化的人事档案管理信息系统，其中的"移交"或者 Excel 统计功能，可以方便地进行统计。

（一）人事档案管理各环节的数量状况统计

1.人事档案总量统计

（1）外部形式上：正本有多少，副本有多少。

（2）种类上：国家公务员档案有多少，教师档案有多少，科技人员档案有多少，新闻工作者档案有多少，一般职工档案有多少，流动人员档案有多少，军人档案有多少，学生档案有多少，每类还可以往下细分。

（3）保管期限上：永久的有多少，长期的有多少，短期的有多少。

2.人事档案收集情况的统计

包括共收集人事档案有多少。其中属于归档的材料有多少，转给有关部门的有多少，销毁的有多少，在材料来源上，各是通过哪些途径收集的，各途径收集的有多少。

3.人事档案整理情况的统计

已经整理和尚未整理的数量有多少。通过整理需要销毁的档案材料有多少,复制的有多少,以及其他整理过程中的具体数字。

4.人事档案保管情况统计

包括统计档案的流动情况和档案遭受损失的情况。

5.人事档案提供利用工作情况的统计

包括统计查阅人次,有哪几类利用者,在档案室阅览的有多少,外借的有多少。

(二)档案库房和人员情况的统计

1.档案库房设备情况的统计

统计库房设备的个数,其面积有多大,各类设备有多少,设备的保养情况等。

2.人事档案工作人员情况的统计

应定编人数、实定编人数、实有人数、与所管档案数量的比例、工作人员的年龄状况、文化程度、从事此工作的年限、是否受过训练等情况。

五、人事档案保管

人事档案保管是采取一定的制度和物资设备及方法,保存人事档案实体和人事档案信息。

(一)人事档案保管的范围

人事档案保管范围主要分为以下几种情况:

1.分级管理的人员,其全套人事档案应由主管部门保管,主要协管的部门只保管档案副本,非主要协管和监管的单位不保管人事档案,根据工作需要可以建立卡片。

2.军队和地方互兼职务的人员,主要职务在军队的,其人事档案则由军队保管;主要职务在地方的,其人事档案则由地方保管。

3.人员离休、退休和退职后,就地安置的,由原管理单位或工作单位保管;易地安置的,则可以转至负责管理该人员的组织、人事部门保管。

4.人员被开除公职以后,其档案转至该人员所在地方人事部门或管理部门保管,其中干部必须由当地县或相当县级的人事部门保管。

5.人员在受刑事处分或劳动教养期间,其档案由原单位保管。刑满释放和解除劳教后,重新安置的,其档案应当转至主管单位保管。

6.人员出国不归、失踪、逃亡以后,其档案由原主管单位保管。

(二)人事档案的存放与编号方法

人事档案的存放与编号方法主要有以下几种:

1.姓氏编号法

将同姓的人的档案集中在一起,再按照姓氏笔画的多少为序进行编号的方法叫姓氏编号法。具体方法如下:

(1)摘录所保管的一切人事档案中的姓名,将同姓的人的档案集中在一起。

（2）按照姓氏笔画的多少，将集中起来的人事档案由少到多的顺序排列起来。

（3）把同一姓内的姓名再进行排列。先按姓名的第二个字的笔画多少进行排列，如果第二个字的笔画相同，可以继续比较第三个字的笔画多少。

（4）将所排列的姓名顺序编制索引，统一进行编号。

（5）将索引名册的统一编号标注在档案袋上。

（6）按统一编号的次序排列档案，并对照索引名册进行一次全面的清点。

编号时需要注意几个问题：

①每一姓的后面要根据档案递增的趋势留下一定数量的空号，以备增加档案之用。

②姓名须用统一的规范简化字，不得用同音字代替。

③档案的存放位置要经常保持与索引名册相一致。

2.四角号码法

所谓四角号码法就是按照姓名的笔形取其四个角来进行编号的方法。它的优点是比较简便易学，且因为按这种方法是根据姓名的笔形来编号存放的，所以查取时就不必像按姓名笔画顺序编号法和按单位、职务顺序编号法查找那样，一定要通过索引登记来找到档案号再取材料，而是根据姓名的笔形得出档案号直接查取。

人事档案的四角号码编号法，同四角号码字典的编写原理基本相同，只要掌握了四角号码字典的查字方法，再学习人事档案的这种编号法，就比较容易了。但是这种人事档案四角号编号法同四角号编号字典的方法也有某些不同之处。它有自己特殊的规律，所以不能完全等同于四角号码编号法。

3.组织编号法

将人事档案按照该人员所在的组织或单位进行编号存放的方法称为组织编号法。它适用于人事档案数量较少的单位，做起来比较简便。但是它也有一些弊病：一是位置不能固定，一旦该人员调离了该单位，就得改变其人事档案原来的存放位置；二是在档案增多超过了一定的限量时，就会给查找带来困难，因此使用这种方法的档案数量一般不得超过300个。

这种编号方法的具体过程是：

（1）将各个组织机构或单位的全部人员的名单进行集中，并按照一定的规律（例如按照职务、职称、姓氏等）将各个组织的名单进行系统排列。

（2）依据常用名册人员或编制配备表的顺序排列单位次序，并统一编号，登记索引名册。

（3）将索引名册上的统一编号标注在档案袋上，按编号顺序统一存放档案。

此外，还必须注意以下两个问题：

①要根据人员增长的趋势预留出一定数量的空号，以备增加档案之用。

②各个组织或单位不能分得太细，一般以直属单位为单位，如果有二、三级单位，只能作为直属单位所属的层次，而不能与直属单位并列起来。

4.拼音字母编号法

拼音字母编号法是按照人事档案中姓名的拼音字母的次序排列的编号方法，其基本原理就是"音序检字法"，这种方法的优点是比较简便。

拼音字母编号法的排列次序一般有三个层次：

（1）先排姓，按姓的拼音字母的顺序排列。

（2）同姓之内，再按其名字的第一个字的拼音字母的次序排列。

（3）如果名字的第一个字母相同，再按这个名字的第二个字的首字母进行排列。

5.职称级别编号法

职称级别编号法是将不同的职称级别和职位高低进行顺序排列，然后依次存放的编号方法。这种编号存放的方法，将高级干部、高级知识分子和其他特殊人员的档案同一般人员的档案区分开来单独存放，便于进行重点保护，特别是发生在突发事件时便于及时转移。

这种编号方法的具体操作过程与第三种编号方法基本相同。

（三）人事档案保管设施与要求

根据安全保密、便于查找的原则要求，对人事档案应严密、科学地保管。人事档案部门应建立坚固的、防火、防潮的专用档案库房，配置铁质的档案柜。库房面积每千卷需 2030 平方米。库房内应设立空调、去湿、灭火等设备；库房的防火、防潮、防蛀、防盗、防光、防高温等设施和安全措施应经常检查；要保持库房的清洁和库内适宜的温、湿度（要求：温度 14～24℃，相对湿度 45％～60％）；人事档案管理部门，要设置专门的档案查阅室和档案管理人员办公室。档案库房、查档室和档案人员办公室应三室分开。

六、人事档案的转递

由于当前新的劳动管理制度和用工制度的变化，人员的主管单位也不是永远不变的，人事档案管理部门必须随着该人员主管单位的变化及时将其人事档案转至新的主管或协管单位，做到人由哪里管理，档案也就在哪里管理，档案随人走，使人事档案管理的范围与人员管理的范围相一致，这就是人事档案的转递工作。如果人事档案的转递工作做得好，该转的及时送转，就不会造成人员的管理与人事档案的管理相脱节，原管单位有档无人，形成"无头档案"，新的主管单位则"有人无档"，这就很大程度地影响了人事档案作用的发挥。因此可以说人事档案的转递工作是人事档案管理部门接收档案的一个主要途径，也是一项基础性的工作。

（一）转递工作的基本要求

第一，安全人事档案转递过程中必须注意档案的安全，谨防丢失和泄密现象的发生。转递人事档案，不允许用平信、挂号、包裹等公开邮寄方式，必须经过严格密封以机密件通过机要交通转递或由转出单位选择政治可靠的人员专门递送。人事档案一般不允许本人自己转递。凡是转出的档案要密封且加盖密封章，严格手续，健全制度，保证绝对安全。

第二，必须在确知有关人员新的主管或协管单位之后才能办理人事档案转递手续。依照县及相当于县以上的各级党组织、人事部门可以直接相互转递人事档案的规定，尽量直接把人事档案转递至某人的新的主管单位，不要转递给某人的主管或协管单位的上级机关或下级机关，更不能盲目转递。

第三,及时要求人事档案的转递应随着人员的调动而迅速地转递,避免档案与人员管理脱节和"无人有档"、"有档无人"现象的发生。《干部档案工作条例》规定:"干部工作调动或职务变动后应及时将档案转给新的主管单位。"根据这一规定,人事档案部门发出调动和任免的通知时,应抄送给人事档案管理部门,以便及时将有关人员的档案转至新的主管部门;如果新的主管部门在这个人报到后仍未收到档案,应向其主管单位催要。

(二)转递工作的方式

人事档案转递工作的方式分为转入和转出两种。

1.转入

转入是指某一人员在调到新的主管单位后,该单位的人事档案部门接收其原来单位转来或转送的人事档案材料,这是人员调动过程中一个不可缺少的环节。转入的手续一般规定为:

(1)审查转递人事档案材料通知单,看其转递理由是否充分,是否符合转递规定。

(2)审查档案材料是否本单位所管的干部或工人的,以防收入同名同姓之人的档案材料。

(3)审查清点档案的数量,看档案材料是否符合档案转递单开列的项目,是否符合转入要求,有无破损。

(4)经上述三个步骤后,确认无误,在转递人事档案材料通知单的回执上盖章,并将通知单退回寄出单位,同时将转进档案在登记簿上详细登记。

2.转出

一个人将其人事档案转出的原因不外乎以下几种:此人转单位或跨系统调动;此人的职务或职位(包括提拔和免职、降职)发生变化;此人所在单位撤销或合并了;此人离退休以后易地安置;此人离职、退职或被开除公职;此人因犯罪而劳改,刑满释放后易地安置,或到其他单位工作;此人死亡;外单位要求转递;新近收到的不属于人事档案部门管理的档案材料;经鉴别应当退回形成单位重新加工或补办手续的材料。

转出的方式主要有两种,即零散转出和整批转出。零散转出即指日常工作中经常性的数量并不很大的人事档案材料的转出,这是转出的主要方式,一般通过机要交通来完成。整批转出是指向某个单位或部门同时转出大批人事档案材料,经过交接双方协商,一般由专人或专车取送。

转出的手续。对于零散转出的档案材料必须在转出材料登记簿上登记,注明转出时间、材料名称、数量、转出原因、机要交通发文号或请接收人签字;在档案底册上注销并且详细注明何时何原因转至何处,以及转递的发文号;填写转递人事档案通知单并按发文要求包装、密封,加盖密封章后寄出。对于整批转出的档案材料,其移交手续是:首先将人事档案材料全部取出,在转出材料登记簿上进行详细登记,并在底册上注明以后,还要编制移交收据,一式两份。收据上应当注明移交原因、移交时间、移交数量、移交单位和经办人等,收据后要附上移交清单,注明移交人姓名、职务、材料名称、数量等栏目,以备查考。

第十章　电子文件管理及纸质档案的数字化

第一节　电子文件的计算机管理

一、电子文件的概述

(一)电子文件的概念

《电子档案管理基本术语》(DA/T 58—2014)中定义电子文件是国家机构、社会组织或个人在履行其法定职责或处理事务过程中,通过计算机等电子设备形成、办理、传输和存储的数字格式的各种信息记录。电子文件由内容、结构和背景组成。作为一种新兴的文件形态,又直接形成于信息化系统,电子文件不仅是组织和处理机构日常工作的工具,而且可以作为信息化环境下机构工作的历史记录和活动凭据,也是国家的宝贵文化财富和社会的重要信息资源。因此,对电子文件进行及时归档、移交并使之得到长期保存势在必行,应当成为档案信息化建设的重要内容。

电子文件的种类多样,按照信息存在的形式,可分为文本文件、数据文件、图像文件、影像文件、声音文件、程序文件、多媒体文件、超文本文件、超媒体文件等。

(二)电子文件的技术特点

从泥板、石刻、甲骨、竹简到纸张,当文件记录在这些传统载体上时,人们形成、管理和利用文件时无须他物,人与文件之间的关系是直接的。而到了电子文件时代,这种直接的关系被打破。计算机系统是文件无法离开的生存环境,人对文件的一切行为都需要借助于系统才能实现,只有通过特定的程序才能记录、修改、办理和阅读文件内容。相比传统载体的文件,电子文件具有许多新的特点,这些特点皆因技术系统而生,故而称之为技术特点。这些技术特点对电子文件管理提出了新的要求,产生了深远的影响。在一定程度上,电子文件管理方法和理念的变革源于此。

1.信息的非人工识读性

在计算机系统中,信息以"0""1"的数字代码表示,与人的肉眼所视完全不同,不同类型的信息有各自的编码方案。只有通过特定的程序对这些代码进行解释还原,人们方可识读和理解。电子文件信息的非人工识读性对管理工作提出了一个基本要求:为了能够使用电子文件,首先要保证它可以识读。

信息的非人工识读性表现在两个方面:一是电子文件使用了人们不可直接识读的记录符

号——数字式代码,即将输入计算机的任何种类的信息都转换成二进制代码。对于这种经过复杂编码的二进制代码,人工无法直接破译它的含义,只有通过计算机特定的程序解码,使之还原为输入前的状态,才能被人识读。所以,电子文件在给人类带来极大方便的同时,也使其内部实现机制变得越来越复杂。二是电子文件存储在载体上,人们无法直接通过载体阅读,必须通过计算机等设备显现,才能识读。

2.信息的系统依赖性

电子文件信息的系统依赖性有两层含义:其一,在一般意义上,电子文件的形成、处理,以至归档后的全部管理活动都必须借助于计算机系统才能实现;其二,电子文件信息在显示输出时依赖于特定的计算机系统,那就是其形成系统,与形成系统不兼容的计算机和应用软件则无法打开文件。

3.载体的可转换性

载体的可转换性亦称"信息与特定载体之间的可分离性"。传统载体的文件,信息一旦生成,即被固定在某一载体上,两者结合为"原件"。电子文件中则不存在实体意义上的原件,它可以根据需要在不同的载体上同时存在或相互转换,不同载体上的信息,包括字体、签名、印章在内,则可完全一致,载体的转换并不会影响到电子文件信息的原始性。而且由于磁性载体和光学载体寿命短,对于电子文件而言,转换载体是必需的。没有一份电子文件拥有恒久不变的载体,电子文件不可能有固定不变的实体形态和物理位置。正因为如此,对于电子文件,人们往往用"真实性"而非"原始性"的概念来描述其信息的原生特性。

4.信息的易变性

造成电子文件信息可变性的情况很多。首先,计算机系统中信息的相对独立性使得对信息的增删更改十分容易,而且修改之后看不出任何改动过的痕迹;其次,电子文件在形成、归档、管理和利用过程中会形成大量的动态文档,而动态文档中的数据不断地被更新或补充,以反映最新情况;再次,存储载体和信息技术的不稳定性,新的信息编码方案、存储格式、系统软件不断出现,对电子文件的稳定性产生了巨大的冲击,新的系统要求将电子文件转换成某种标准格式或新的文件格式,往往会造成电子文件信息的损失、变异。

5.信息存储的分散性

电子文件信息存储的分散性表现在两个方面:其一,一份电子文件的内容、结构和背景信息分散保存。其二,一份电子文件的信息可能来自其他多个文件。电子文件信息分散存储,在归档保存时容易出现部分信息缺失的情况,影响文件质量及其功能的发挥。

6.信息存储的高密度性

电子文件的信息存储密度大大高于以往各种人工可识读的信息介质。过去一个几十平方米库房中的档案信息量现在则可能十几张光盘就可以承载,这极大地节约了存储空间。随着技术的进步,电子文件介质的存储密度还将继续加大。然而,存储的集中也意味着风险的集中,载体一旦受到侵害,损失就可能很大。

一张 4.75 英寸 CD 光盘(650～750MB)可存储 3 亿个至 4 亿个汉字或 A4 幅面的文稿图

像数千页,DVD 光盘单面单层容量可达 4.7GB,单面单层蓝光光盘的存储容量可达 25GB,而各种类型的存储卡则存储密度更高,计算机存储载体的海量化正呈加速度发展态势。

7.多种媒体信息的集成性

电子文件可以将文字、图形、图像、影像、声音等各种信息形式加以有机组合,形成"多媒体文件"。这种文件将文字、图像、声音等表现媒体融为一体,图文声像并茂地展示,能够更加真实地再现记录的场景,从而强化了档案对社会活动的过程记忆和生动再现功能。

8.信息的可操作性

相比被固化在传统载体上的信息,电子文件中的数字信息则是灵活、可变的,人们可以利用各种技术工具和手段。对之进行多种操作,如剪切、复制、粘贴、着色、压缩等,这为文件信息利用带来了极大的方便。经过相应的操作,人们可以使电子文件处于操作者希望的状态之下。该特点要求电子文件管理者更多地考虑用户的需求,为其提供便利,同时也要注重保护归档电子文件不被人为有意改动。

电子文件中的信息可以随时根据人们的需要,便捷、灵活地加以编辑、复制、删除,或进行多媒体合成,或按照特定的需要排列组合.或进行压缩和解压,或进行格式和数据结构的转换,或通过各种传播媒体传递给远程用户,显著提升了人对信息资源的管控能力和利用能力。

以上每一个电子文件的特点既是它的优点,也都是缺点。管理电子文件的基本思路是扬长避短、趋利避害,用新的管理理念、管理方法和管理技术,将其优势放大再放大,将其劣势缩小再缩小。

二、电子文件的归档

电子文件的归档就是将具有完整的背景信息和元数据的需要继续保存的电子文件,一并移交到档案部门保管。电子文件归档是我国归档制度中的一个重要方面,它除了要遵守传统文件归档的要求外,还要考虑到电子文件的特点。

(一)电子文件归档的特点

1.归档时间前置

纸质文件一般在文件处理完毕之后的第二年完成归档。电子文件因其信息和载体的可分离性,随时面临着被篡改、被破坏的风险,因此在归档过程中必须贯彻前端控制和全程管理的原则。电子文件办结后就要及时归档。在设计电子文件管理系统时,就要考虑到归档要素和电子文件的真实性、完整性、有效性和安全性保障措施。

2.归档形式多元互补

电子文件的归档形式分为在线归档和离线归档。电子文件的归档按照鉴定标识进行,各单位可以通过计算机网络进行在线归档,也可以将电子文件存储在脱机载体上进行离线归档。网络条件不符合国家和本市有关保密法律法规规定的单位,其涉密电子文件不能在线归档,只能离线归档。

3.归档范围扩大

电子文件的特殊性决定了电子文件归档的范围有所扩大。纸质文件的内容、结构、背景信息是固化在纸张上的,而电子文件的三要素有可能是分离的,要保证电子文件的真实性和完整性,必须及时获取电子文件的结构和背景信息。因此,电子文件的背景和结构信息必须被纳入归档范围,形成电子文件的支持和辅助性文件,计算机、操作系统和应用软件的说明性文件也必须列入归档范围之中。此外,归档电子文件不仅局限于文字类文件,还应当包括图像、声音、视频及超媒体文件。

4.归档实体移交与权责移交的分离

在线归档的出现使电子文件实体移交与权责移交出现了分离。传统文件管理中,文件的管理权是随着文件的归档由文书部门而转移到档案部门的,是实体保管者与信息管理者的统一。而电子文件的实体与其信息的管理权责却是可以分离的。电子文件的在线归档,使档案部门并不一定不拥有电子文件实体,但仍可以实现对电子文件的掌控,从侧面反映了电子环境中档案管理的工作重点由实体管理向信息管理的转移。

5.电子文件归档份数较多

离线归档的电子文件,至少一式三套:一套封存保管(一般称为 A 套);一套提供利用(一般称为 B 套);必要时,复制第三套,异地保存(一般称为 C 套)。电子文件在长期保存过程中可能会受到不可抗因素的影响导致信息变异或失真,出现读取错误,而多套同时出错的概率较低,所以多套保存可以大大提高电子文件的安全性和可靠性。

(二)归档范围

确定电子文件的归档范围时,应根据国家有关文件收集的规定要求,将反映机关单位主要活动、具有查考利用价值的电子文件纳入归档范围。归档前经鉴定为具有保存价值的电子文件是归档的主体,此外,还应该从以下几方面考虑收集相关的材料。

1.支持软件

电子文件具有软硬件依赖性,对于采用专有格式的电子文件,可归档文件的支持软件及软件的文档资料。档案部门已有的无须重复归档。

2.元数据以及相关管理信息

描述电子文件内容、结构和背景的元数据都必须随着电子文件一起归档。另外,电子文件形成阶段的管理活动也可能形成一些记录材料,如更改单、登记表、使用权限登记表等,有些可能记录在纸张上,也应予以归档。归档之后应保持元数据、管理信息与文件的联系。

3.其他载体形式的文件

在同一活动中,除了电子文件外,有时还会生成纸质文件、缩微胶片等其他形式的重要文件,如上级机关的来文、外购设备文件等。为保持这些文件之间的历史联系,确保同一活动中形成的档案信息完整无缺,需要将之一同归档。有条件的单位可将这些文件作数字化处理,作为电子文件归档和保存。

具体来说,电子文件的归档范围主要有以下几方面。

①在本机构行使职能活动、业务管理及行政管理活动过程中形成的,有纸质文件对应的电子文件,参照国家有关归档范围和保管期限规定归档。对于需要保存草稿及过程稿的电子文件,需要按照版本管理的要求添加版本号,并和正本一并归档。

②在行使和拓展本机关职能活动过程中,利用信息系统产生的无纸化新型电子文件,如网站、电子邮件、微博、微信等电子文件,也要列入归档范围。

③各种数据文件,如数据库、图形库和方法库等。由于数据库是动态的,对于这种数据文件应定期拷贝,作为一个数据集归档。

④为保证电子文件的长期可读性,其支持软件,包括操作系统、应用软件及相关代码库、参数设置等也需要归档。

⑤有助于确保电子文件真实、完整、有效、安全的有关元数据、说明性材料也要归档。

⑥对于必须实行"双套制"保存的电子档案,应归档相同内容的纸质文件,并在有关目录中建立电子文件和纸质文件之间的关联关系。

（三）归档方式

电子文件的归档方式有两种:物理归档和逻辑归档。二者的区别在于归档前后电子文件的存储位置是否改变。

1.物理归档

物理归档是指把电子文件集中下载到可脱机保存的载体上,向档案部门移交的过程。物理归档类似于纸质文件的实体归档,这种方式将电子文件的保管权直接交给档案部门统一存储保管,该保管系统由档案部门统一维护,因此安全性比较高。

2.逻辑归档

逻辑归档是指在网络上进行,不改变原存储方式和位置而实现的将电子文件的管理权限向档案部门移交的过程。这种方法将电子文件仍然存储在形成文件的业务系统,但是归档文件的著录信息、存储地址及元数据应自动保存到档案部门的数据库中,以便档案部门对其进行控制。逻辑归档虽然不妨碍电子文件的共享利用,但是分散存储会给电子文件带来一定的安全风险,需要档案部门加强安全检查和督促。逻辑归档也有以下两种类型。

（1）电子文件存储在形成部门的服务器中

电子文件归档之后档案部门并不实际拥有文件数据,但负有管理职责,依照有关规定对其安全保管和合法存取进行有效的监控。电子文件保存在原系统中的时间是有限的,为减少文件形成系统的荷载,提高系统效率,并集中保护电子文件,还是应该定期将有用文件信息做物理归档。

（2）电子文件存储在档案部门的服务器中

电子文件形成伊始就已经保存在档案部门本地,实现了数据的集中存储。采取这种逻辑归档方式的机构,具备较为完善的网络基础设施和相对全面的系统规划设计。

无论是物理归档还是逻辑归档,都要实现电子文件的集中控制,保证电子文件的安全以及利用的便利。

（四）归档时间

电子文件的归档时间分实时归档和定期归档两种。实时归档是指电子文件形成后即刻归档；定期归档是指按照机构有关规定，在电子文件形成一段时间之后再向档案部门移交。一般来讲，逻辑归档尽可能实时进行，以免发生失控；物理归档既可实时进行，又可与介质归档一样，借鉴纸质文件归档的经验并遵照有关规定定期完成，如管理性文件在次年年初归档，科技文件在项目完成之后归档，机密文件随时归档等。双套归档的电子文件和纸质文件，归档时间应尽可能统一。在实际工作中，无论采取何种归档方式，都存在提前归档的趋势，这有利于及时控制有用文件信息，保护其完整与安全。

（五）归档要求

归档电子文件的质量要求包括以下几方面。

1.齐全完整

归档的电子文件应齐全完整，凡是归档范围内的文件均应及时向档案部门移交。尤其应注意相关电子文件的支持软件、元数据、管理信息、其他载体文件和硬拷贝的收集。

2.归档范围和保管期限要求

电子文件应准确划分归档范围和保管期限，具有保存价值的照片、音视频文件和公务电子邮件等电子文件也应当列入归档范围；电子文件的正本、定稿、签发稿、处理单，重要电子文件的修改稿和留痕信息应当完整归档。

3.双套制归档要求

具有永久保存价值或者其他重要价值的电子文件，应当转换为纸质文件或缩微品同时归档。定期保存的电子文件，由电子文件的形成单位根据实际需要决定是否采用异质双套归档。法律法规中规定不适用电子签名的电子文件，归档时应附加有法律效力的纸质签署文件。

4.归档载体标签要求

存储电子文件的载体或装具上应贴有标签，标签上应注明载体序号、全宗号、类别号、密级、保管期限、存入日期等，归档后电子文件的载体应设置成禁止写操作的状态。用作电子文件归档或电子档案保存的光盘不能贴标签，该标签必须用特制的光盘标签打印机打印在特制的光盘空白背面上。因为对于高速旋转的光盘来说，贴上标签会造成光盘高速旋转时重力不均和抖动，损坏光盘或光盘驱动器。没有光盘标签打印机的，可用光盘标签专用笔在光盘标签面上手工书写编号。

5.真实性要求

电子文件形成部门须对归档电子文件内容的可靠性、稿本的准确性以及双套文件的一致性加以确认。

6.完整性要求

确保归档电子文件和相关文件及元数据齐全，且关联有效。为了保障电子文件的真实、完整、有效，可以将电子文件的办文单打印成纸质文件与电子文件一并归档。

归档完毕，电子文件形成部门应将存有归档前电子文件的载体保存至少一年。

（六）归档手续

为明确责任,电子文件移交双方应确认归档电子文件的数目、技术状况以及相关材料是否齐全,并在确认结果上签字盖章,保存备查。

三、电子文件与电子档案

电子文件归档后即为电子档案。

作为电子文件运动的特定阶段和归档后电子文件的存在形式,电子档案则一方面具有电子文件的一切主要特点,另一方面它当然也应该符合关于档案的一般定义,具有档案所要求的各种要素。所以电子档案与纸质档案等传统载体档案相同:都是国家机构、社会团体以及个人从事政治、军事、经济、科学、技术、文化、宗教等活动直接形成的对国家和社会有保存价值的历史记录。它们有着基本相同的运动规律,因而管理它们的基本原则也大体相同。

但是电子档案又与纸质档案等有很大的区别。我国自有文字以来形成的甲骨、竹简、石刻、贝页、纸质,直至今天的各种档案,无论用什么样的技术和方法、当把具有长期保存价值的信息刻录于载体后,所形成的档案、除了录音、录像和缩微品档案尚需运用并不复杂的技术和方法以外,都可以脱离其技术和方法而独立存在,人们不用依靠任何特别的技术就能识别档案的内容。对一般档案而言,其载体、结构形式与档案的内容一旦形成相互关系就很难分离,载体、结构形式成了档案不可分割的重要组成部分。这些载体的档案只要避开天灾人祸、遵守管理和保护的有关要求,就能较长期地保存。我国保存的纸质档案,有的已达千年。

而任何电子档案,当使用特定的技术和设备将具有长期保存价值的信息记录于存贮载体后,就永远离不开这种技术和设备。它不能离开这种生成的环境条件而单独存在,人们只有采用原来记录档案内容的技术和设备,进行逆处理还原、输出,才能识别它的内容。电子档案的内容与记录它的载体随时随地即可分离,载体不是电子档案重要的不可分割的组成部分。在原来生成电子档案的技术和设备更新换代以后、为了保证电子档案的内容不变并可以读取、其赖以存在的结构形式也应该发生与这些技术和设备相配套的变化。也就是说,对电子档案的内容价值而言,载体与结构形式的变化都成为无关紧要,甚至到了无所谓的程度。电子档案长期保存确实非常困难、需要有不断更新的技术和措施作保障。电子档案的保管期限是由电子档案内存决定的,而实现电子档案保管期限、取决于载体的寿命、电子计算机的软硬件生存周期以及电子档案从结构形式到载体与电子计算机软硬件平台的一致性等。所以,应将对电子档案的管理视为一项极其复杂的技术工程,亦可称为电子档案技术工程。

第二节　电子文件管理软件及其应用

一、电子文件管理软件的开发进程及应用实例

我国档案管理软件的开发与应用,始于20世纪90年代,在档案信息化建设的探索实践中

逐步成长推广,大体经历了如下发展过程:第一代档案管理软件产生于 90 年代初,基本上是单机版,并且只能实现目录管理;第二代档案管理软件出现于 1994 年,一般能支持网络环境中使用;第三代档案管理软件形成于 1996 年,全面支持单机、网络、资料共享和资料加密;第四代档案管理软件应用于 21 世纪初,能更好地结合系统运行平台,确保系统的稳定性,支持多种操作系统,以及绝大多数品牌扫描仪、多媒体声像技术和光盘刻录。四川省档案局开发的《四川省电子文档管理软件系统》(2003 年 6 月正式通过四川党政网建设领导小组办公室组织的专家验收),在四川党政网上做为唯一的公文归档软件进行推广使用,同时在四川档案资源网站开辟了网上技术服务,对在全省使用的其他纸质文档管理软件予以数据转换或升级,获得一致好评。

二、电子文件管理软件开发中存在的问题

电子文件管理软件开发应用历经的十几年中,在功能越来越强大的同时也存在不容忽视的问题,主要反映在管理、技术和人才三个层面。

(一)从管理层面看

在档案管理软件开发初期,由于计算机辅助档案管理标准化建设的滞后,加之人们主观认识上的差异,导致对档案管理软件开发的侧重点不一,致使档案管理软件在通用性、灵活性、安全性、稳定性等方面均存在一些不足。

(二)从技术层面看

以档案管理软件中关键字段档号为例,在目前应用的几套软件中也存在不统一的现象。

(三)从人才层面看

目前档案部门既熟悉档案管理专业知识、又懂得计算机专业知识的复合型人才稀缺。在实际应用过程中,档案工作人员对一般技术问题难以自行解决,依靠计算机专业人员处理的现象时有发生。

三、电子文件管理软件的功能要求

2001 年 6 月,国家档案局出台《档案管理软件功能要求暂行规定》,对档案管理软件应具备的数据管理、整理编目、检索查询、安全保密、系统维护等基本功能,以及辅助实体管理及根据用户特殊需求增扩其他相应功能提出了要求。从实践中看,档案管理软件应具备以下 6 个功能:档案管理软件之间的数据兼容与吸纳;设置多种录入方式;各种档案管理软件形成的数据库,应当可以通过其他应用软件阅读;灵活处置档号、存放有位置;逐步备份衔接功能;检索中条件设置的记忆功能。

总之,电子文件管理软件应当具备应用软件的通用性、灵活性、安全性、稳定性及可维护的基本功能,应全面考虑档案工作的各个环节,满足其基本要求。

第三节 纸质档案数字化

一、档案数字化概述

纸质档案数字化,是采用扫描仪或数码相机等数码设备对纸质档案进行数字化加工,将其转化为存储在磁带、磁盘、光盘等载体上并能被计算机识别的数字图像或数字文本的处理过程。纸质档案数字化适应了信息时代的大趋势,能够降低管理的成本,增强对档案原件的保护,节约存储空间,优化馆藏结构,有利于档案信息资源的有效利用与共享。

(一)纸质档案数字化的技术模式

每份文件的数字图像(或数字文本)必须与其目录数据建立联系才能有效地管理和利用,在技术上两者之间的联系方式有三种。

1.目录数据与全文图像分体方式

每份文件的目录数据与全文图像分开存放:目录信息存放于目录数据库;全文图像以文件形式按照预定的存储规则和命名规则存储于文件服务器。目录数据库记录中的一个字段用以存储对应全文图像的存储路径,在目录数据库中检出文件记录后,借助记录中的存储路径可链接、显示该文件的数字图像。

2.目录数据与全文图像一体方式

文件的目录数据与全文图像作为一条记录存放在同一数据库中,即将档案的数字图像作为文件记录的一个字段(大对象数据项)直接存储到数据库中,例如,将全文图像保存在 SQL Server 数据库的 IMAGE 类型字段中。

3.全文与目录数据合一、图像分体方式

为实现对档案内容的全文检索,很多应用系统对于印刷清晰的纸质文件在扫描其数字图像的同时,还采用 OCR 识别技术将扫描后的图像文件转换成文本文件,并建立文本与图像页面之间的对应关系。

实际工作中,应采取何种模式实现档案全文的数字化,需要根据实际情况做具体分析,不应强行规定,在决策时要考虑的因素包括:拟数字化档案的数量、潜在的利用需求(查询角度、查询频度和查询深度);档案部门的存储条件与网络设施;档案目录数据库建设情况等。

(二)纸质档案数字化系统的基本结构

纸质档案数字化系统是一套将大批量纸质档案扫描加工成数字图像文件的软硬件系统。对于大批量档案的数字化,仅依靠个别扫描设备和计算机的分散式处理是不够的;必须建立起基于网络环境的流程式数字化加工体系。

(三)数字化输入设备的选择

目前,投入使用的档案数字化加工系统大多采用扫描仪作为数字信息采集设备。

1.扫描仪的种类

扫描仪通常分为高速扫描仪和平板扫描仪。高速扫描仪一般处理速度可达每分钟 20～120 页,还有单面扫、双面扫不同类型可供选择,其特点是扫描速度快,主要缺点是档案纸张状况较差时易损坏原件,故珍贵档案不适合选用该设备进行加工处理。平板扫描仪处理速度较慢。

2.扫描仪的性能指标

(1)扫描速度:扫描速度是表示扫描快慢的指标。高速扫描有利于提高工作效率,缩短档案信息数字化的时间。

(2)扫描分辨率:扫描分辨率是决定图像质量的关键因素。选择扫描仪绝不是分辨率越高越好,因为扫描精度提高 1 倍后,其扫描速度会大大降低,且生成的图像文件大小将呈 4 倍增长。如果扫描分辨率超过一定数值,再清晰的图像也不可能打印出来。一般而言,纸质档案数字化选择 600dpi×1200dpi 分辨率类型的扫描仪即足以应付文字输入。

(3)色彩分辨率:色彩分辨率是表示扫描仪分辨率彩色或灰度细腻程度的指标。

(4)动态密度范围:动态密度范围用来表示扫描仪所能探测到的最淡颜色和最深颜色间的差值。范围越宽,表示扫描仪可捕获到的可视细节越多。该指标对高性能专业扫描仪十分重要。

(5)灰度级:灰度级用来表示灰度图像的亮度层次范围。级数多,说明扫描仪图像的亮度范围大,层次丰富。目前,多数扫描仪灰度为 1024 级。

(6)扫描仪的接口方式:扫描仪的接口方式主要分 USB 和 SCSI 两种。USB 接口速度较快,安装方便,可以带电拔插。SCSI 扫描仪安装时需要在计算机中安装一块接口卡,安装较复杂,价格较高,但速度快,扫描稳定,扫描时占用系统资源少。

二、纸质文书档案数字化步骤

(一)档案整理阶段

1.档案出库

一般来说,大批量纸质档案数字化,首先须将待数字化档案从档案库房搬移至临时周转库房;然后,数字化加工人员从周转库房领取档案进行数字化。无论前者还是后者,数字化加工人员都须按照预定计划,提出申请,经过审批,交接双方清点档案,实行登记,完成档案的交接手续。

2.拆装

档案在拆除装订前可逐卷加贴条形码,以便在随后流程中通过识别条形码对扫描档案进行准确、高效的控制。该条形码还可为以后档案借阅利用管理提供便利。然后,工作人员逐卷、逐页检查档案。对内容缺失、目录漏写、页码颠倒,以及珍贵、破损的案卷进行登记,并提请档案保管机构妥善处理。

对于不去除装订物会影响扫描工作的档案,应拆除装订物。拆除装订物时,应注意保护档案不受损害。拆除装订物之后要将档案原件排好顺序,并用夹子夹起防止散乱。对于年代久远、纸质条件较差、不便于拆卷的,可采用零边距扫描仪扫描。

3.页面修整

纸张的质量关系到扫描仪的选择和扫描效果,因此,须对严重破损、褶皱不平、字迹模糊的档案做好登记,分别处理。如对有褶皱的档案,可进行熨烫;对被污染的纸张,可在通风环境中用软毛刷轻轻刷去浮尘、泥垢或霉菌;对破损残缺的文件,须进行修补。

4.档案及目录的检查、整理

(1)检查档案的顺序:基本原则是档案页号按顺序连续排列。需要在档案原件上重新标注页号时,必须使用标准档案页码章,加盖在档案的右上角,位置须统一,并不得用手写页码。

如果在档案原件中出现档案漏编页码时,可视下列情况具体处理。

①中间任意两页之间的空白页须以"×-1,×-2"补编页码。例如,第7页与第8页之间有4页没有编页码,则依次编为"007-1,007-2,007-3,007-4"。若空号为一份档案的首页,则将该页编为正码,其他页依次编为副码。例如,第7页与第8页之间有一页未编码,而该页正好是P8所在档案的首页,则将空白页编为"008",而原第8页编为"008-1"。以上补编页码须在电子目录与卷内文件、案卷内的目录、档案目录上依次注明增加的实际页数。

②出现跳号。若前后两份档案内容完整且连贯,但编码时跳号,如第1页与第2页分别编码为"001"和"004",则须在电子目录与卷内文件、案卷内的目录、档案目录上依次注明"P2,P3为跳号,无实际内容"。

(2)检查档案目录所有的项目:包括题名、文件编号、责任者、日期、顺序号、页号、备注,保证其准确、完整,并与档案原件内容一一对应。要求一份档案对应一条目录,并仔细检查每份档案是否完整。如有档案漏编目录,应补编目录。正式档案若为复印件,则须在该档案首页的右下角加盖"复印件"章,字号要求5号字。

①题名:要写全,与档案完全相符,不能随意删减、省略,要做到一字不落。凡题名中只写了"通知""委托书""支持信""承诺书""确认函""抵押书""公证书""协议书""申请书""工作动态""简报"等字样的,必须重新拟写一条简洁的题名反映档案的内容,外加"[]"号。凡档案内容涉及有关人物的姓名时,必须在题名项中照实著录。例如,题名为"有关张三等同志的任免通知(李四、王五)",此时必须根据正文内容将"张三等"后面省略的人物姓名(如李四、王五)完整地著录。

②文件编号:要写全,照实著录。

③责任者:同一责任者必须用统一名称。例如,在所有档案中责任者为"珠海市档案局"时,须统一名称,不得使用其他名称,如"市档案局"。

④日期:须写全年、月、日,格式为××××,××,××。档案中存在多个日期的情况时,应按照该档案的主要责任者所对应日期著录。

⑤顺序号:按照档案的合理排列,要求一份档案对应一条目录,一条目录对应一个顺序号。

⑥页号:填写首页页号即可,但每卷最后一份档案的起止页号都要填写。应在页码后加

"—"标示本卷结束,如"99—100"。如果最后一份档案只有一页,也必须用"—"表示结束,如"99—99"。

⑦备注:应标注档案密级,无密级的可不写。

(3)检查案卷封面上的项目:包括全宗名称、类别名称、案卷题名、案卷所属年度、保管期限、卷内文件件数、页数、全宗号、目录号、案卷号等是否与案卷实际内容一致。

(4)花名册、介绍信及其他类型档案的整理

①题名按名册全称著录。

②责任者一律为名册上印章所对应的批准单位,无批准单位印章的以填报单位所写字样为准录入。

③花名册及其他名册均不须著录人名。

④日期写填报日期或批准日期,若有多个日期则录入一个即可。

(5)介绍信、报到证、工资转移证、农转非存根整理方法如下。

①以上类别档案中的人名必须如实录入,要求准确无误,少量看不清楚的字迹要核实后再作修改,如"党员介绍信存根(张三、李四、王五)"。

②责任者和日期应为档案中本章所对应的单位和日期。

此外,任免、出访、优秀人员批件(教师、党员、干部……)等档案中涉及有关人物的姓名必须在题名项中照实著录。

(二)目录数据修改阶段

1.电子目录数据修改

对照查改后的档案目录修改电子目录,要注意经常保存,以免数据丢失。进行电子目录数据修改时,主要应注意以下著录项的修改。

(1)档案题名:题名要写全,照实著录。

(2)责任者:录入多个不同责任者时,必须用"/"分隔开,如张三/李四/王五。

(3)文件编号:录入多个不同文件编号时,编号之间必须用"/"分隔开,如××/××/××。

(4)文件时间:须写全年、月、日,格式为××××.××.××,中间必须用"."隔开。档案中存在多个日期的情况时,按照该档案的主要责任者所对应日期著录。如果档案时间没有月和日,只有年份,则分别用"00"代替月和日,如"2007.00.00";如果档案时间没有日,只有年和月,则用"00"代替日,如"2007.11.00"。

(5)人名:凡档案内容涉及有关人物的姓名,必须如实录入,要求准确无误。多个人名之间必须用"/"分隔开,如张三/李四/王五。花名册档案无须录入人名。

(6)页号:填写首页页号即可,但每卷最后一份档案的起止页号都要填写。应在页码后加"-"标示本卷结束,如"99-100";如果最后一份档案只有一页也须用"-"表示结束,如"99-99"。

(7)密级:按档案标注的密级著录,无密级的标注"无密"。

(8)页数:录入该份档案的页数。

(9)全宗号:输入时必须采用3位数,不足3位数的在前面补0,如"15"应为"015"。

（10）保管期限：按档案目录本上标注的保管期限著录。

（11）目录号/年度：归档改革前的档案，按档案目录本上的目录号著录，分别用"A1·×、A2·×、A3·×"表示，"×"为目录的流水顺序；归档改革后的档案，按文件归档的年份著录。

（12）案卷号/机构：归档改革前的档案著录案卷号，案卷号必须采用4位数，不足4位数的在前面补"0"，如"15"应为"0015"；归档改革后的档案，该处均录入"0"。

（13）顺序号/件号：归档改革前的档案著录顺序号，必须采用3位数，不足3位数须在前面补"0"，如"15"应为"015"；归档改革后的档案著录件号，必须采用4位数，不足4位数须在前面补"0"，如"15"应为"0015"。

2.电子目录数据检查

对照修改后的电子目录进行检查，保证档案的电子目录、卷内文件、案卷内的目录、档案目录四者一致。

（三）档案扫描挂接阶段

1.档案扫描

（1）扫描设备选择

必须采用专业文件扫描仪，按照CCITT Group4压缩为标准格式或者标准TIFF格式。扫描以黑白为主，对于原件不清和字迹较淡的档案，扫描时必须用灰度或真彩模式扫描。

（2）扫描色彩模式选择

扫描色彩模式一般有以下两种。

一是扫描形成黑白二值图像。这种图像只有黑白两级，没有过渡灰度。其特点是黑白分明、字迹清晰、文件容量较小。适用于扫描字迹、线条质量清晰的文字或图纸档案。

二是扫描形成连续色调静态图像。这种图像分灰度图像和彩色图像两种。灰度图像由最暗黑色到最亮白色的不同灰度组成。灰度级表示图像从亮部到暗部间的层次，也称色阶。灰度级越高，层次越丰富，文件所占容量也越大。灰度模式适用于扫描黑白照片、图像档案，色阶的选择要适度，只要不影响图像质量即可。彩色模式中的色彩数表示颜色的范围，色彩数越多图像越鲜艳真实，文件所占容量也越大。同样，色彩数选择也要适度，不是越多越好。彩色模式适合扫描页面中有红头、红印章的档案或彩色照片档案。须永久或长期保存，或向国家档案馆移交的档案，一般应采用彩色模式扫描。

2.图像处理

扫描完成后，必须按照要求将所得图像进行技术处理，纠正档案扫描件和原件的偏差，使扫描后的档案图文更加清晰、规范。图像处理大致包括以下内容。

（1）图像数据质量检查：对图像偏斜度、清晰度、失真度等进行检查。发现不符合质量要求时，应重新对图像进行处理。由于操作不当，造成扫描的图像文件不完整或无法清晰识别时，应重新扫描；发现文件漏扫时，应及时补扫并正确插入图像；发现扫描图像的排列顺序与档案原件不一致时，应及时调整。认真填写相关表单、记录质检结果和处理意见。

（2）纠偏：对出现偏斜的图像应进行纠偏处理，以达到视觉上基本不感觉偏斜为准。对方向不正确的图像应进行旋转还原,以符合阅读习惯。

(3)去污:对图像页面中出现影响图像质量的杂质,如黑点、黑线、黑框、黑边等应进行去污处理。处理过程中应注意不要破坏档案的原始信息。

(4)图像拼接:对大幅面档案进行分区扫描形成的多幅图像,应进行拼接处理,合并为一个完整的图像,以保证档案数字化图像的整体性。

(5)裁边:采用彩色模式扫描的图像应进行裁边处理,去除多余的白边,以有效缩小图像文件的容量,节省存储空间。

以上纠偏、去污、裁边等处理,可以根据肉眼判断,人工操作完成。也可以用专门设计的软件,预先进行某些设定,然后由计算机自动处理。计算机处理当然效率高,但是没有人工处理灵活。例如,一旦将污点的大小尺寸设计得过小,计算机会将某些标点符号当作污点而自动去除。因此,扫描图像处理还须采用人工和自动处理相结合的方式。

3.图像存储

(1)存储格式:采用黑白二值模式扫描的图像文件,一般采用 TIFF(G4)格式存储;采用灰度模式和彩色模式扫描的图像文件,一般采用 JPEG 格式存储。存储时压缩率的选择,应在保证扫描的图像清晰可读的前提下,以尽量减小存储容量为准则。提供网络查询的扫描图像,也可存储为 CEB、PDF 或其他版式文件格式。

(2)图像文件的命名:应采用档号或唯一标识符为数字档案资源命名。采用档号为数字档案资源命名的,若以卷为单位整理,按《档号编制规则》(DA/T 13—1994)编制档号,推荐增设档案门类代码作为类别号的子项;若以件为单位整理,档号可采用"全宗号—档案门类代码·年度—保管期限—机构(问题)代码—件号·子件号"结构。

4.目录建库

(1)数据格式选择:目录建库应选择通用的数据格式,所选定的数据格式应能直接或间接通过 XML 文档进行数据交换。该数据库建立可以通过专用的档案管理系统或扫描加工管理软件录入,也可以先在 EX-CEL 专门设计的档案目录表格中录入,然后将数据导入至档案管理系统。

(2)档案著录:按照《档案著录规则》(DA/T 18—1999)的要求进行著录,建立档案目录数据库,并录入档案目录数据。

(3)目录数据质量检查:为了确保数据的准确性,可采用"单机录入—人工校对"或"双机录入—计算机自动校对"的方法。不管是人工校对还是计算机校对,都要核对著录项目是否完整,著录内容是否规范、准确,发现不合格的数据应进行修改或重录。

5.数据挂接

档案数字化转换过程中形成的目录数据库与图像文件,通过质检环节确认合格后,通过网络及时加载到数据服务器端汇总。目录数据库与图像文件应避免采用既慢又容易出错的人工挂接,尽量采用计算机批量自动挂接。只要扫描制作的数字化文件是按纸质档案的档号命名,就可以通过编制挂接程序或借助相应软件,实现目录数据对相关联的数字图像的自动搜索、加入对应的电子地址信息等,实现批量、快速挂接。

6.数据验收

以抽检的方式检查已完成数字化转换的所有数据,包括目录数据库、图像文件及数据挂接的总体质量。目录数据库与图像文件挂接错误,或目录数据库、图像文件之一出现不完整、不清晰、有错误等质量问题时,抽检标记为"不合格"。一个全宗的档案,数字化转换质量抽检的合格率达到95%以上(含95%)时,予以验收"通过"。

合格率=抽检合格的文件数/抽检文件总数×100%

认真填写纸质档案数字化验收登记表单。验收"通过"的结论,必须经审核、签署后方有效。

7.数字化成果管理

应加强对纸质档案数字化成果的管理,确保其安全、完整和长期可用。纸质档案数字化成果提供网上检索利用时,应有制作单位的电子标识,并根据具体情况分别采用可下载或不可下载的数据格式。

(四)档案装订、归还阶段

按检查整理阶段确定的顺序将扫描完的档案装订好。装订时必须保持档案的原貌,不得更换卷皮,不得缺漏页,且按照档案原有的线孔装订。装订好后要将档案检查一遍,看案卷装订是否结实,有没有脱页,顺序对不对,档案及目录齐不齐。检查完毕后,归还档案保管处,办理归还手续。

第四节　电子档案的保护

一、电子档案支撑环境的维护

从古至今,人类一刻也没有停止过思考和采取各种方法和手段来保障档案的安全,维护档案的历史性和真实性,保护档案的真实、完整与有效。对于传统载体的档案,人们已经探索了上千年,已经逐步形成了保护档案安全、维护档案真实原貌以及档案永久保存的各种技术、手段和方法,如档案馆公共环境的安全保卫制度、档案馆库房的恒温恒湿措施、纸质档案的技术保护、档案的缩微处理等各种有效措施和手段。自20世纪90年代以来,电子文件归档、馆藏档案数字化都逐渐形成了各种数字形式的档案,由于数字档案的网络化、计算机化和数字载体的存储方式的多样化,又对档案的安全保障提出了新的要求,传统的安全保障方法主要适合于存放在档案馆的实体档案,难以满足网络环境下的数字档案的安全保障要求。基于这样的需求和业务发展的需要,人类正在不断地探求和摸索,寻找既能保护现有馆藏档案的安全,又能确保数字档案安全的整体性解决方案。

电子档案既有档案的本质属性,又具有机读文件的外在特性,因此对它的保护一方面可以借鉴纸质档案的一些保护方法,另一方面又必须遵照它的电子特性来进行保护。

（一）电子档案保护的含义

根据电子档案的特性，对它的保护主要包括以下几个方面。

1. 保证电子档案载体物理上的安全

脱机保存的电子档案信息是保存在磁、光介质载体上的，如果载体在保存的时候有损伤、就有可能使电子档案的信息无法读出。因此，保证电子档案载体的物理安全，是电子档案保护的基础。

2. 保证电子档案内容逻辑上的准确

电子档案的内容是以数码形式存储于各种载体上的。在以后的利用中，必须依赖计算机软硬件平台对电子档案的内容加以转换，还原成人们能够理解与习惯阅读的格式进行显示。这是一个较为复杂的过程，因为，电子档案来自各个方面，往往是在不同的计算机系统上形成的，且在内容的格式编排上也不尽一致。这种在技术上和形式上的差异，必然导致在以后的转换与还原时，所采用的技术与方法上的不同。而电子文件在形成时所依赖的技术，到了其生命周期的历史阶段，甚至在暂存阶段就往往已经过时了。因此，必须对其所依赖的技术及数据结构的相关定义、参数等加以保存，而是还必须使保存的电子档案适应新的技术。

3. 保证电子档案的原始性

对于纸质文件来说，内容的原始性附着在形式的原始性上。借助形式的原始性来证实和确认内存的原始性。电子档案的内容和形式是相对独立的，在形式不变的情况下，内容却可以大变特变而不露丝毫痕迹。由于电子档案信息的易变性等特征，使得我们无法采用与纸质文仍相同的标准和方法来判断它的原始性，因而内容的原始性成了我们检验电子档案原始性的唯一标准。所以对电子档案的保护除了保护内容本身的可读之外，还须保证它的原始性。保证它的原始性目前只能从真实性、可靠性、完整性和安全性的角度来考虑。

4. 保证电子档案的可理解性

电子档案的恢复与显示对利用来说至关重要。然而，由于背景信息丢失等原因，电子文件的内容有时不易理解。因此对电子档案的保护，还必须保证其内容的可理解性。

（二）电子档案保护的特点

造成纸质档案文件和电子档案文件损坏和丢失的原因并不完全相同。例如，不小心翻阅易种的纸质档案，在档案上做标记以及将水和烟灰滴落在档案上。都会造成纸质档案损毁；而电子档案不存在这样的问题。然而，由于软硬件环境的过时无法读出信息而对电子档案的损坏，纸质档案也不会发生。总起来讲，电子档案文件损毁、丢失信息的风险远大于纸质档案文件，故而对电子档案的保护是非常复杂的，主要表现在以下几个方面：

1. 电子档案的保护要贯穿于电子文件的整个生命周期

电子档案具有非实体性、不稳定性和对载体、环境的依赖性等特征。这迫使档案工作者把注意力从它本身转向它的过程。因为在其形成、运动的整个过程，每个环节都存在着损坏、丢失的风险，所以在电子档案的保管上，除了保存电子档案的载体之外，更要注意保护它的可用性、可存取性和可理解性，以及保证电子档案的原始性、真实性和完整性。因此从电子文件的生命周期之初,就应充分注意到电子档案的各项管理标准、法规、安全技术和制度的建立,以防有长期保存价值的电子文件在形成、使用、归档和后来的维护过程中遭到破坏,其中有关保存和归档的要求应在电子文件的设计阶段就提出,随后的一切相应措施均应在电子文件的形成和使用阶段采取。所以电子档案的保护是一个系统工程、应贯穿于电子文件从设计阶段开始到销毁或永久保存的整个运功过程,也就是电子文件的整个生命周期。

对电子文件生命周期,既可以划分为四阶段,也可以划分为五阶段。这里为叙述方便,将其设定为:电子文件的孕育、形成、现行使用、暂存和历史五个阶段,在每个阶段都要重视对它的保护。

(1)电子文件孕育阶段的保护:在孕育阶段,必须根据电子文件归档后形成电子档案的保存要求,提出计划。这个计划应明确保存电子文件所依靠的技术,规定归档的需求及保管的期限,以便所设计的电子文件与系统能够被有效地保存;并且使电子文件的内容。上下文关系和结构成为责任者活动的可靠证明,还应使具有档案价值的电子文件得到确认与维护。在决定保存电子文件所依靠的技术时,应考虑在一定时期内软硬件平台的统一。

(2)电子文件形成阶段的保护:在孕育阶段,只是对电子信息系统功能的设计。人们可以根据设计,制作出一个既满足电子文件归档要求,又符合实际应用的信息系统,从而保证系统形成、处理、积累和保存的所有电子文件都可靠、完整,并可在放长时间内恢复、利用和易于理解。为了严格履行电子文件归档功能,在形成阶段应该重点对电子文件的形成过程进行监督,以落实在孕育阶段提出的要求。假如档案部门没有参与电子文件管理信息系统的设计,则必须在形成阶段对保管问题加以解决。若在形成阶段,遇到不育阶段没有预计到的保管问题(如碰到一些较特殊的电子文件类型),档案人员应及时采取措施,确保具有档案价值的电子文件得到保存、甚至为方便保存对系统进行改进和变更。

(3)电子文件现行使用阶段的保护:现行使用阶段是指电子文件形成后现行发挥作用的整个使用期。利用者在这个阶段对电子文件的使用往往是出于现行活动的需要与行政目的,并可能对电子文件进行必要的修改与维护。因而,电子文件须在现行系统中保存一段时间。所以本阶段的保护、应从现行利用和档案价值两个方面考虑。在有必要对电子文件进行修改、使用或维护时,既方便这一作业的进行、又必须对其实行有效的监督控制和采取必要的措施,使孕育和形成阶段拟订的所有保存计划和规定都能继续得到执行。在归档时,必须对归档系统进行有效的监督与控制,以便发现或预防可能影响电子文件的恢复、利用和可存取、可用性的变化。

(4)电子文件暂存和历史阶段的保护:这两个阶段保护工作包含的内容很多。档案室或档案馆在接收电子档案时,要进行移交目录的核对、对于脱机保存的电子档案载体,入库之前,要进行检测。例如有无计算机病毒、是否可读等。在登记接受电子档案的过程中,也可借鉴纸质档案的填写保护工作记录单的做法,记录有关档案保护方面的信息,如档案载体的类型、寿命和保护性处理的情况等。在保管电子档案过程中,必须注意电子档案载体的库房保管条件,要保证尽可能延长载体的寿命和减少载体的损坏等。在电子档案利用的过程中也要注意电子档案的安全可靠等。

2.电子档案的保护是支撑环境、载体和内容保护的复合

电子档案保护的复杂性还表现在它不像纸质档案那样主要是对载体和笔迹的保护,而是包括对电子档案载体和软硬件环境进行检测、检查与维护,对文件格式的更新与维护,对从网络上逻辑归档的电子档案安全性的维护等。

电子档案载体。特别是磁性载体,极易受到保存环境的影响。即使是在良好的保存环境之下,也难免不发生信息丢失或读错信息的现象。这是由于在长期保存过程中,材质老化和磁记录的自然衰减所致。同时,由于软硬件平台的升级换代非常快,对于已经淘汰的软硬件环境,很可能由于老化而不能运作。因此,对所保存的电子档案载体和软硬件平台,必须进行定期有效的检测、检查与维护,以确保电子档案信息的可靠性、完整性。定期或不定期的检查,不仅是清点档案载体的软盘、磁带和光盘的数目,还要在计算机屏幕上审阅电子档案文件数目与内存有无短缺,文件内容是否可读等。

3.电子档案的保护要依赖于许多相关参数

电子档案存储格式的变化以及背景信息、上下文关系、元数据的丢失等,会使其长久存取面临威胁。因此除了电子档案本身信息之外,还要保护好其相关信息。

为了保证文件的内容、上下文关系和结构能作为文件形成过程的可靠凭证,电子档案管理的功能需求,必须在电子文件的孕育阶段加以详细说明以嵌入到电子信息系统之中。而对于北京信息和元数据则必须有一个自动或人工的记录系统,将其依附在电子文件上。

4.电子档案的保护是一项复杂的技术工程

当他用特定的技术和设备,将具有长期保存价值的信息记录于存储载体后,任何电子档案就永远离不开这种技术和设备而单独存在。人们只有采用这种记录档案内容的技术和设备,进行逆处理还原、输出,才能识别它的内容。电子档案内容和记录它的载体随时随地都可分离。电子档案的内容不变,其结构形式也可发生变化。因此电子档案的长期保存,需要有不断更新的技术和措施作保障。这一切都要依靠一定的技术条件来实现,故应将电子档案的保护视为一项复杂的技术工程。

二、电子档案载体的保护

电子文件的归档方式主要有脱机归档和逻辑归档两种方式,脱机归档的电子档案信息是储存在计算机能够识读的载体上。如果载体被破坏,则信息无法读出,因此对载体的保护是至关重要的。

(一)载体的种类

目前,数字信息存储载体有磁性的、光学性的和磁光学性的等几种类型。

磁性存储载体主要是磁带、硬磁盘和软磁盘等。光学存储载体主要有光盘、光带等;磁光性存储载体主要有磁光盘等。

（二）磁性载体的构造

磁性载体是在聚酯材料底基上涂布磁性涂层，经过磁性定向、烘干、压光和切割等工序而制成的、靠磁性材料的磁化方向来储存信息。它是由聚酯、磁粉和黏合剂组成的，是一种用作数据记录的聚合物复合制品。磁粉常用的材料有 r-三氧化二铁（r-FC_2O_3）、和钴的 r-三氧化二铁及二氧化铬（CrO_2）等。

聚酯地基的不耐久性、变形、断裂、伸长、折痕等情况都会直接破坏磁性载体的记录信息。黏合剂起着连接作用，一般使用聚氨酯黏合剂。它的热胀冷缩、磨损、脱落、粘连、生酶、降解等情况是影响记录信息再现的因素。

（三）磁性载体对工作环境的要求及保护

不管是在档案室还是在档案馆，载体的保存也应有适宜的环境和装具，这是载体保护的基础。从工作环境的角度看，应从以下几个方面对磁性载体进行保护。

1.温度

不适宜的温度会影响磁性强体的质量和寿命。首先，温度过高会造成黏合剂黏度和强度下降、出现掉粉和发粘的现象；同时，磁粉也会出现退磁，使得记录的信息发生不同程度的变化，以至于出现信息的丢失。其次，温度过高对带基的老化有加速作用。其中醋酸纤维素带基在高温的作用下老化速度最快，高温对聚酯带基的影响也很严重、当环境温度达 70℃ 时，带基开始变形。带基的拉伸强度随环境温度的升高而下降，影响带系的稳定性，也影响带装和涂层的接合。再次，温度的波动常常造成磁粉颗粒的脱落与松动，当磁性载体保存在较低温度下时，带基就会变脆，机械强度下降。最后，温度越高产生的复印电平越高，会产生磁带的复印效应。

为了获得较好的工作效果，作业磁性载体的温度不应超过 50℃、保存磁性载体的环境温度最好能在 14～24℃ 范围内，防止温度急剧变化。温度波动应小于 5℃，在使用过程中，温度相差较大时，要在环境中平衡后才能使用。

2.湿度

湿度对磁性载体的影响没有温度那么普遍和严重，在湿度为 50% 或以下的环境中，绝大多数的磁记录材料的化学性能是相当稳定的，但过低的湿度会使磁性载体的阴值增大，在使用过程中会造成静电集聚而吸附尘埃，引起磁头与磁性载体的磨损，使输出信号出现放电杂波。在过于干燥的环境中，磁性载体会发脆易碎。高湿对磁性载体的普遍影响是可能造成胶黏剂的水解，使磁层受到损伤，磁层内的胶黏剂、带基内的增塑剂都是霉菌培养基，在高温高湿下磁带同所有的有机物一样易出现霉变，霉变后的磁性载体重放信号可能丢失或失真。

磁性载体的使用和保存最好处于 50% 左右的湿度环境中，在 24 小时内相对湿度变化不得超过 5%。和温度一样，在使用过程中，湿度变化相差较大时，也要在环境平衡后才能使用。

3.磁场

记录在磁性载体上的信息，反映到具体的记录物质上，就是磁性联体上的磁粉，其剩余磁场的大小和方向按一定的规律排列，这些磁粉当然还可以受外界战场的影响而重新排列。随着磁性涂层生磁的消失,磁性载体上的信息也要慢慢消失。能够产生强磁场的电器设备如:发电机、电动机、电焊机、变压器,家用电器中的扬声器、磁化杯、磁闻器等。经调查,30 奥斯特的外磁场强度就会对磁性载体产生磁化反应。超过 50 奥斯特就能产生明显的退磁。当然还有磁性载体本身磁层外部与原磁化方向相反的自去磁场的自去磁损失也不能忽视。

所以,首先,磁性载体应尽量远离上述强磁场,最好配备防磁档案库房,磁性记录档案的库房应建成出抗磁性材料制成的围护结构,档案存放于抗磁化的柜架内,使档案保存的小环境磁场强度低于 1 奥斯持,珍贵的档案于金属盒内保存。其次,确定库房的胡向与地磁的方向,保持磁性记录档案走带方向与磁场强度方向平行,减少地磁场的作用。一般情况下磁记录档案应尽可能南北向放置。

4.灰尘、有害气体和光线

它们是污损磁性载体的物质来源。灰尘容易划伤磁层表面,灰尘中所含的化学成分会引起磁性载体的腐蚀,灰尘还可以作为霉菌的培养基、繁殖地。大气压的有害气体在一定条件下沉积和吸附在磁性载体的表面,腐蚀、破坏磁性载体。光线能与磁性材料发生氧化反应,使带基老化,脆性增大,强度下降、耐久性降低等。

因此要让磁性载体远离灰尘、有害气体和弧光。一旦磁性载体发霉,绝对禁止使用,以防损伤磁头,要用干净药棉蘸高纯度酒清洗干净,干燥后才可使用。

除了以上几个因素以外,在使用磁性载体的过程中还应注意减少磨损和震动。磁性载体在使用过程中是在磁性驱动设备内高速运转,长期使用会使磁性载体和磁头摩擦损伤,严重磨损磁头,容易划伤和磨损磁性载体;强烈的震动对剩磁也是一种潜在危害。

5.火灾

为避免档案专用库房内火灾造成重大损失,应采取一定的防火措施。例如,库房内严禁带入易燃易爆物品;库房内的设施应有阻燃作用;库房内应装置烟雾报警器和自动喷淋设备等。

(四)磁性载体的其他保护

磁性载体对工作环境的要求差不多,除此之外,根据磁性载体的不同特征,还有各自不同的保护方法。

1.磁带的保护

在各种存储载体中,磁带的应用历史最悠久。在数字式计算机还没有出现以前,磁带已作为录音介质出现,记录模拟信号。数字记录技术发展迅速,作为存储载体的磁带以其持有的优点大量用于数字存储技术中。

磁带的类别有很多种。按磁带宽度分类,早期曾使用过 1 英寸宽的磁带,现在广泛使用的是 1/2 英寸磁带,另外还有 1/4 英寸、8mm 磁带等。按使用状态分类有开放带和盒式带。对磁带的保护还须注意:

(1)磁带应选用好的磁带机,在使用的应先检查一下机器的状态,试运行一段时间,然后再正式使用;注意磁带机的传输机构是否灵活,如果不灵活会出现绞带现象,造成磁带的严重破损、断裂情况。

（2）避免磁带在存放和传递过程中因挤压而使带盒变形甚至断裂。作为长期保存的磁带，应将磁带放在具有磁屏蔽作用的接地金属盒或带有抽屉的金属柜中存放。

（3）加强检测与拷贝。检测周期一般比拷贝周期要短，检测除了磁带本身以外、还要定期检查和清洗磁带机。磁带一年要拷贝一次，为了防止磁带变形、黏结和霉变，应半年倒带一次。

（4）由于磁带是顺序存储载体，因此在每次处理过程中几乎对文件的全部记录都要读取。它适宜用在存储量大而读取次数较少的信息存储、如电子档案的封存，硬盘的备份，特别是在网络环境下，为保护数据而备份等，是电子档案的长期保存最适宜的载体。

2.软盘的保护

软磁盘，简称软盘。是20世纪70年代中期发展起来的磁性载体，1984年得到国际标准化组织承认并制定了其工业生产标准。软盘的物理性能远优于磁带，所以目前应用最广。软盘片由盘片和盘套两部分组成。

软盘的种类规格很多、从功能分，有供操作人员使用的工作盘片，供制造和维修人员使用的校准盘片，供清洗用的清洗盘片等；从盘片大小分，有5.25英寸、3.5英寸、8英寸（8英寸已淘汰，5.25英寸也几乎不用）；从存储容量分，5.25英寸盘主要有360kB和1.2MR。3.5英寸盘主要有720kB、1.44MB、2.88MB，其中1.44MB是目前最常用的。现在还有一种海量软盘，容量可达100多兆。对软盘的保护还须注意：

（1）软盘要按编号顺序竖放在专门设计的架、框中、而且不能受压、以免弯曲和折叠。

（2）使用时严禁折弯盘片和触摸暴露出的盘片表面，尤其是读写窗口和索引孔等处。

（3）严禁用橡皮筋、绳子、夹子来捆夹软盘，以免造成封套或软盘介质损坏、变形。

（4）严禁随意擦拭和清洗盘片。

（5）不要在保护套上直接写字，应用单独的标签写好盘中的名字及编号贴在盘片的保护套上。

（6）对存有重要信息的软盘，应将其设为写保护状态，以免误操作破坏信息。

（7）在驱动器中插入软盘片应轻轻插入，而且必须插到位。当驱动器指示灯亮时，不能打开驱动器的门硬取盘片，以免数据丢失。

软盘目前广泛地用在微机上，主要用于存储数据，许多文书部门在实现办公自动化的过程中也用它作为归档载体，但软磁盘存储容量低，要用若干张软盘去存储一盘磁带或一张光盘存放的信息，这不利于保管且易丢失。同时，软盘受环境影响易变形而发生存取错误，从而使数据丢失。所以，软盘不宜作为长期保存信息的载体。

3.硬盘的保护

硬磁盘，简称硬盘，它的存储原理和软盘一样，只不过其读写速度更快，存储容量更大。它包括机械部分、电子线路部分和电磁转换部分。它是盘驱动器和多层盘片封装立一起的。每一张盘片处可有两个磁头，这些磁头固定安装在驱动器的活动臂上，当工作时，活动臂前后移动，带动所有磁头前后移动，而固定在中心轴上的多个盘片，随驱动器一起高速转动时和磁头间产生的电磁场产生电、磁场转换，即完成了多个磁头在多层盘片上进行数据读写工作。由于密封性好、机械精度高、容量大、读写速度快,硬盘已成为微机不可缺少的一种外存储设备。

对硬盘的保护还应注意:

(1)用户尽量不要低级格式化。低级格式化容易损伤磁道。像硬盘低级格式化、硬盘分区、硬盘高级格式化工作一般由机器的销售厂商来做,用户不要轻易使用上述有关操作命令。

(2)拆卸硬盘内部零件,搬运机器过程中要使磁头退至安全区。由于硬盘磁头与盘片采用的是接触式启动和停止,根据空气力学原理,只有在硬盘盘片转速达到额定值时,磁头才能以一定的高度负载盘片表面。如果磁头经常在数据区起停,会缩短磁头的使用寿命,甚至使盘片划伤。因此生产厂家在制造硬盘时,将数据区靠近主轴的盘片表面区域定为安全区,也就是说只要磁头起停于这个区域,就会减少损坏的机会。

①使用中应避免频繁开关机器电源,避免因充放电产生的高压击穿器件。

②硬盘一般是固定在主机内,不能随便拆下来。

一般来说,硬盘宜作为网络数据传输的在线存储载体,而不宜作为档案存储载体。

(五)光盘及其保护

光盘是近年来发展起来的最重要的数据存储技术,它是利用激光进行信息存储的。

1.光盘的结构

光盘呈圆盘状,形似唱片,由盘基、记录膜、保护层等几部分组成。盘基材料一般由玻璃、塑料和金属等材料制成的。记录介质主要由碲(Te)、碲合金、硒(Se)、碳铝化合物以及一些在激光热效应作用下易发生物化性质变化的材料。

光盘有许多类型。按功能分,有只读型光盘(CD-RPM)、一次写多次读光盘(WORM)和可擦写光盘(E-RW)。计算机上主要用的是只读光盘(CD-ROM)。

2.光盘的保护

信噪比和误码率是衡量光盘耐久性的重要指标。就光盘的保护而言,影响其耐久性的交出问题是片基的平直度和保护层的寿命。对光盘的保护应注意:

(1)在使用和存放时为保持片基的平直度、应防止机械应力的影响,对塑料盘基还应防止环境因素的老化或变形作用。

(2)为保护保护层,应要控制好温湿度。只读光盘和一次读入光盘承载信息的核心是记录膜,记录膜普遍存在化学稳定性差、易氧化、易被酸腐蚀和电腐蚀等缺陷,环境的高温和潮湿会直接加速其氧化和酸腐蚀反电腐蚀的进程。记录膜氧化和腐蚀后,其反射条件遭到破坏,灵敏度、播放对比度和信噪比均会显著降低,并引起信息的失落和误码率的上升。光盘的保存环境的温湿度应与计算机机房相当,即温度控制在20℃,湿度控制在45%为宜,且尽量使温度波动范围不超过2℃,湿度波动范围不超过5%。采用具有防潮、防磁、防静电等功能的储存柜有利于光盘的保存。

3.磁光盘简介

磁光技术是基于磁技术和激光技术的。磁光盘(简称MO)是可擦写光盘的一种,它是光盘的第三代产品。简单地说,磁光盘技术的工作原理是这样的:升高盘片上材料的温度,然后快速地改变其上的磁排列方式。磁光介质的磁特性在常温下不能被改变、这就是要长期保存的数据可以写在磁光介质上的一个原因。往磁光盘上写数据需要两个步骤,一是先擦除以前的旧数据。二是写上新数据。

磁光盘在所有的现有介质中具有较好的持久性和耐磨性,没有什么颗粒状的东西从表面剥落下来。由于是盘状的,因此它是一种允许进行非常快速数据访问的随机访问介质。这种特性使它特别适合于分组存储管理应用。几家生产 MO 设备的公司相几个标准组织正在致力于保证不同生产厂商之间的技术互换性。

最早的 MO 在 5.25 英寸介质上每面可存 32MB 数据,共 650MB 的容量。现在,有几家厂商 5.25 英寸 MO 总容量已达 2GB,这对网络应用仍嫌太小。虽然 MO 具有存储存量大、可靠性强、使用寿命长、信息值价格低的特点,加之只有可擦重写的优点,反复核写次数达 100 万次以上,但总的来说,来自大容量磁盘、高速、高可靠性磁带,如 DLT。还有 CD-R 技术的威胁有可能将整个磁光工业逐出市场。但 MO 是备份和归档的优良介质,在所有长期数据存储介质中有最好的性能。

(六)各种载体的特性比较

以上几种载体是目前最常用的存储载体,它们各有优缺点。

1.从存取速度上看,磁盘、光盘和磁光盘都是采用随机存取的方式,因此存取速度比较快,且硬盘的存取速度比软盘快,而磁带是顺序存储结构,因此存取速度比较慢,检索性能差,大容量存储系统中使用的宽 2.7 英寸,长 20m 的磁带卷,虽能在几秒钟内读出任意信息,但也比光盘慢几十倍。

2.从数据传输率看,光盘和磁光盘最高,硬盘次之,软盘和磁带比较低。

3.从标准化看,磁带和磁盘的标准化程度高,而光盘尚缺少国际标准。

4.从容量上看,磁带、硬盘、光盘和磁光盘的容量大。软盘的容量则很有限,几兆字节而已。一张光盘可等同于 500 张高密度软盘,而它们的尺寸却差不多。因此光盘以密度高、容量大、体积小而受到用户的青睐。

5.从价格上看,磁带的价格比较低,硬盘和光盘价格比较高,但是从单位存储容量上看,光盘的价格不比软盘高,但是由于 CD-ROM 只能读而不能写,因此相对来说价格偏高。

6.从寿命看,磁带的寿命极大地依赖于环境寿命,正常的保险寿命几十年,而磁盘的寿命比较短,光盘的使用寿命最长,柯达写入式光盘存放在档案环境中,其寿命在 200 年或超过 200 年。

7.从保存上看,光盘最易保存,磁盘次之.磁带要求比较高。必须存放在空调房间里,须定期倒带和重新复制。

另外,每种载体都有它不同于其他载体的优点。如磁带的标准化程度高;软盘体积小、重量轻、便于携带;硬盘由于和驱动器密封在一起,所以工作稳定性好,可靠性高。光盘因存储容量大,从单位存储容量的角度看,存储成本低。从整体上看,虽然光盘的标准化还不完善,但是它的优势是不可替代的,尤其是其良好的耐久性非常适合电子档案的存储。相信光盘的标准化问题指日可待。

（七）载体的检测与维护

对载体的保护是在不断地检测、保护、再检测、再保护的过程中进行的,因此,对载体的检测和维护也是载体保护的一个重要内容。

1.电子档案载体检测与拷贝方法

对电子档案载体首先应进行入库检测,入库检测率为100%。然后对磁性载体每2年、光盘每满4年进行定期检测。定期检测可采用等距抽样的方法,其抽样量不少于10%为宜。以一个逻辑卷为一个单位检测的内容,首先进行外观检查。确认载体表面是否有物理损坏或变形,是否清洁,是否有霉斑出现。然后进行逻辑检测,逻辑检测应在计算机设备控制下进行,采用专用或自行编制的检测软件对载体上的信息进行读取校验。如果入库的载体有错误,必须由原单位重新处理。定期检测时要判定被检测的载体是否需要进行重写或更新,对所有检测出错的载体,必须进行有效的修正和更新。既可随即修正,也可用其对应的封存拷贝件进行修复。

定期拷贝,是保证磁性载体可靠性的一种行之有效的方法。存储在磁性载体上的电子档案,应每四年进行拷贝一次,且原载体继续保留时间不少于4年。

2.电子档案载体检测与维护时应注意的问题

(1)在对电子档案进行检测、拷贝等操作时,应先用有效手段,对其驱动设备进行测试,使所有同电子档案相关的操作都在驱动设备可靠、完好的状态下进行。

(2)在对电子档案进行检测、拷贝等操作时,应对所有设备进行病毒检查和消毒处理,以免交叉感染。

(3)对所有保存的电子档案,应有一个以上的拷贝,并存放在不同地方,以防止自然灾害或保存环境的变化带来的损毁。

(4)对电子档案进行检测与维护的操作人员,必须进行专门的培训与考核。

(5)所有对电子档案检测与维护的操作,必须在责任人的授权和监督下方能进行。

(6)定期检测结果,填入电子档案管理登记表。

3.建立电子档案维护管理的信息文档

对于电子档案的检测与维护,必须进行严格的控制与管理,因为任何一次误操作,都可能使保存的电子档案遭到人为损害,甚至造成难以弥补的损失。即使可利用相应的封存拷贝进行修复,但在人力、物力、财力上造成浪费。因此,除了从各方面提高操作人员素质和严格工作制度和各项操作规程外,还必须建立相应的电子档案维护管理信息文档,并由工作人员认真填写。建立这个文档的目的是对电子档案的检测、维护、拷贝等操作过程进行记录。避免发生人为的误操作或不必要的重复劳动。此外,还可以通过对这些信息的统计、分析,总结经验,找出规律,对今后的电子档案维护起参考作用。

三、电子档案内容的保护

对电子档案支撑环境和载体的保护是电子档案保护的物理基础。但是除了因支撑环境的改变和载体的老化、损毁对电子档案造成的有形危害以外,还有很多因素会影响电子档案的长久性。如面对完好无损的载体和软硬件设备都无法读出电子档案的信息;逻辑归档中的电子档案被黑客盗窃或被病毒破坏荼毒至丢失;由于失去与内存相关的信息而使电子档案的内容难以理解等。因此对电子文件内容的保护相对于支撑环境和载体显得更为重要。

(一)电子档案内容保护的含义

电子档案内容的保护包括保证它的安全性,即保证其内容及相关元数据在其生命周期过程中不被篡改、丢失和盗窃;保证它的可存取性,即保证在利用电子档案的过程中,能够准确无误地恢复其内容全貌;保证它的可靠性,即保证电子档案内容的真实性和完整性;保证它的可理解性,即保证电子档案的内容能够被人理解。

(二)电子档案内容的安全性保护

电子档案内容的安全性保护应该从电子文件形成阶段开始,也就是说只有保证从电子文件的制作开始一直到归档的整个过程中电子文件的内容不被篡改、破坏、盗窃和丢失,才能保证电子档案内容的安全,尤其是网络上的逻辑归档、网络利用过程中电子档案的安全性保证更是十分必要。

1.安全隐患

电子文件及电子档案具有一般载体文件的特性,同时又具有网上传输的特点。计算机和网络的安全隐患必然会威胁到电子文件及电子档案信息的安全。而这些威胁主要是系统被非法入侵和数据信息被非法读出、更改、删除等。造成这些威胁的原因有技术和管理两个方面。

(1)技术方面:技术方面的原因主要有网上黑客攻击和计算机病毒入侵。

黑客对网络的攻击多从三个层次上入手:一是通信服务层,这个层次存在 1000 多个控制协议/互联网协议安全漏洞;二是操作系统层,约有 1000 个以上的商用操作系统存在安全漏洞及简单密码等六种缺陷;三是应用程序、万维网服务器、防火墙、路由器及其他应用程序存在大量安全缺陷。此外,计算机系统为维护方便留的后门入口,往往是最薄弱的地方,常常成为黑客的攻击点。

网上黑客入侵的手段也是多种多样,如窃取口令和密钥;利用 FTP 采用匿名用户访问进行攻击;通过隐蔽通道进行非法活动;突破防火墙等。总之,黑客入侵采用各种手段把自己装扮成合法用户。

黑客入侵可以造成信息泄露、信息被篡改、身份的相互猜疑、冒名顶替等情况发生。

目前,因特网上有三万多个黑客网站,许多热门大网站遭袭击,如 2000 年 2 月 7 日,黑客攻击雅虎、一度使雅虎连续瘫痪 3 个多小时。因此,黑客攻击是目前网络安全最大的敌人。

恶意程序主要指计算机病毒。

(2)管理方面:在整个电子文件及电子档案的管理过程中,其周转比较复杂,经手的人员也比较多,因此,经常会有一些管理上的漏洞,导致信息被盗、泄密或丢失。泄密或丢失的原因主要有以下几种情形。

①无意泄露:如软件管理混乱,对软件不进行保密或随便借出拷贝,曾经发生过从计算机

系统周围的废弃物中无意获取机密信息的例子。因此对公文处理阶段的一些磁盘要注意保管,这也是什么在利用阶段电子档案的拷贝借出去要注意回收的原因。

②有意泄露:如缺乏监督管理,对密码、口令的保密管理不严格,对电子文件制作人员的责任划分不明确或者某一个人长期主持保密性的电子文件的制作和管理等,有时处于某种利益或责任心不强,某些知情者会对熟人、朋友、客户等说出口令或密码。

③钻空子:如机房的安全防范和管理意识不强,某些信息窃取者紧跟在授权用户之后,通过转动门或其他障碍,绕过物理访问控制措施或者当已授权用户离开时,接管一个已注册的终端或 PC 机窃取信息;更有甚者,在工作人员输入密码时从肩膀的空隙偷看。

此外,还有一些其他情形。如窃密者在附近建筑物内通过高倍率望远镜偷看屏幕上显示的信息而使信息被窃等。总之,上述这些情况一般是由于管理人员的保密意识或责任心不强造成的。

当然,引起电子文件及电子档案内容不安全的因素还有很多,如软硬件损坏,信息无法读出;信息被无意修改,失去原件等,在此不详细论述。总之,由于电子文件和电子档案的特殊性,其对安全方面的要求比一般的信息管理系统要更严格。

2.安全保护对策

如果从保护电子档案内容的角度看,电子档案内容的保护对策也分技术和管理两个方面。

(1)技术方面的对策。

(2)管理方面的对策:在电子文件的形成、处理、归档,电子档案的保管、利用等各个环节,信息都有被更改、丢失的可能性,即使拥有完善的信息安全技术,也要有相应的管理措施来保证其得以实施,从每一个环节堵塞信息失真、失密和丢失的隐患。

电子文件及电子档案内容安全保护的管理措施必须涉及电子文件形成、采集、积累、鉴定、归档、保管、利用的全过程,也可称之为"电子文件全过程管理"。电子文件全过程管理过程中有关其信息安全保护方面的措施主要包括以下几个方面:

①建立和健全法律制度:首先,必须在相比的法律和管理制度中明确规定对于黑客攻击计算机系统,盗窃口令、密码、机密文件以及使用计算机病毒攻击、破坏电子文件等计算机犯罪的制裁措施,以制约人们的行为。其次,应对人们进行伦理道德教育,尤其是职业道德教育。最后,应建立杜绝黑客入侵和病毒入侵的管理制度等。

②建立安全管理制度:电子文件是由人制作的,其存储、检索、传输等处理都是按人的意愿进行的,因此必须制定一些人人都应遵照执行的安全管理制度,以堵塞各方面的漏洞。这些管理制度主要应包含如下两项原则:一是责任分散原则,即电子文件的制作过程要责任分散,其含义是:在工作人员数量和素质允许的情况下,不集中赋予一人全部的与安全有关的职责。特别是在合作制作的电子文件或大型辅助设计项目中,更要注意划清制作人员的责任范围,使每个参与人员负其分工范围内的责任。一般来说,不相关人员不能进入他人的责任范围,工作需要时可允许用只读式的载体调阅,以防由于误操作或有意增删改等原因造成电子文件的失真。二"从不单独和限制使用期限"的原则,尤其对保密性较强的电子文件的制作必须实行这一原

则。"从不单独"的含义是,在人员条件允许的情况下,由最高领导人指定两个或更多的、可靠且能胜任工作的专业人员,共同参与每项与安全有关的活动,并通过签字、记录、注册等方式证明。"限制使用期限"的含义是,任何人不能在一个与安全有关的岗位上工作时间太长。为限制使用期限,工作人员应经常轮换工作位置。这种轮换依赖于全体人员的诚实。因此还要对管理人员进行教育,不断地提高管理人员的责任心。

③建立电子文件运动过程自动管理系统:电子文件从形成到电子档案的开发利用,中间经过很多环节。其中哪一个环节出纰漏,都可能使电子文件及电子档案信息处于不安全状态.如电子文件形成后不及时采集、积累,就可能在分散状态下发生信息丢失。因此建立电子文件运动过程自动管理系统是非常必要的。管理系统应具备下列三个功能:一是文件形成、采集、积累者的姓名,职责范围和形成、采集、积累过程记录模块;二是电子文件的归档范围、归档内容、归档时间、归档要求记录模块;三是电子文件运动全过程中产生的人员操作信息、相关文件、背景信息和元数据等的记录模块。当然上述三个模块是相互联系的,对于从形成、采集、积累阶段就在网络系统上传递的电子文件,可通过网络系统的自动记录功能记录有关信息;对于以存储载体方式进行收集、积累的电子文件,还要辅以必要的人工记录。

另外,管理人员要树立保密观念,在归档过程中,要防止存储介质丢失或被非法拷贝泄密。对记录秘密信息的磁盘、磁带、光盘要标明密级,向档案部门移交时要履行严格的登记手续。

(三)电子档案内容的可存取性保护

要保证电子档案的长期可存取性、就要求在利用电子档案的过程中,以准确无误地恢复其原貌为前提,即先对电子档案内容的二进制数字编码进行转换、以人们能够直观理解与习惯阅读的格式进行还原显示。然而,利用和形成时的技术环境往往不尽相同,特别是文件的格式在不同的软件环境下不一定会兼容而使电子档案内容的可存取性受到威胁。

1.影响电子档案内容可存取性的因素

(1)软硬件环境的不兼容性:计算机的更新换代很快、常常只能几代兼容,对于需要归档长期保存的电子文件来说、设备依赖性造成的问题会更加严重。而世界上几乎没有任何一个厂家可以保证,它生产的软硬件产品和技术不会过时,这使得电子档案内容的可存取性受到威胁。例如,电子档案数体完好,而检索、传输或编辑它的软件任何一项技术过时,都会影响电子档案的读取。

(2)文件格式的不兼容性:产生这种情况的根本原因在于电子档案对系统的依赖性。一份电子档案所包含的信息除了文件内容之外,还有一些其他的东西,如文书文件中所包含的排版格式等控制字符,数据文件最近中的公式,多媒体文件中的图形、声音等,超文本文件的链接信息等,这些信息一般都是采用与文本格式不同的编码,这些编码在软硬件不断的升级换代中不断地改变。尽管现在的软硬件制造商力求使自己生产的产品具有很强的兼容性,例如,现在很多文字处理软件都有 RTF 格式,可以在不同的软件之间进行转换,但是我们不能保证新的计算机系统可能读出曾经有过的所有编码。

2.对策

要最大程度地保证电子档案的可存取性,就要解决软硬件环境和存储格式两方面的问题。当然,这两个方面是相互依存、相辅相成的。

目前,对软硬件技术过时和不兼容问题的对策还在研究探索阶段,下面一些对策也只能作为一种尝试和参考。

(1)保存相关软硬件环境:这种方法的最大好处是没有格式转换中发生的信息丢失、它给予用户的是"原装产品",如同未经翻译的原文。在后人需要阅读该文件时只要将其放入原来的系统中,它就会按照原来的模样显示出来而没有丝毫改变,包括应有的附加信息。这种理论上似乎比较完美的方法在实践中的可行性却令人难以相信。计算机软硬件升级速度很快,根据"摩尔法则",每隔18个月,CPU的运算速度将翻一番,其相应的软硬件技术更新速度也是我们难以想象的。当计算机软硬件升级以后,原来在旧的软硬件环境下的电子档案就有可完全读出或者读出格式有差别。这时候就需要进行一些技术处理,如格式转换等。因此,每一次的软硬件升级之后,都要对原有电子档案进行还原式读出,如须格式转换,在格式转换进行完毕后,对前期的软硬件平台要给以保存,直到所有的数据文件适应新的软硬件平台为止。因为档案部门保存所有的计算机系统显然是不现实的,而由某些专门机构承担这种专业化服务也有很大的困难,保存了过时技术的全套硬件和软件,还必须保持操作这些过时技术的某些技能。不仅这个机构难以获得种类繁多的软硬件系统,而且其中有些具有专利性,有些价格昂贵。即使收集全了,在未来岁月中对这些系统购维护也是极大的难题、如果那些古老的计算机出现了局部损坏,恐怕连更换的零部件也无从获得。

(2)再生性技术保护:即将技术过时的存储载体上的信息适时地转移到纸张和缩微品上,放弃其原有的生存环境。这种方法风险不大,大多数文本文件与图形文件都可完整、准确地转换到纸张或缩微胶片上,确实能为信息的长久保存动存取带来方便。但是却存在一些无法回避的问题。首先,这种处理方式有点倒退一定能恢复其全部相关数据信息。其次,并不是所有的信息都可以转换到纸张或缩微胶片上,如声音信息、超文本信息、多媒体信息等。最后,即使上述信息可以转换,也失去了原有的风格和魅力。如超文本信息、多媒体信息在计算机环境中的立体性和动态性优点将荡然无存。

3.仿真

仿真是制造一个能运行过时软硬件的软件。是在这个软件中对某一硬件进行模仿,使得人们认为原始设备与功能在现行软硬件上运行。仿真是延迟技术淘汰的一种方法。通俗地说,仿真器是升级的软件,如现在一般的软件都具有向下兼容性就有仿真的意义在里面。尽管这种方法具有一定的可行性,但对于新型硬件和软件不断涌现的今天来讲,制造一个执行过时软硬件的软件,不太可能是有效的办法。

4.拷贝和迁移

拷贝(COPY)是在原来的技术环境下定时重写信息数据,防止由于载体理化性能变化引起的信息丢失。这在前面的备份系统的建立中已详细介绍。但拷贝不能解决电子档案由于软硬件技术过时引起的长期保管问题,解决这个问题可供考虑的是迁移。

将数字信息从一种技术环境转换到另一种技术环境上的复制称为迁移。迁移是随技术变化适时改变数字信息格式的一种处理过程,它使得信息在将来也可以被存取。迁移意味着基于字符的数据,可以从一个存储载体转移到另一个存储载体,以进行数字信息的保护。即便是纯文本的电子文件也是如此,迁移要求计算机可以读取旧格式,也可以将它写在新格式上。迁移工作应注意两个问题:一是迁移到不同约操作系统时,即使在它不可能保持原格式外观时,也应优先确保内容真实和维护使用功能;二是对待模拟技术的迁移问题,应首先将模拟信息转变为数字格式,目前声音与视频信息都可以转换为数字格式。将电子文件迁移到新的技术环境后,还需要通过各种技术措施来维护其在当前技术下的可处理性。这样,维护电子文件的可处理性、迁移、再维护电子文件在新技术环境下的可处理性、再迁移、再维护…周而复始,一浪推一浪地将电子文件的长期存取维护下去。

对于文件格式的转换问题,目前似乎还没有一种通用的、永久的、可靠的方法,有以下几种方法可以选择使用:

(1)随时更新文件格式。

(2)统一存储文件的格式。

(3)使用通用阅读软件。

(四)电子档案内容的可保护性

"可靠的文件"指未经篡改和误用,能够证明自身目的的文件。文件的可靠性依赖于许多因素,如文件的格式、形式和作为草稿、原件和备份时被传递的状况、被保存的方法等。形成者要从电子文件产生之时就采取措施来保证文件内容的可靠性和文件本身作为"文件"的可靠性。

1.保证真实性

对于真实性的保护,我们可以借鉴加拿大和美国的做法。加拿大不列颠哥伦比亚大学和美国国防部开展了一个合作项目,对现行和半现行文件的完整性进行了研究,确定了多种措施。第一个措施是将产生文件的程序规则纳入机关的统一文件体系中,并把业务和文件记录过程结合起来。第二个措施是通过一体化的分类系统、登记制和为每份电子文件和非电子文件建立简介等方法,建立电子文件之间的关联和它们与本单位产生的非电子文件之间的联系。第三个措施是实现同属于一个混合文件系统中的电子和非电子文件的管理一体化。

除上述一般方法外,该研究还制定了系统内电子文件管理的几项具体要求:

(1)根据预先确定的标准格式和模板编辑文件。

(2)根据文件的类型和用途,使用预先确定的方法认证文件。

(3)承办人员增、删、改的权限控制。

(4)在系统中嵌入工作流程,根据这个沉积,系统只向相关人员呈现有关文件、并在适当时间要求生成适当的文件。

(5)使用磁卡、密码和指纹识别等方式限制对某些技术的接触,伴随批办过程的数字签名和电子印章。

(6)在系统内设计审计跟踪功能,记录对系统的任何接触及其结果(如文件被修改、删减和增添等),对全部操作的隐秘记录。

上述措施对于保护电子文件的真实性起到了一定的促进作用,但是单凭这几个措施还不足以达到保护电子文件真实性的目的。审计、跟踪、加密、与原始文件对照等措施可以防止或发现对文件的篡改和误用,但这也只适用于仍存放在生成、储存或接收它们的现行系统中的文件。一旦文件被调离该系统并储存在新的系统中时,上述措施就失去了作用。

另外,对电子文件的迁移操作,改变了它的配置和格式、通常会造成该文件其他因素的连锁变化而使其蒙受损失。当然,电子文件的真实性是以其内容的真实性为标准的。文件中有些部分的丢失不会影响到它的实质和长期真实性的能力。但有些部分如果丢失了就等于丢失了文件本身。例如,地图的颜色、表格的行列、超文本的醒目线等如果在迁移中丢失(因为有些文件格式对这些元素是不可视的),就会影响其真实性。因此,要保持文件的真实性,首先,确认组织产生的每一类文件中哪些组成要素能确保文件长期的真实性;第二,评估可否将文件中用户不可视的部分变成可视的,并通过与文件智能部分的链接使可视性得到固定;第三,在上述措施不能奏效时,考虑是否有可能将该文件转换成非数字形式(如缩微等);第四,对文件的迁移采取自我认证和自我记录的办法和不间断的物理管理。

当文件不再被其形成者的日常活动所需要但却必须长时间保存时,迁移过程就得由一个与文件内容或存在无关的机构来执行。不仅如此,迁移结果也将由这样一个中立机构进行检验和认证。这个中立机构可能是档案机构、公证人或任何具有认证职能的机构。

2.保证完整性

(1)文件内容的完整性:为避免差错,在管理上应对所有有关人员的权限进行控制,技术上做到对任何人的任何操作都进行登录,建立可靠的电子文件自身的档案。

(2)文件集合的完整性:文件不是孤立存在的,相关文件必须齐全。保证方法是系统应能自动建立相关文件之间的标识,保证在归档时保留的文件不会被遗漏。

(3)文件背景内容的完整性:文件产生的原因、责任机构、运作的过程与结果等都是对文件价值至关重要的背景内容。它们在电子文件管理时易被忽视。背景内容需要在文件的整个生命周期中特意采集和妥善保存。

(4)元数据的完整性:元数据是电子文件可读性和恢复原貌所需的数据。由于在文件运行过程中并不直接显现,人们常常对其熟视无睹,以至于造成遗漏。

(五)电子档案内容的可理解性保护

电子档案的恢复与显示对利用来说至关重要。为了保证电子档案的可用性和可存取性,应该使其能正确表达和易于理解。然而,一份文件的内容,常常有可能不易理解。因此,为了能够完全理解一份文件,责任者不仅须熟悉其内容,而且还必须把内容的结构同其形式和利用联系起来,以便保证其可理解性。

正因为如此,就需要保存与其内存相关的信息。这些信息应包括,相关的其他文件或系列名称、存储位置及相互关系；电子档案内容中引用的其他未被存储的参考资料的出处；在自然语言中不常用的词语解释；必要的与电子档案内容相关的背景信息注释等。这些信息，应在电子文件的形成或维护阶段通过著录收集、并将这些信息组成相关文件系列加以保存，以便在利用电子档案中查考。

（六）建立电子档案管理的内容集合记录系统

电子档案的完整性、原始性、真实性的保证依赖于从电子文件的形成、积累开始一直到归档、保管、利用等过程产生的人员操作、相关文件、背景内容和元数据等记录的内容集合。纸质文件一旦形成，原件中所包含的内容和形式就不会再发生变化，人们可从这些内容上确认文件的原始性。电子文件形成后因载体转换而不断地改变自身的存在形式、如果没有相关记录证实电子文件的内容没有发生任何变化，人们便难以确认它的原始性。因此，应该为每一份电子文件建立必要的记录制度，从文件形成、积累开始就要进行记录，记录电子文件的管理和使用情况。这种记录的内容集合主要包括：

1.人员操作情况的记录

我们前面已经提到在管理上应对人员权限进行控制，在技术上也要做到对任何人的任何操作都进行登录，建立可靠的电子文件操作档案。

2.相关文件的手机与记录

系统应能自动建立相关文件之间的标识、保证在归档时保留的文件不会被遗漏。

3.背景内容的记录

为保证文件产生的原因、责任机构、运作的过程与结果、背景内容的完整性，系统应在文件的整个生命周期中特意采集和记录保存。

4.元数据的记录

元数据是电子文件可读性和恢复原貌所需的数据。由于在文件运行过程中并不直接显现，人们常常对其熟视无睹，以至于造成遗漏。因此，必须加强元数据的记录。以上这些内容都是伴随着电子文件的产生而产生的，所以系统应具有实时记录功能，随时将需要保留的内容记录下来。由于这种"跟踪记录"具有原始性，它可成为证实电子文件真实可靠的有效依据。因此，在系统的设计中，必须包括科学、准确的记录功能。

参考文献

[1]谢薛芬.浅谈高校图书馆工作[M].杭州:浙江工商大学出版社,2018.

[2]陈陶平,赵宇,蔡英.现代高校图书馆管理与服务探究[M].北京:九州出版社,2018.

[3]蔡丽萍.图书馆管理新论[M].北京:中国科学文化音像出版社,2008.

[4]李松妹.现代图书馆管理概论[M].北京:北京图书馆出版社,2007.

[5]易忠,姚倩.高校图书馆服务理论与实践[M].桂林:广西师范大学出版社,2012.

[6]严潮斌,李泰峰,高校图书馆资源与服务体系建设研究[M].北京:北京邮电大学出版社,2015.

[7]李万梅.民族高校图书馆文献管理与服务研究[M].兰州:甘肃民族出版社,2011.

[8]滕立新.图书馆建设与管理研究[M].北京:军事谊文出版社,2010.

[9]高凡,赵颖海.大学图书馆服务创新与理念创新[M].成都:西南交通大学出版社,2008.

[10]万群华,胡银仿.图书馆创新服务与可持续发展[M].武汉:湖北科学技术出版社,2010.

[11]王运堂.图书馆管理与自动化建设[M].北京:中国文联出版社,2005.

[12]安月英,金建军.数字图书馆理论与实践[M].西安:西安地图出版社,2010.

[13]何屹.档案管理实务[M].2版.北京:北京大学出版社,2019.

[14]张虹.档案管理基础[M].4版.北京:中国人民大学出版社,2019.

[15]王英玮,陈智为,刘越男.档案管理学[M].4版.北京:中国人民大学出版社,2015.

[16]赵屹.数字时代的文件与档案管理[M].北京:世界图书出版社,2014.

[17]李晓婷.人事档案管理实务[M].2版.上海:复旦大学出版社,2019.

[18]贺存乡.信息与档案管理[M].杭州:浙江大学出版社,2020.

[19]窦卉.现代医院档案管理综合实务[M].天津:天津科学技术出版社,2016.

[20]郭小艳.医院档案管理综合实务[M].北京:科学技术文献出版社,2016.

[21]董虹.病案管理实务[M].杭州:浙江大学出版社,2018.

[22]朱士俊.医院管理学—质量管理分册[M].北京:人民卫生出版社,2011.

[23]张英.医院人力资源管理[M].北京:清华大学出版社,2017.